Das Buch

Kein deutscher Schriftsteller beherrscht heute die Kunst des literarisch-politischen Reise-Essays so souverän und brillant wie Horst Krüger. Nicht daß er andere Orte besucht als man selbst, macht ihn außergewöhnlich, sondern daß er anderes sieht. Wie leben die Menschen in Ungarn? Warum sieht es in Budapest soviel besser aus als in Prag? Worüber spricht man in der bundesdeutschen Vertretung im Osten Berlins? Was ist die Akropolis heute? Wie stellt sich der Westen in Griechenland dar? Ist Amerika wirklich am Ende? Krüger will diese Dinge nicht aus der Zeitung erfahren, sondern am eigenen Leibe erleben. Das Ergebnis? Gelungene Porträts von Menschen und Städten, faszinierende Impressionen und bissige kleine Satiren.

Der Autor

Horst Krüger, 1919 in Magdeburg geboren, lebt seit 1967 als freier Autor in Frankfurt am Main. 1970 erhielt er den Thomas-Dehler-Literaturpreis, 1972 den Johann-Heinrich-Merck-Preis der Deutschen Akademie für Sprache und Dichtung, 1973 den Berliner Kritiker-Preis. Wichtige Veröffentlichungen: ›Das zerbrochene Haus. Eine Jugend in Deutschland‹ (1966), ›Fremde Vaterländer. Reiseerfahrungen eines Deutschen‹ (1971), ›Zeitgelächter. Ein deutsches Panorama‹ (1973), ›Poetische Erdkunde. Reise-Erzählungen‹ (1978).

Horst Krüger:
Ostwest-Passagen
Reisebilder aus zwei Welten

Deutscher
Taschenbuch
Verlag

Von Horst Krüger
sind im Deutschen Taschenbuch Verlag erschienen:
Zeitgelächter (1224)
Poetische Erdkunde (1675)

Ungekürzte Ausgabe
1. Auflage August 1980
2. Auflage März 1982: 13. bis 16. Tausend
Deutscher Taschenbuch Verlag GmbH & Co. KG,
München
© 1975 Hoffmann und Campe Verlag, Hamburg
ISBN 3-455-04012-8
Umschlaggestaltung: Celestino Piatti
Gesamtherstellung: C. H. Beck'sche Buchdruckerei,
Nördlingen
Printed in Germany · ISBN 3-423-01562-4

Inhalt

Fürchtet nichts, ihr Herrn und Damen,
Sehr solide ist mein Schiff;
Aus Trochäen, stark wie Eichen,
Sind gezimmert Kiel und Planken.

Phantasie sitzt an dem Steuer,
Gute Laune bläht die Segel,
Schiffsjung' ist der Witz, der flinke;
Ob Verstand an Bord? Ich weiß nicht!

Meine Raen sind Metaphern,
Die Hyperbel ist mein Mastbaum,
Schwarz-rot-gold ist meine Flagge,
Fabelfarben der Romantik –

Durch das Meer der Märchenwelt,
Durch das blaue Märchenweltmeer,
Zieht mein Schiff, mein Zauberschiff,
Seine träumerischen Furchen.

Heinrich Heine, *Bimini*

Das freundliche Trotzdem

Bilder einer Ungarn-Reise

Zwei Schwestern

Dieser Trubel am Anfang, diese kolossale Blechlawine – unvergeßlich. Ich warne jeden Ungarn-Reisenden nur vor einem: Hoffnungsfroh, unwissend an einem Freitagnachmittag vielleicht in Wien einzufahren, ein Hotel zu suchen, einen Parkplatz zuvor – es ist unmöglich. Er wird scheitern.

Frankfurt – Wien – Budapest – das sagt sich leicht. Das sieht sehr vernünftig aus auf der Karte. Wir übernachten, haben morgen nach Budapest nur noch dreihundert Kilometer, ja? Schon auf der Mariahilfer Straße, wenn man dann einfährt, kommt der Plan ins Stocken. Abbremsen. Es beginnt ein sinnloses Schleichen, diese Zentimeterarbeit zwischen Baulöchern und Straßenbahnen, die man kennt. Der Verkehr kriecht nur noch gelegentlich, kommt dann zum Stehen. Rund um den Ring ist alles blockiert. Auch in Wien wird natürlich eine U-Bahn gebaut. Die Wiener City ist ein gewaltiges Bauloch, das gähnt und dröhnt und um das sich dann Autos stauen, in die Tiefe starren. Der Stephansdom ist deutlich kleiner geworden. Er steht etwas vergrämt da, sieht aus, als wollte er sich in den riesigen Krater stürzen, den sie zu seinen Füßen aufgerissen haben. Hat er sich nicht gesenkt? Steht der Turm nicht leicht schief?

Erschwerend für Ungarn-Reisende kommt weiter hinzu, was man den Wiener Charme nennt. Ein süßes Gift, das Lust macht für Stunden. Man möchte schon nippen. Man läuft durch die halbe Stadt noch spätabends, läuft durch die Kärntner Straße zur Oper, von der Oper zum Burgtheater, geht natürlich ins Sacher, bleibt vor dem Demel stehen. Man staunt: Wien ist eine gewaltige Stadt, mehr noch: eine Kapitale, eine stolze Metropole; was wir nicht mehr kennen, eine Hauptstadt fast wie Paris mit lauter imponierenden Symbolen der Macht – nur die Macht ist weg; das Reich ist hier auch entschwunden. Wien ist eben nur ein Symbol, nicht die Sache. Wien ist ein Traumschein, ein Theaterstück großer Erinnerungen – ein Volk sitzt im Parkett, träumt jede Nacht.

Noch lange nach Mitternacht saßen wir im Hawelka. Wieder etwas, was man doch mitnehmen möchte, probeweise: eine waschechte Wiener Intellektuellen-Kaschemme, wo auf wackligen, harten Holzstühlen eng gedrängt lauter bleiche Literaten sitzen, Kaffee trinken, rauchen, diskutieren, Zeitungen lesen. Es raschelt von Geist und Papier überall. Der Raum ist hoch und kahl, er ist total verräuchert, die Szene von jener asketischen Häßlichkeit, die brisante Intelligenz vermuten läßt. So muß es in Petersburg 1905 ausgesehen haben. Etwas Balkan ist eingesickert. Der Geist ist sehr bleich, beinah ausgeblichen. An den Wänden surrealistische Malerei. Welch ein Dschungel des Geistes, welch ein Kunstsumpf. Wie Geschichte doch hinterher massenhaft wird, wuchern kann, Lianen- und Schlingpflanzen gleich. Laß dich nicht runterziehen. Halt dich da raus. Budapest, nicht Wien ist unser Thema. Vielleicht später einmal.

Und doch gibt es Vorzeichen. Man spürt erste Grunderfahrungen, die Geschichte von den zwei Schwestern zum Beispiel. Die Gegensätze beider Systeme sind nicht so schroff wie bei uns, den deutschen Brüdern. Die Übergänge sind milder, gleitender, weicher. Uralte Verwandtschaft ist spürbar. Auch ist Österreich kein Nato-Land. Es ist nur zur ewigen Neutralität verpflichtet. Also zum ewigen Zuschauen und Herumnörgeln. Den Wienern hier liegt das durchaus. Nach Budapest? Die jungen Leute an unserem Tisch fragen das, als wenn wir von Madrid sprächen. Ja, ein anderes Land, ein anderes System, aber man kennt das, man ist oft dagewesen. Im übrigen: Das Leben ist überhaupt fad, ist langweilig – oder? Wiener Melancholie, sie verwischt etwas müde und freundlich die Gegensätze, die uns Deutsche mitunter erbittern, mich wenigstens. Es ist nichts Besonderes hier, von West nach Ost zu wechseln. Wenn Sie gut essen wollen in Budapest, sagt der eine: Ich empfehle den Mathyas-Keller. Der andere: Zum Einkaufen sollten Sie auf die Váci utca gehen. Der eine empfiehlt die Budapester Dampfbäder, der andere die Oper. Wir notieren das alles unwissend. Es ist, als wenn man in sehr alte, verstaubte Familiengeschichten geraten wäre. Wien und Budapest – es ist, als wenn sie von zwei schönen Schwestern sprächen, die, erwachsen geworden, in zwei sehr verschiedene Familien hineingeheiratet hätten. Das ergibt Entfremdungssymptome auf tiefer Verwandtschaftsbasis. Von Wien aus wirkt Budapest wie die ärmere Schwester. Sie hat keine glanzvolle Partie gemacht. Das ist sicher. Sie lebt in kleinen Verhältnissen jetzt, immerhin. Dort leben auch Menschen. Wie?

Am nächsten Tag sah ich dann erste Zeichen. Siebzig Kilometer hinter Wien beginnt die ungarische Grenze, und wenn man aus Deutschland, dem geteilten Land, kommt und zudem noch Berliner ist, also Abgrenzungsmechanismen von preußischer Perfektion hinreichend gewohnt ist, so ist man verblüfft an der Grenze, fast etwas enttäuscht. Da ist sie ja. Und das ist alles? Wie das? Ich möchte den Eindruck, den die österreichisch-ungarische Grenze heute vermittelt, als zivil bezeichnen. Es ist nichts zu sehen, was man erwartet. Ich vermute, auch diese Grenzlinie wird militärisch befestigt sein. Mir scheint das sicher, aber es ist nichts mit Augen wahrzunehmen, was demonstrativ drohen wollte. Keine Mauern, kein Stacheldraht. Nur daß es auf der Straße noch stiller wird; nur noch tröpfelnder Gegenverkehr. Es fällt mir der Schmutz auf den Autos auf, die aus Ungarn kommen. Manchmal ein Mercedes, ein Opel Rekord, aus Regensburg oder München. Die Wagen sind ungeheuer verdreckt. Sie sehen aus, als wenn sie eben von einer Riesen-Rallye aus der russischen Taiga kämen. Blind und grau all das Strahlende, das uns sonst entzückt. Die haben das hinter sich, was uns bevorsteht. Die kommen raus, wir rein. Wie werden wir aussehen am Ende dieser Geschichte?

Die Grenzbeamten; auch sie wirken weniger militant. Ich will nicht sagen freundlicher, ziviler. Sie grenzen schon ab, aber sie tun es in der Tradition alter, gelernter Bürokratien. Sie haben einen kleinen schwarzen Holzkasten auf Bauchhöhe angeschnallt und stempeln auf diesem Kasten mit großer Lust. Sie ziehen die Visa und Pässe, all die Gutscheine für den Devisenumtausch und die Hotelbuchungen, die man vorweg machen mußte, mit Entschlossenheit an sich und stempeln und stempeln, klatschen immer neue Siegel darauf. Es ist nur dumpfes Schlagen an der Grenze zu hören. K. u. k. Tradition schlägt mit. Das kannst du schon bei Kafka und Joseph Roth lesen, sagte ich. Das Fundament der Donaumonarchie war immer der Stempel: die Allmacht der Ämter in dieser Region, ein Phallussymbol natürlich, wenn man es mit Wiener, also mit Freuds Augen sieht – der Staat höchstpersönlich. Und, wie du siehst: hochpotent immer noch. Hatte Marx uns nicht einmal das Absterben des Staates in Aussicht gestellt? Davon ist nichts zu sehen. Es kommt wohl noch.

Und daß man nun in ein kommunistisches Land kam, merkte man einstweilen höchstens am Verkehr. Die Straßen in Ungarn haben eine tiefsitzende Neigung zu Bahnübergängen. Sie lieben Schienen. Mindestens alle zehn Minuten ist mit einer Bahnkreuzung zu rechnen, und dies mit einiger Hartnäckigkeit. Es rangieren immer Lokomotiven. Es kommen dauernd Güterzüge, die unglaublich lang und langsam sind. Es warnt nur ein altes Rotlicht, das wie ein Katzenauge manchmal müde auf- und zugeht. Es macht schläfrig. Man steht dann wieder, stellt schließlich den Motor ab. Es regnet leicht. Man stellt auch den Scheibenwischer ab. Man steckt sich etwas zu rauchen an. Also daran mußt du dich jetzt gewöhnen. Mit den Wiener Aufgeregtheiten ist es zu Ende. Grenzwechsel, Wildwechsel, Zeitwechsel – von jetzt ab geht alles langsamer. Der Osten hat Zeit. Es weht soviel Ruhe herein aus dem Balkan. Vergangenes strömt ein. Spürst du es nicht? Laß uns versinken im Bauch der Zeit, auch Geschichte genannt. Laß uns nachdenken: Wohin fahren wir eigentlich?

Versuch über das Ungarische

Merkwürdigerweise erinnern sie mich an die Juden. Welch eine schwierige und blutige Geschichte. Man muß sie sich vorstellen: Eigentlich sind die Ungarn wie die Juden ein versprengtes Volk. Da kommt so ein kleiner, fremdartiger, fast exotischer Reiterstamm aus den Tiefen Asiens angeritten, drängt nach dem Westen, will sich ein neues Land suchen, will auch an die Sonne. Man darf es sich fast wie bei den Israelis vorstellen, denn ihr Traumland war auch schon besetzt – damals. Diese Madjaren hatten Mittelmeersehnsucht. Ein Stamm, der ursprünglich finnisch-ugrischer Herkunft sein soll, drängt in den Süden. Er träumt vielleicht von Rom, der Provence. Daraus wurde nichts. Er wurde vorher geschlagen am Lechfeld, nicht weit von Augsburg; 955 ist das gewesen. Er wurde zurückgedrängt. Er mußte sich etwas verbittert in die Donautiefebene zurückziehen. Er mußte sich bei der Landnahme zwischen die Slawen und Germanen einklemmen. Er wurde in einem Gebiet seßhaft, das zur Wetterfront der Geschichte wie geschaffen war.

Ungarn ist dann im Laufe seiner Geschichte das immerwährende Aufmarschgebiet, das Einfallstor von Ost nach West, von West nach Ost geblieben, ein Schlachtfeld in Permanenz. Man muß sich das konkret vorstellen: Die Mongolen kamen und verwüsteten das Land. Die Türken kamen und hielten es hundertfünfzig Jahre besetzt. Prinz Eugen kam und danach dann die Zeit der Habsburger. Wie es dann weiterging, wissen wir ungefähr: Hitler, dann Stalin. Ich will sagen: Die Geschichte dieses Volkes war eine immerwährende Leidensgeschichte. Während Paris und Rom, Wien und London trotz aller Kriege historisch organisch heranwachsen konnten, wurde Budapest immer wieder erobert, gestürmt, geplündert, in Brand gesteckt. Zum letztenmal brannte es 1956.

Man kann die Stadt und das Land nur aus dieser historischen Erfahrung verstehen. Leichter ist das Land nicht zu haben. Alles in Ungarn war trotzdem, trotz dieser blutigen und schrecklichen Geschichte. Trotz türkischer Steuereintreiber und österreichischer Gendarmen, trotz faschistischer Gestapo und Stalins Geheimpolizei. Ein Volk, das immer wieder unterworfen und entrechtet wurde, aber nicht aufgab, wie die Juden. Sie übten sich in der Kunst des Überlebens. Sie lebten wie Sisyphos: trotzdem. Es ist fast ein Wunder, daß zum Schluß und nach tausend Jahren Überfremdung doch noch so etwas wie das Ungarische selber herauskam, eine Art Identität. Was ist das?

Nein, nicht das, was als Markenartikel des Landes inzwischen ziemlich verbraucht ist: nicht das Gulasch, der Paprika, nicht die Pußta. Die Pußta ist ohnehin nur noch ein Touristenreservat. Ich möchte es die Leichtigkeit nennen, die aus Schwermut kommt. Dies ist ein Volk, das scheinbar mühelos, ganz leicht lebt. Leichtlebig sagt man ja wohl für die Ungarn. Aber der Schein trügt: Die Schwermut Lenaus, die endlose Trauer der Steppe, das dunkle, blutige Lied der Donau ist eingemischt. Wenn Rasse und Schmerz, Exotik und Leiden sich mischen, entsteht oft Brillanz zum Schluß. Ein Glanz über Abgründen, der wie ein Feuerwerk funkelt und fasziniert: trotzdem.

Damit sind sie produktiv geworden. Damit haben sie sich berühmt gemacht: Liszt und Lehár, Molnár, Kálmán, Alexander Korda, die brühmte Zsa Zsa Gábor – alles Meister der leichten Muse, wie man sagt. Was wäre das leichte, das schwere Fach Unterhaltung ohne die Ungarn? Schon in den zwanziger Jahren gab es ein konstantes Kulturgefälle in dieser Branche: Budapest, Wien, Berlin; das zog sich bisweilen noch weiter über London bis Hollywood. Sieh dir die großen Weltfirmen der Kulturindustrie an: die Filmkonzerne, die Verlagshäuser und Show-Zentralen; wie man eine Operette, ein Musical aufzieht, wie man eine Illustrierte für Massen verkauft, wie man Lustspiele schreibt – im Zweifelsfall steckt immer ein Budapester dahinter, ein ungarischer Jude meist. Sie brachten den Pfiff, das gewisse Etwas oder Know-how, wie man heute sagt, ein. Sie sind Meister des glanzvollen Arrangements geworden.

Kann man sagen: Ein Volk von Schauspielern? Auf jeden Fall zeigt der ungarische Charakter theatralische Züge. Sie neigen alle etwas zur Übertreibung, zur großen Gebärde, zu vorschnellen Reaktionen. Ein Hauch von Hochstapelei mischt sich ein. Sie machen sich in Zeiten der Not nicht kleiner wie die Tschechen. Der brave Soldat Schwejk hätte in Ungarn gar keine Chancen. Sie werden eher überlebensgroß in Krisenzeiten. Ein Volk, das immer übertreibt. Ungarn hatte schon 1919 unter Béla Kun eine politische Voreiligkeit gewagt, die kommunistische Räterepublik, die sich nicht halten ließ, historisch. 1956 wollten sich die Ungarn mit einem Schlag befreien vom sowjetischen Druck. Trägt der Aufstand von Budapest nicht auch wieder die etwas zu großartigen Züge? Politisch war es falsch, wie wir heute wissen. Die Züge der Geschichte gehen langsamer. Der Fortschritt ist ein Bummelzug. Er kommt, aber er kommt immer später.

Und so, wie die Ungarn sind – ungefähr so sieht auch ihre Hauptstadt aus. Wie denn nicht? Übertrieben, würde ich sagen, alles etwas zu groß, zu großartig geraten für dies kleine Volk. Budapest bietet Anblicke pompöser Architekturen, die lachen machen. Man ist amüsiert und erheitert: kleiner Mann, ganz groß. Eine intakte bürgerliche Demokratie haben sie nicht geschafft, dafür ein Parlamentsgebäude, das ungeheuerlich ist – imposant, muß man wohl sagen. Es steht an der Donau. Es ist eine gewaltige neugotische Imitation des britischen Parlaments, das zweitgrößte Haus der Volksvertretung auf der ganzen Welt – unter dem tun es die Ungarn nicht gern. Es liegt jetzt wie ein versteinertes Tier, wie ein Dinosaurier am Donaustrand, kann nicht leben, kann nicht sterben, kann nur zeugen von dem etwas kuriosen Willen zu Übergrößen: operettenhaft.

Ganz Budapest ist voll von solchen pompösen Prunkbauten nationaler Größe, denen man eine gewisse barocke Schauderhaftigkeit schwer absprechen kann. Das Freiheitsdenkmal auf dem Gellértberg will ich nicht erwähnen; es mag als sowjetischer Import für sich selber sprechen. Aber die Burg zum Beispiel, auch am Donauufer; man kann immer nur sagen: Kolossal, ungeheuer – märchenhafte Prachtpaläste, das meiste ist falsche Pracht. Es ist erst vor hundert Jahren entstanden. Und ob man nun zur Akademie der Wissenschaften, zur Nationalgalerie, zur Staatsoper oder zum Rathaus hier kommt, man ist immer ein wenig belustigt – mein Gott, ist das prächtig. Phantastische Architektur nennt man das. Was ist das Ungarische? Tibor Déry schrieb: »Ein Witz, der über Katastrophen tanzt.«

Das letzte Gesicht

Er wohnt in der Lotz Károly utca Nr. 20 drüben in Buda, in einem ruhigen Villenviertel, das Pasarét heißt, am Fuß des Rosenbergs. Es ist Spätherbst; alles verblüht und erloschen, kein Rosenduft: Todesahnung. Laub treibt durch die Straßen, die still, eng und regennaß sind. Verblichene Wohlstandsvillen der zwanziger Jahre, Gärten, die einsam sind. Es riecht faulig. Ein Zaun, ein Namensschild, eine Klingel. Es ist schon merkwürdig, auf einem erblindeten Schild unter Sträuchern plötzlich den Namen Tibor Déry zu lesen. So, als wenn man heute beim Blättern im Telefonbuch plötzlich den Namen Heinrich von Kleist fände oder Hölderlin, Friedrich. Nanu? Ich klingle. Mir ist etwas unwohl in diesem Augenblick. War es leichtfertig? Was soll ich sagen? Für mich ist Déry Literatur, Ungarns Dichter, Ungarns Stimme in der Weltliteratur. Dichter soll man lesen. Was denn sonst?

Aber es ist schon geschehen. Es läuft ab wie vereinbart. Es ist kurz nach zwei. Der ungarische PEN hatte mich morgens angerufen und, obwohl ich den Namen nur nebenher fallenließ, sofort reagiert und gebucht: Das können wir arrangieren. Das ist kein Problem. Nur in den Sommermonaten wohnt er draußen am Balaton. Herr Déry wird sich freuen. Ich dachte: Wieso? Wieso wird er sich freuen? Er kennt mich doch nicht. Haben sie ihn so an der Kandare? Ist das seine Pflicht jetzt: den ungarischen Geist repräsentieren? Einen Augenblick dachte ich an Sagorsk, den sowjetischen Popen damals, heilige Attrappen, die uns fürstlich empfingen. Laß das!

Hier ist es anders. Stille, Einsamkeit, versunkene Zeit. Die Haustür öffnet sich in der Ferne. Ich sehe ihn heraustreten.

Durch den langen, schmalen Gartenweg sehe ich ihn entgegen-
kommen. Ein alter Mann, ein Herr, der langsam geht, durchaus
betagt. Er trägt eine Strickjacke. Ich erkenne sofort seinen
Kopf, diesen edlen Schädel, der von Fotos bekannt ist: die sehr
hohe Stirn, das weiße Haar, das nur noch in Resten, dafür aber
lang und etwas gelockt über den Kragen fällt, die großen dunklen Augen, die man nicht mehr vergißt. In diesen Augen ist alles
drin, was ich zuvor mühsam über Ungarn zu sagen versuchte:
soviel Schwermut, Schmerz, auch Witz und zarte Ironie. Es gibt
tote Augen, kalte Augen, böse Augen – seine strahlen nichts als
Güte aus. Es muß an den Pupillen liegen, die tief dunkelbraun
sind, beinah schwarz und doch durchsichtig wirken: Vergangenheit ist aufbewahrt. Camus hat gesagt, jeder Mensch sei von
einem bestimmten Alter an für sein Gesicht verantwortlich. Ich
bin nicht so sicher. Im Gesicht kann noch manches trügen,
überlagert, verzeichnet werden. Von einem gewissen Alter an
ist jeder Mensch für seine Augen verantwortlich, würde ich
meinen. Da ist alles drin. Hier heißt es Erfahrung – nationale
Erfahrung, müßte man sagen, also Stolz, Verletzung des Stolzes, Trauer, aber auch Güte und die Fähigkeit, über dies alles zu
lachen: Ein Witz, der über Katastrophen tanzt.

Eine Villa mit Gartengrundstück. Das war einmal der vornehme Stil privater Bürgerlichkeit in den dreißiger Jahren. Ein
spitzgiebliges Haus mit Veranda, Terrasse und Wintergarten.
Ja, sagt er etwas lächelnd, während wir auf das Haus zugehen –
das haben wir schon vor langer Zeit günstig gekauft. Heute
wäre das unbezahlbar. Privathäuser sind unheimlich teuer geworden bei uns inzwischen, fast wie bei Ihnen. Er ist übrigens
der reichste Mann heute in Ungarn, hatte uns vorher ein anderer
gesagt. Ich hatte bei seinen Kollegen, die so sicher über ihn
verfügten, überhaupt eine merkwürdige Mischung aus Achtung
und Mißmut gespürt. Da war Respekt, aber zugleich auch etwas
von rivalisierender Abwertung zu spüren. Sie sagten es nicht,
aber es klang bisweilen, als wenn sie sagen wollten: Überschätzt
ihr ihn nicht doch etwas – ihr im Westen?

Der Nachmittag dann mit ihm. Was fiel auf? Dies ist ein
vollkommen uneitler Mensch. Seine Bescheidenheit, Zurückhaltung, seine Ruhe besticht. Natürlich ist es eine Ruhe nach
dem Sturm. Immerhin hat er nach dem Aufstand von 56, in den
er verwickelt war, als Sechzigjähriger hier noch einmal drei
Jahre in Gefängnissen gesessen. Er saß auch vorher, zur Nazizeit. Kontroversen, Schwierigkeiten mit der Partei? Das ist jetzt

erledigt und beigelegt. Man hat sich arrangiert. Man ist gegenseitig auf respektvolle Distanz gegangen. Er hält sich jetzt heraus aus den heißen Fragen der Partei. Die Partei dankt ihm das; er hat jetzt einen Lebensabend, der gleichermaßen freizügig und ruhmvoll ist. Seine Situation erinnert mich an den späten Arnold Zweig in Ost-Berlin. »Der Nestor der deutschen Literatur«, hieß es nicht ganz ohne sächsischen Unterton dann bei Zweigs Beerdigung. Es war ein Staatsbegräbnis. Spießbürgerliches schwang mit: DDR-Enge. Hier nicht. Um Tibor Déry, auch wenn er ganz allein noch auf seinem Sofa sitzt, ist immer Welt versammelt. Er wirkt wie ein Edelmann, der sich auskennt, auch anderswo. Er spricht ein sehr kultiviertes Deutsch mit Wiener Akzent.

Was fiel weiter auf? Daß in dem großen, altmodischen Salon, wo wir nun saßen, etwas Wodka tranken, Tee zu uns nahmen, so gar nichts vom Ruhm des Hausherrn zu merken war. Keine Termine, keine Postberge, keine Telefonanrufe. Es war still, Einsamkeit war zu spüren. Ein junger Terrier jagte manchmal durch die Zimmer, riß da und dort etwas herunter, wollte gelobt und gestreichelt werden, schmiegte sich an den Hausherrn, versuchte es auch mit uns und jagte dann wieder los, bellte vom Nebenzimmer aus provozierend. Déry schien das zu gefallen. Er lächelte, wie man über zu wilde Kinder lächelt – in der Tiefe doch entzückt. Einen Augenblick tauchte seine Frau auf. Sie kam vom Einkaufen, hochbepackt. Frau Elisabeth, die Böbe genannt. Eine sehr resolute, immer noch schöne Frau in den Fünfzigern, der man die straffe Eleganz und den Charme der früheren Schauspielerin anmerkt – jeder Schritt ein Auftritt. Madame sprach nur ungarisch. Ein Gespräch war nicht möglich. Die Sprache der Ungarn ist für uns rätselhaft. Sie klingt wie Chinesisch. Sie ist uns ganz fremd. Keine Verwandtschaft zum Slawischen, nichts Germanisches. Sie ist eine böse Barriere für Ungarns Dichter. Die meisten überwinden sie nicht.

Wir sprachen über dieses und jenes. Im Grunde war es nicht wichtig. Es sprang hin und her. Heute, hinterher, wenn ich jetzt das Ganze bedenke, war nur das wichtig: Erinnerung an etwas Endgültiges, Fertiges. Du hast sein letztes Gesicht gesehen, wußte ich, als wir gingen. So ist es geworden. So wird es bleiben. Ein schönes Porträt, das nun fertig ist. Das Leben hat es gemalt. Der Maler heißt hier Geschichte. Es ist ein historisches Antlitz geworden. Mit diesem gütigen, ernsten und doch stolzen Haupt wird er einmal auf dem Totenbett liegen. Abgeklärt, möchte man sagen, nach so vielen Stürmen schließlich still zu sich selber gekommen. Es hat schon jetzt etwas von der Würde aller Vollendeten: ein schöner Mann Anfang Achtzig.

Und vielleicht war es gut, daß ich nach soviel Jenseitsanmutungen auf der Straße wieder hart in den Alltag zurückgerissen wurde. Ein Wagen parkte, etwas zurückgesetzt von der Dichtervilla, ein russischer Fiat. Ein Mann saß am Steuer. Ich will nicht sagen, in einem Ledermantel, aber doch in dem knappen, betont unauffälligen Dreß aller Beauftragten. Das viereckige und beschränkte Gesicht derer, die immer im Dienst sind. Der Mann ließ, als wir weggingen, den Motor anspringen. Er fuhr eine Weile langsam im Schritt hinter uns her. Er überholte uns nicht. Es kann natürlich ein Zufall gewesen sein. Es muß gar nichts besagt haben, aber es ist auch nicht auszuschließen. Ist unser Besuch schon gemeldet? ging es mir durch den Kopf. Hat man uns observiert? Man weiß es nicht. Immerhin waren damals die kritischen Tage, als György Konrád zusammen mit zwei anderen Budapester Autoren verhaftet worden war. Es war eine Warnung an alle. Man hatte sie nach sechs Tagen wieder entlassen. Ich will sagen: So harmlos ist die intellektuelle Szene in Budapest nun auch wieder nicht, wie sie sich dem Besucher zunächst darstellt. Hier wird streng kontrolliert, zensiert, auch verboten. Ein anderer Schriftsteller hatte mir schon zuvor und nicht ganz ohne Neidgefühle gesagt: Wissen Sie, ein Fall wie Biermann oder Havemann ist undenkbar bei uns. Bei uns in Budapest wären beide längst verhaftet.

Váci utca

Ich weiß, was jetzt alles nachzutragen wäre, topographisch. In Sachen Budapest bin ich zuvor nicht fertig geworden. Ich müßte, wäre ich ein korrekter Reiseführer, wenigstens erwähnt haben, daß Buda und Pest eigentlich zwei Städte sind, durch die Donau deutlich getrennt und zusammengehalten. Der Fluß ist die Lebensader der Stadt, viel intensiver als in Wien oder Belgrad, die auch an der Donau liegen, aber nur nebenher. Ich müßte hinzufügen, daß größere Gegensätze innerhalb einer Stadt kaum denkbar sind. Buda am rechten Donauufer ist eine hügelige, grüne, sehr anmutige Bergstadt, deren Licht manchmal an Italien erinnert, vor allem des Nachts, wenn es elektrisch funkelt. Mit seinen alten Gassen und historischen Hausfassaden wirkt es romantisch. Pest, linker Hand, liegt ganz flach wie auf einem Brett hingestreckt in der Tiefebene. Die Steppe, die Pußta kündigt sich an. Buda wirkt wie Florenz, Pest wie Berlin-O. Poesie und Prosa, könnte man sagen. Ich sage es nicht. Und ich müßte schließlich die fünf Brücken über die Donau loben: wieder enorm, monströse Konstruktionen. Oder sind es nicht sogar sieben Brücken mit den Vororten? Aber muß ich das wirklich? Ich meine, das kann jeder im Baedeker lesen. Ich will versuchen, das Leben dingfest zu machen. Wie leben sie hier?

Wenn man zum erstenmal des Abends durch die City geht, ist man erstaunt. Die Stadt wirkt westlich. Sie strahlt nicht wie Paris oder Rom, aber ist doch viel heller und aufgeweckter als alle anderen Metropolen im Sozialismus, die eher zur Schläfrigkeit neigen, vor allem des Nachts. Es quält sich tagsüber ein endloser Autostrom durch die Straßen, genau wie bei uns. Auch hier ist eine freie Parkuhr ein Glücksfall und ein Dauerparkplatz eine Art Himmelsgeschenk, ein Gnadenfall. Der Budapester Autopark ist bescheidener Bauart. Es herrschen DDR-Modelle und russische Typen vor. Aber auch VW-Käfer und Peugeots werden gefahren. Die Schaufenster sind voll, auch mit westlichen Waren. Es gibt Whiskys, Weine und Waschmittel westlicher Produktion überall. Die Preise? Man merkt es erst nach einiger Zeit. Für uns Heutige mit unserem inflatorischen Preisgefälle ist Ungarn immer noch ein billiges Reiseland. Aber wenn man dann nachrechnet, was ein Ungar verdient: im Durchschnitt höchstens zweihundertfünfzig Mark im Monat, ist man bestürzt. Der Whisky steht da. Er bleibt ein Traumziel für die Massen.

Trotzdem gibt es unverkennbare Wohlstandssymptome. 1968 haben sie ein anderes ökonomisches System eingeführt. Sie nennen es den »neuen Wirtschaftsmechanismus«. Er fördert die individuelle Selbstbeteiligung am Sozialprodukt. Zu deutsch: Wer mehr arbeitet, mehr leistet, gewinnt auch mehr. Die Zeit der großen, lahmen Gleichmacherei ist vorbei, und dies sieht man denn auch schon als Fremder. Es gibt heute durchaus so etwas wie eine neue sozialistische Bourgeoisie im Lande. Nicht so extrem wie in Jugoslawien, aber doch in der Richtung. Besitzbegünstigt ist vor allem der gehobene akademische Mittelstand, also Ärzte, Ingenieure, Naturwissenschaftler, die Intelligenz in der Publizistik, natürlich auch Funktionäre. Sie fahren westliche Autos, sie haben neben der Stadtwohnung alle ihre

Villa am Plattensee, sie gehen festlich gekleidet in die Oper, sie sitzen in den Budapester Kaffeehäusern: die Herren mit ihren imponierenden Charakterköpfen, die aussehen wie Philosophenschädel, so markant – jeder ein Ernst Bloch oder doch wenigstens wie ein kleiner Lukács –, die Damen in kostbaren Pelzen und kunstvollen Hüten, deren kühne Aufbauten an die zwanziger Jahre erinnern. Es ist einfach phantastisch, was sich die Putzmacherinnen von Budapest in diesen oberen Rängen der Damenwelt heute einfallen lassen.

Nachmittags um sechs in einem Café in der Innenstadt kann einen die Frage überfallen: Bist du wirklich im Osten? Täuschst du dich nicht? Man sieht ältere, vornehme Herren, die üppigen Salondamen auf das artigste einen Handkuß reichen. Die gnädige Frau nimmt lächelnd entgegen. Die unvermeidliche Zigeunerkapelle schluchzt schmachtend im Hintergrund; sie fiedelt wie eh und je. Die Zigeuner heißen in Ungarn jetzt »Neubürger«. Aber sonst? Sie ziehen noch immer den süßen Grinzingschmalz von ihren zärtlichen Geigen ab, vielleicht etwas exotischer, auch männlicher im Griff als ihre Wiener Kollegen. Zierliche Serviermädchen in höchst koketten Röckchen tragen lächelnd Sachertorte oder Palatschinken durch die Reihen. Es fehlt an Zeitungen, die man lesen wollte, das ist wahr. Das unterscheidet ein Budapester Kaffeehaus noch immer von einem Wiener Café. Aber sonst? Sonst geht das Leben erstaunlich zufrieden und wohlhabend seinen Gang. Wenn man daran denkt, wie Budapest noch 1956 brannte und blutete und zum Tode entschlossen war mit Kardinal Mindszenty an der Spitze, so muß man sagen: Kádárs Weg war kein schlechter Weg bisher. Unter den Bedingungen der Sowjetherrschaft, an der nicht zu rütteln ist, hat er das Beste herausgeholt. Ungarn lebt, und Budapest zeigt fast so etwas wie die Schokoladenseite des Sozialismus: das freundliche Trotzdem.

Es gibt Ansätze, Anfälle alter Lebenslust, die ich in keiner kommunistischen Stadt sah. Der Staat ist natürlich ein müder Verführer, ein schlechter Alleinunterhalter, ein durchaus griesgrämiger Conférencier. Gleichwohl: Der Abend im Emke war buchenswert. Er machte auf eine rührende Weise deutlich, wie man in Budapest immer noch zu leben versucht: trotzdem.

Das Hotel Emke, ein neues Haus mit Varieté- und Nachtbetrieb, liegt in einer Straße, die früher zum Amüsierviertel von Altbudapest gehörte. Ein Hauch davon blieb. Im Nachtklub des Emke war eine Künstlerin angesagt. Hieß sie nicht Magda Meyer? Ich las es deutsch, aber der Name ist französisch zu sprechen: Meyèr. Die Dame kam aus Paris. Sie war ein Star ihrer Branche, eine etwas frivole Mischung aus Diseuse und Stripperin. Nur ich wußte das nicht. Die Budapester wußten Bescheid. Sie hatten gebucht. Magda Meyèr war auf der Durchreise von Istanbul nach Wien tatsächlich für drei Tage im Emke verpflichtet. Auf Forintbasis, bitte. Es war kurz vor Mitternacht.

Die Szene war bühnenreif. Es empfing uns nicht ohne Eleganz ein junger Portier. Mit seinem schwarzen Kotelettenbart sah er verwegen wie ein Zigeunerbaron aus. Er trug eine kolossale Operetten-Uniform: lachsrosa mit silbernen Borten und Schnüren. Nur auf dem Rücken war der rechte Ärmel, der herausgeplatzt war, mit einer großen Sicherheitsnadel flüchtig befestigt. Das Futter quoll trotzdem. Mit einem erstaunlichen Aufwand an Gesten und Grazie machte er die Honneurs, versuchte er, die Gäste zur Show zu animieren. Und es entstand nun allein dadurch im Vestibül ein Gedränge, Geschiebe, eine Atmosphäre fiebernder Erwartung. Köstliche Hoffnung auf Gewagtes und tief Frivoles lief durch den Raum, worin Budapest doch einmal berühmt war: Unterhaltungsgewerbe, Kleinkunst, die leichte Muse genannt.

In einer Mauernische stand eine Engelsgestalt. Sie schien männlichen Geschlechtes. Es war nicht ganz sicher; sie schien auf jeden Fall auf den Strich zu gehen. Oder täuschte ich mich? Es fuhren dauernd Taxis vor, mickrige Taxis, massenhaft. Herren im Smoking, die wieder wie imponierende Philosophen aussahen, halfen unerhört geschmückten Damen, die farbenfroh waren, die glühten vor Erwartung, aus den Kaleschen. Ein Sprichwort hier sagt: »Ein Ungar ist selbst in der Hölle noch ein Herr.« Und so war es auch: Es war höllische Premierenstimmung – kleiner Mann, ganz groß. Halbwelt, Lebewelt war versammelt hinter dem Eisernen Vorhang. Das gibt es auch, ansatzweise: Glitzerschein im sonst tristen Sozialismus. Man sollte es festhalten. Es gehört mit zur Szene.

Ja, jetzt habe ich die Váci utca doch ganz vergessen, diese berühmte Einkauf- und Modestraße von Budapest, der Kurfürstendamm des Ostens. Schon in Wien wurde mir dieser Traumboulevard empfohlen. Er ist ein Gerücht, eine allgemeine Vermutung. Für unsereinen ist die Váci utca kaum der Rede wert. Es ist eine alte, schmale Einkaufstraße, die zur Fußgängerzone erklärt wurde. Es gibt hauptsächlich Kunst hier; das ist wahr. Ein paar Galerien, ein paar Modegeschäfte, Buchhandlungen, viel Kunstgewerbe: Touristenchichi. In einer Buchhandlung der Váci utca hatte der Springer-Verlag eben eine Ausstellung seiner neuesten Publikationen. Die Budapester drängten sich. Es war der Springer-Verlag aus Heidelberg, wie sich versteht, nicht der aus Hamburg. Auch solche Nuancen, natürlich, haben hier Stellenwert.

Esztergom oder Was ist der Mensch?

Irgendwann muß man dann weg. Man muß raus. Man bekommt ein Gefühl von Enge, von Wiederholung. Du trabst immer dieselben Straßen ab, du stehst immer auf denselben Plätzen herum. Jede Nacht, wenn wir nach Hause kommen, putzen in der U-Bahn-Station Astoria dieselben alten Frauen mit ungeheurem Wasseraufwand und in orientalischer Sinnlosigkeitsgebärde die Steinfliesen. Man kann die Uhr danach stellen. Wie oft noch? Laß uns nach Esztergom fahren, sagte ich eines Morgens, über die Landkarte gebeugt. Der Name klingt schön. Es soll an der Donau liegen. Was liegt hier nicht an der Donau, nicht wahr? Das war die Stadt von Mindszenty, wenn ich mich nicht irre. Esztergom ist Erzbischofssitz. Ob wir noch Spuren vorfinden?

Es war etwas mühsam, unser Auto in Gang zu setzen. Es sah jetzt schon aus wie die Wagen, die uns an der Grenze entgegengekommen waren: tief dunkelgrau, wie aus Schlamm gezogen. Man meint bei uns immer, Umweltverschmutzung sei eine westliche Krankheit, die böse Folge der kapitalistischen Raubproduktion. Ach Gott! Stell deinen Wagen irgendwo in einer sozialistischen City ab. Nach einer Woche ist er nicht wiederzuerkennen: Ein Einheitsgrau hat sich eingefunden. Budapest muß unter einem immerwährenden, feinsten Staubregen stehen, der unbemerkt, aber gleichmäßig niedergeht. Es war mühsam, das Frontfenster klarzubekommen. Es gibt genug Tankstellen in Ungarn, sogar von westlichen Multikonzernen, wenn man den Schildern glauben darf; nur Service in unserem Sinn kennen sie nicht. Es erregte Ratlosigkeit, als wir um Reinigung des Frontfensters baten. Es gab keine Lappen dafür. Die Frau an der Tankstelle, die freundlich und hilfsbereit war, half sich schließlich mit Zeitungspapier. Zeitungspapier ist in vielen Lagen ein Nothelfer.

Wir fuhren den Strom entlang. Man hat das berühmte Donauknie immer an der Seite, rechter Hand. Linker Hand ziehen sich bläuliche Bergketten, und wenn man dann nach gut einer Stunde nach Esztergom kommt, sieht man das schon von weitem. Man erschrickt. Wieder eine Übertreibung. Ein Volk ohne Maß. Da ragt aus diesem armen, platten Land plötzlich ein steinernes Ungetüm, ein Riesenzyklop: die Basilika. Es ist, als wenn man aus der Steppe plötzlich in Rom vor dem Petersdom vorführe: einfach irre. Alles überdimensional und viel zu pompös für die karge Landschaft. Unnötig zu sagen, daß es sich um die größte Kirche der Ungarn handelt. Etwas Gewalttätiges und Drohendes geht von ihr aus. Die Basilika von Esztergom beherrscht noch heute die Stadt. So muß man sich auch die Rolle der Kirche früher hier vorstellen. Keine Demutsgebärde, keine Kirche der Dienste, keine Liebesgemeinde – eine Kirche der Herrschaft, auch der Unterwerfung. Man versteht die starre Widerstandsgebärde Mindszentys etwas mehr, wenn man seinen früheren Amtssitz gesehen hat. Ich jedenfalls kann ihn mir hier als Fürstprimas noch vor der Revolution gut vorstellen. Das war auch kein Zuckerschlecken, fürchte ich: ein Priester der Macht und der Mächtigen. Mein Fall ist das nicht.

Wir standen eine Weile an der Donau, die hier die Grenze zur Tschechoslowakei bildet. Ich weiß nicht, wer je die Behauptung verbreitet hat, die Donau sei blau und ihre Wellen wiegten sich im Walzertakt anmutig, tänzerisch. Das ist nichts als Wiener Schmus. Die Donau ist breit und schwer; sie ist bleigrau und schiebt ihr Wasser stumm vor sich her, verschwiegen und irgendwie sinnlos, fast wie die nächtlichen Putzfrauen in der Metrostation Astoria. Es nieselte, Windböen kamen vom Strom. Es war ziemlich trist, auch menschenleer. Die Grenze von einem sozialistischen Staat zu einem anderen stellt keine Verlockung dar. Die Phantasie regt sich nicht. Hoffnung wird nicht wach. Da drüben hinter dem Strom beginnt kein Geheimnis. Es beginnt Husáks Reich: dasselbe noch einmal, nur schlechter. Die armen Tschechen, dachte ich, ob sie es auch einmal schaffen werden wie die Ungarn? Immerhin hatte Kádár am Anfang im Westen genausowenig Kredit wie Husák heute. Gibt das zu denken?

Laß uns hier bleiben, sagte ich. Wir nehmen die Autofähre nicht, die möglich wäre. Ich bin ja kein Kommunist. Ich wäre es gern. Es wäre schon schick, sich in Frankfurt oder München als wilder KP-Protestler zu gebärden. Man würde sich viel vorteilhafter darstellen im Literaturgewerbe, linkslastig. Merkwürdigerweise gilt man dann als fortschrittlich. Es zieht mich nichts in diesen Traum, Sozialismus genannt. Er ist ganz ohne die Gebärden der Freiheit: Phantasie. Aber wenn es denn sein müßte, wenn ich in diesem neuen Sowjetimperium leben müßte, das sich nach Hitler von Leipzig bis Wladiwostok jetzt zieht, so würde ich »Budapest« sagen. Man merkt das hier in der Provinz. Die Schokoladenseite des Sozialismus, trotzdem.

Ich stelle mir vor, daß ich in kleinen, bescheidenen Verhältnissen zurechtkäme. Nicht gerade Geschäftsführer im neuen Café Hungaria, das einmal Café New York hieß. Das wäre zu hoch, das würde zu Schwierigkeiten führen. Aber vielleicht als Buchhändler in der Váci utca oder als Taxifahrer? Es wäre nicht schön, das möchte ich festhalten; aber es würde gehen, wenn es denn sein müßte. Warum kann man das sagen als Deutscher? Warum sagt man Budapest, nicht Leipzig, nicht Ost-Berlin?

Ich habe wieder etwas nachzutragen. Ich müßte, wäre ich ein perfekter Reiseführer, jetzt ausführlich von dem Museum für christliche Kunst berichten, das die Reise nach Esztergom allein lohnt. Es liegt verborgen in einer stillen Gasse, die holprig ist. Man findet es nicht ohne Suchen und Nachfragen. Kein Schild weist hin. Fast hat man den Eindruck, als sei die Partei, solcher Schätze eingedenk, etwas ratlos. Einerseits schon, andererseits nicht zu sehr, bitte. Also wie? Jedenfalls ist es eine Überraschung. Man steht plötzlich in diesem Provinznest in einem Museum, das in seinem Reichtum und seiner Präsentationsform mit jeder Kunstgalerie in Schweden oder Amerika mithalten kann. Von der Gotik bis zum 19. Jahrhundert sind die Schätze des Landes raffiniert gehängt. Ich war wie verzaubert. Nein, ich bin auch kein Christ. Die Botschaft des Schmerzensmannes am Kreuz ist mir so fern wie der Kommunismus. Ich kann mit Kirchen jeglicher Art nichts anfangen. Aber wenn man aus so schöner, tiefer Bilderflut dann heraustritt, heraus in die Banalitäten unseres sogenannten wirklichen Lebens, dann spürt man – ja, was? Man spürt eine arme Welt, in der wir leben, gleichgültig, ob sie sich nun kapitalistisch oder sozialistisch nennt. Es ging etwas verloren im technischen Leistungsdruck unserer industriellen Fortschrittsdynamik. Was? Was ist der Mensch eigentlich?

Sicher hätte ich diese Frage nicht gespürt, wenn sich nicht auf der Heimfahrt auch dieses Bild noch eingeschoben hätte. Ohne das Museum für christliche Kunst in Esztergom hätte ich die Szene nicht so betroffen, so tieftraurig und ohne Antwort gesehen. Da bin ich sicher. Es staute sich der Verkehr auf der Straße. Nach Budapest war plötzlich alles blockiert. Wir standen eine Weile in der Kolonne. Jedermann kennt die Situation. Man wartet, schaltet den Motor aus, stellt das Radio ein, hört dies und das: Nachrichten der Deutschen Welle. Über Kurzwelle kommen sie hier glasklar herein wie ein Ortssender. Als es kalt zu werden begann, stieg ich aus. Ich ging an all den Trabants und Wartburgs und Wolgas vorbei, die vor mir standen. Ich kam nach vorne. Es sah schrecklich aus.

Ein Unfall. Ein alter Omnibus, noch mit Fahrgästen halbvoll, war beim Bremsen offenbar ins Schleudern geraten. Er stand halbschief quer. Ein Privatauto war wohl beim Überholen in seine Seite gefahren. Vor diesem Zusammenstoß lag ein Mensch auf der Straße. Es war, wie gesagt, regnerisch und naß diesen Nachmittag. Es war eine alte, armselige Frau, wie man sich auf dem Balkan eine Bauersfrau vorstellt: mit vielen Röcken und Kopftuch und einer großen schwarzen Tasche. Sie lag reglos wie eine Puppe, wie ausgestopft. Offenbar war sie tot. Es lag noch der erste Unfallschock über der Szene. Keiner wußte recht, was nun geschehen sollte. Ein Polizist war eben eingetroffen. Und als ich kam, sah ich gerade, wie dieser Polizist an dem einen Bein der Frau, das merkwürdig puppenhaft abgewinkelt in die Luft ragte, zu ziehen begann. Es sah aus wie Kadaverbeseitigung. So zieht man Reste weg: Müllabfuhr. Der Polizist zog nicht ohne Erfolg den Körper zum rechten Straßenrand rüber, und indem er dies tat, geschah etwas Wundersames: Die Frau hob die Arme, ruderte mit dem anderen Bein mit. Sie war nicht tot. Nur eine Blutlache lag unter ihr und zog sich mit dem Körper strähnig quer über die Straße. Es sah entsetzlich aus: Mitten im Leben, und rasch tritt der Tod uns an, überall. Ich will nicht einmal sagen, daß diese Aufräumaktion hier besonders herzlos geschah. Wahrscheinlich wird ein Gendarm im Bayerischen Wald kaum anders verfahren.

Es gab noch ein komisches Nachspiel, das Satyrspiel, wie gewohnt. Als wir nämlich später mit unserem Auto am Tatort vorbeifuhren, war die Frau wieder quicklebendig. Sie saß etwas zusammengesunken und komisch wie eine Vogelscheuche auf einem Feldstein am Straßenrand. Sie kramte in ihrer schwarzen Handtasche. Sie suchte vielleicht nach einem Taschentuch. Es

sah armselig aus. Wenn wenigstens ein Kruzifix, ein Heiligen-
bild noch am Wegrand gestanden hätte, ein Zeichen aus einer
anderen Welt. Ich sah das Blut auf der Straße. Ein großer Fleck,
tief dunkelrot, der glänzte auf dem Asphalt. Blut ist so blutig.
Es tut weh, darüberzufahren. Es ist eigentlich unmöglich. Ich
tat es trotzdem. Was ist der Mensch heutzutage? Ein Fleck auf
der Straße, den man wegwischen wird, hinterher.

Die Tage von Tihany

Ob es bei anderen anders ist? Bei mir bleibt von solchen Reisen
oft nur ein Punkt. Das meiste geht unter, versackt, soll gar nicht
erinnert werden. Nur ein Punkt bleibt, und es ist dann, als wenn
er noch wüchse, rückblickend und in der Erinnerung. Er wird
zur Hoffnung, zur schönen Erinnerung und Paradiesphantasie,
auch Utopie genannt. Im Grunde leben wir alle von Utopien,
also von Hoffnungen. Wahrscheinlich ist in Wirklichkeit alles
ganz anders. In der Erinnerung steht dieser Punkt doch für das
Ganze und sagt: Komm wieder! Ich bin das Geheimnis, ich bin
die Verlockung. Ich rufe dich. Du bist noch nicht fertig mit mir.
Unsere Sache geht weiter. Als ich durch Kalifornien fuhr, war
dieser eine Punkt Carmel. Aus ganz Griechenland ist mir nur
Mykenä geblieben. Was sonst? Und wenn ich jetzt an Ungarn
zurückdenke, würde ich sagen: Tihany – was denn sonst? Auch
damit bin ich nicht fertig. Es war der Punkt, der weiterlebt und
wächst. Ungarische Utopie, Insel der Hoffnung. Es ist allerdings nur eine Halbinsel, von der ich jetzt spreche. Darüber
Genaueres später.

Wir waren am Balaton. Ich habe diese jüngste Glücksmaschine der ungarischen Touristenindustrie gottlob auf Hochtouren nicht erlebt. Ich habe also kein Urteil, ob der Plattensee
wirklich so rühmenswert ist, wie er verkauft wird, auch bei uns.
Es war nun schon Anfang November. Es ist wieder eine monströse Übertreibung. Er liegt im Zentrum Transdanubiens. Er
ist mit über sechshundert Quadratkilometern der größte Bin-
nensee Mitteleuropas, weit größer noch als der Bodensee, nur
viel flacher, kaum mehr als drei, höchstens vier Meter tief, was
ihn rasch erwärmt und in Strandnähe familienfest macht. Auch
Kinder können weit hineingehen. Die Menschen hier sprechen
vom ungarischen Meer. Mehr noch: Sie lieben dies Wasser auf

jene inbrünstige Weise, wie die Deutschen ihren Wald, die Franzosen das festliche Essen, die Amerikaner ihr Auto und ihren TV-Apparat lieben, also abgründig. Irrationales ist deutlich im Spiel.

Wahrscheinlich war es ein erstes Zeichen solider Verwurzelung, das ich nach ein paar Wochen Budapest spürte: Wir müssen jetzt dorthin. Jeder Budapester, der es sich leisten kann, hat hier sein Ferienhaus, das zweite Domizil. Ein Bein in der Hauptstadt, ein Bein am See, so pendeln sie hin und her, von der Hoffnung, der Phantasie getrieben. Es führt eine vorzügliche Autobahn hin: hundertvierzig Kilometer. Im Sommer sollen endlose Verkehrsströme hin- und herfließen. Dann reichen die Bahnen nicht. Man hilft sich: Am Anfang des Wochenendes werden alle Bahnen Richtung See freigegeben, zum Ende fährt man umgekehrt vierbahnig zurück, immer hübsch im Gleichschritt. Es muß eine stolze Lawine des Fortschritts sein. Auch in Freizeitproblemen wirkt Ungarn fast westlich, also ziemlich zurück, wenn man es richtig sieht.

Es war, wie gesagt, nun schon Anfang November geworden: späte Zeit. Sonne lag über dem See, eine weiße, etwas milchige Sonne, die nicht mehr wärmt, schon gebrochen, kraftlos ist, aber mittags noch schönes Licht gibt, Helligkeit, Bilder zaubert, wenigstens vom Autofenster aus. Die Landschaft wirkt südlich. Die Vegetation wird noch einmal bunt, reich, beinah exotisch. Ein silbriges Licht kommt vom See; zarte Nebelbänke stehen vormittags über den Hügelketten am Nordufer. Enten und Wasservögel im Schilf. Das ist alles sehr schön, wie erwartet. Aber sonst? Sonst fiel mir eher der Wildwuchs der Bauwerke auf, eine schlimme Zersiedelung, eine ziemlich wüste Gelegenheitsarchitektur, die dominiert. Bös sieht das aus.

Vor allem am Südufer, das wir an einem tristen Regentag abfuhren, kann man noch einmal eindrucksvoll die Sünden des Kapitalismus, die bösen Kehrseiten der Privatwirtschaft studieren. Der private Wohnungsbau ist ja frei hierzulande. Er untersteht nicht dem großen Plan, und so sieht es denn auch aus, streckenweise: eine etwas konfuse Ansammlung privater Zufälligkeiten, was jeder für sich eben beischaffen konnte unter den Bedingungen permanenter Mangelwirtschaft. Alles kreuz und quer durcheinander: stolze Villen neben Bruchbuden, Hütten neben Bungalows, ein paar Café-Bars in Plastikausführung. Texasanmutung mit Erinnerung an Campingplätze. Bloß gut, dachte ich, daß wir diesen Ball wilder Wasserlust jetzt in schlaffem Zustand erleben. Aufgeblasen muß es schlimm sein. Anarchie und Sozialismus – das ist vom Neckermannglück unserer Welt so weit nicht entfernt.

Tihany ist ganz anders. Stille herrscht hier, Frieden ist ausgebreitet. Es ist, als wenn die Zeit stillstünde. Tihany ist eine schmale Halbinsel, die tief in den See reicht. Mit ihren blauen Hügeln und Mulden, die sandbraun sind, hat sich die Landschaft den Reiz aller Inseln bewahrt. Soll man sagen: Jungfräulichkeit, also Kinderglück, der Traum vom eigenen, inneren Reich, das unberührbar bleibt? Regressive Phantasien, Märchenmotive, auf jeden Fall die besondere Lust tiefen Versunkenseins in sich selbst. Schon die Römer sollen hier. Die Türken sollen hier nicht, Gott sei es gedankt. Aber die Österreicher haben dafür. Auch das sei dankbar vermerkt: Die Österreicher haben im 18. Jahrhundert aus den Resten der alten Festung eine schöne Barockkirche erbaut. Endlich einmal eine Kirche in maßvollen und anmutigen Proportionen. Erinnerungen an Schlesien, an Grüssau oder Neuzelle werden wach. Wer kennt das? Ein Kloster neben der Kirche. Wir klopften. Wir klingelten. Wir hatten einige Zeit zu warten, aber dann öffnete jemand: der Abt.

Der Abt von Tihany – ich möchte ihm hier ein kleines Denkmal setzen. Nur so. Er war eine Überraschung. Er sah fast wie ein Filmstar aus, er erinnerte mich an Karajan: ein schlanker, sehr drahtiger Herr in den besten Jahren, grau meliert. Er trug einen feschen Rollkragenpullover, eine Kordhose. Er hielt, als er uns öffnete, seine Brille demonstrativ in der Hand. Wir hatten ihn wohl beim Studium heiliger Texte gestört. Er sah uns an, als wenn er eben Augustin oder Pascal gelesen hätte: in zeitloser Nachdenklichkeit. Er war merkwürdig aufgeräumt, er hatte einen federnden Gang, das differenzierte Gesicht der Schöngeister. Und er zeigte uns dann die Abtei: die kunstvollen Schnitzarbeiten, die Sebastian Stuhlhoff hier schuf, das Königsgrab in der Unterkirche, das Klostergebäude. Er machte das schnell, wie wegwerfend, als wenn es ihn nichts anginge. Es war, als wenn er sagen wollte: Ist doch alles Plunder, nichts als Kunstgeschichte, toter Kram. Sie glauben doch nicht etwa auch an das? Feinere Frivolität schien ihn zu beflügeln. Eleganz war im Spiel.

Erst zum Schluß wurde er ernster. Ironie verflog; eine schwermütige Nachdenklichkeit griff Platz. Er schloß im Klostergang eine unscheinbare Tür auf. Bitte, sagte er ernst – es war aber auch hier noch ein Rest von Hohn mitzuhören –, mein

Privatmuseum. Ich persönlich zeige es Besuchern eigentlich nur vom Ministerrang aufwärts. Treten Sie trotzdem näher. Es war ein großes, stilvolles Zimmer, ein kompletter großbürgerlicher Salon aus dem frühen 19. Jahrhundert: vorwiegend Biedermeier mit etwas Empire. Herrliche Mahagonitische, zierlich geschwungene Sessel und Sofas, zartrosa. Auf edlen Vitrinen standen chinesische Vasen. Kleine Porträts und Kupferstiche an der Wand. Die Reste meiner Familie, sagte der Abt spöttisch und wippte dabei in den Knien. Ich habe sie hier gesammelt. Das war einmal Ungarn, bitte!

Tatsächlich mußte er hier die Großen der Zeit geführt haben. Auf einer Kommode lagen die Grüße, Dankadressen und Unterschriften der Männer, die, wie man sagt, Geschichte machen. Chruschtschow war hier gewesen und hatte gedankt. Einer aus dem Kennedy-Clan hatte sich artig verewigt. Waldheim war kürzlich dagewesen. Sicher auch Karajan, ging es mir durch den Kopf. Welch ein seltsamer Vogel, welch ein frivoler Einzelgänger: ein Abt ohne Orden. Sind das die neuen Friedenspriester?

Und ob es nun dieser Kirchenmann war oder das Luxushotel am Strand, das wir nie erreichten, immer nur aus der Ferne locken sahen, ob es der Budapester Klub war, der, in einen Bergstollen getrieben, mit einem mächtigen eisenbeschlagenen Portal in der Felswand ungeheure Frivolitäten vermuten ließ – ich fühlte mich glücklich hier. Geheimnisse blieben. Du bist schön, Balaton, dachte ich. Ich bin noch nicht fertig mit dir. Tihany – ich komme wieder.

Györ oder Der Anfang vom Ende

Györ war dann die letzte Station der Reise. Eine schöne Stadt; sie liegt auf dem halben Weg Budapest–Wien, und wer, rückkehrend, noch einmal in Györ übernachtet, fühlt sich beinah zu Hause. Ich meine, in Österreich. Die Ungarn heute hören das nicht gern: Habsburg-Erinnerungen. Ich könnte also auch sagen, um solche Gefühle zu schonen: Es ist in Györ, als wenn man, aus Prag kommend, noch einmal in Bamberg haltmacht; eine Woge katholischer Gläubigkeit schlägt über einem zusammen. Kirchen, Kirchen, nichts als Kirchen im Kommunismus. Man meint immer, man hofft doch, die Lage der Arbeiterklasse im Sozialismus verdeutlicht zu bekommen, man erwartet marxistische Indoktrination – den Touristen werden Kirchen serviert. Die Woge der Gläubigkeit ist hier erstarrt. Gottlob steht sie nur noch in Stein. Man muß nicht wie in Bamberg, aber wenn man sich dann in die Stadt aufmacht, rutscht man unweigerlich rein in Feudales, Klerikales, Fürstbischöfliches, was einmal war. Im Grunde langweilt mich das. Ich sagte: Komm, laß das. Kunst macht kreislauflabil. Kunst macht leicht krank. Siehst du da drüben das Rathaus von Györ? Es trägt rote Strümpfe, nicht wahr?

Tatsächlich waren die hohen Säulen vor dem Rathausportal mit rotem Stoff überzogen: ein Festtagsgewand. Es war nämlich der 6. November inzwischen. Der Jahrestag der Oktoberrevolution stand vor der Tür. So etwas macht mich wach. Die Stadt war mächtig geschmückt, sie prangte in buntem Textilaufgebot, aber nichts ereignete sich dann am nächsten Tag, dem Festtag der Revolution. Keine fröhlichen Jubelchöre, keine rhythmisch klatschenden Massen, befreites Volk, das dankbar geradeaus marschierte.

Ich hatte damit gerechnet. Es hatten uns schon seit Wochen die freudigen Ankündigungen in allen Schaufenstern begleitet und eingestimmt: überall kleine, aber deutliche Leninplakate, die unten, etwas abseits der großen Auslagen, angeklebt waren. Aber dabei blieb es dann offenbar. Die Leute von Györ jedenfalls gingen am Tag der Revolution wie Leute bei uns am zweiten Weihnachtsfeiertag: ausgeruht, auch etwas gelangweilt. Sie betrachteten Schaufenster, sie standen an Straßenecken, schwatzend, sie standen vor Kinoeingängen. Sie wirkten zivil, nicht angestrengt.

In der letzten Nacht meditierte ich. Die Nächte von Györ sind nicht aufregend. Man kommt leicht ins Nachdenken. Der Anfang vom Ende kündigte sich an. Gibt es nach solchen Fahrten Bilanzen? Kann man Ergebnisse vorweisen? Ich werde mich jetzt hüten, nachträglich Leitartikel aufzusetzen, Diagnosen und Prognosen zu basteln – die Kunst der Astrologen, meine Sache nicht. Als Tourist heimkehrend, kann man nur sagen: Auch Ungarn ist natürlich fest in Moskaus Hand. Daran ist nicht zu rütteln. Das Land steckt fest im Warschauer Pakt, so fest, daß es eine ungarische Außenpolitik, wie etwa die Rumäniens, nicht gibt. In der Welt kann dieses Volk heute nicht mit einer eigenen Stimme sprechen. Der große Bruder sagt alles vor. Aber es hat sich durch diese außenpolitische Unterordnung gewisse innere Freiräume, winzige Spielräume sozialen Sonderseins langsam erobert. Der neue Wirtschaftsmechanismus schmeckt den Sowjets nicht sehr. Er hat das Land zu einem kleinen Konsumparadies im Ostblock gemacht, was mißtrauisch stimmt. Wer weiß, wie lange noch? Es gibt Stimmen, die nicht ohne Sorgen fragen: Kádár – wie lange noch?

Es treffen hier manchmal DDR-Politiker ein, die etwas erbittert und tiefernst auf den rechten, den einzig wahren Weg, den Weg Moskaus, die ungarischen Genossen verweisen. Sie würden davon doch nicht abweichen? So etwas macht einem kleinen Land Sorgen. Trotzdem, sie gehen ihren Weg. Sie haben kleine Nuancen gefunden, Zwischentöne, mancherlei Varianten. Sie lassen das Leben nicht fad werden, wie anderswo. Wenn man will: gewürzter Marxismus, etwas Pfeffer und Paprika in die sowjetische Suppe. Sie haben sich arrangiert. Insofern ist das Wort Gulasch-Sozialismus so unzutreffend nicht.

Was heißt eigentlich arrangiert? Das Wort war oft da, ich habe es immer wieder gebraucht. Es geht glatt herunter. Aber wissen wir, was es konkret meint? Wie sieht das aus, wenn sich ein Volk arrangiert? Es mag natürlich auch anders aussehen, ich räume es ein. Es mag ziemlich komisch klingen, heimkehrend aus einem Lande des Fortschritts, dies doch, resümierend, sagen zu müssen, als Bilanz sozusagen: Wir sind in Ungarn eigentlich keinem Kommunisten begegnet. Es mag daran liegen, daß wir vorwiegend unten, nur im Volke uns bewegten. Wir hatten keine Schlüssel zu den Türen der Macht. Aber wo, wenn nicht im Volke, sollte der Sozialismus denn sonst zu Hause sein? Ich wiederhole: Wir haben in diesem Lande keinen einzigen Kommunisten getroffen. Insofern ist das Land auch eine Erholung, etwa wenn man von westdeutschen Universitäten kommt.

Ich will es noch einmal prüfen: Stimmt das? Die beiden Tankwarte am Balaton, die uns anhand ihrer Lohnabrechnungen die ökonomische Lage der Arbeiterklasse zu erklären versuchten, waren bestimmt keine Kommunisten. Sie waren nur bedrückt von der geringen Entlohnung, die mir streikwürdig erschien. Die Pferdezüchter in der Pußta waren zu allerlei Reiterkunststücken zu bewegen. Es gelang mir nicht, ihren ideologischen Standort zu erkunden. Die Schriftsteller in Budapest waren eher vergrämt bis vorsichtig. Am liebsten sprachen sie über westdeutsche Lyrik. Sie lenkten immer ab, wenn ich fragte: Ja, und hier? Wie steht es bei Ihnen? Sie begannen dann Witze zu erzählen. Und so ungefähr ging es uns immer wieder. Es war nur das Volk, vorwiegend Arbeiterklasse, das ist einzuräumen: der

Kellner im Restaurant, der Student im Museum, der Redakteur, die Klofrau, das Zimmermädchen, der Mann beim Geldwechsel, mit dem wir in ein längeres Gespräch kamen, was man eben kennenlernt unterwegs. Wir haben keinen einzigen Kommunisten gefunden. Ich muß das festhalten, leider.

Es ist gleichzeitig festzuhalten, daß wir auch keinen Antikommunisten gefunden haben. Auch dies mag ein Zufall sein. Auch sie gibt es sicher. Wichtiger ist, daß die ungarische Wirklichkeit heute dazwischen spielt. Sie liegt zwischen diesen ideologischen Tangenten, und vielleicht wird jetzt etwas deutlicher, was es meint, wenn ich immer sage: Sie haben sich arrangiert. Es meint, daß der Alltag, die Wirklichkeit, das konkrete Leben des einzelnen dominiert. Die Ungarn sind pragmatisch geworden. Sie mucken geistig nicht auf. Es gibt keine Resistenz gegen das System wie etwa in Prag heute. Sie haben ein ökonomisches Verhältnis zur Macht gefunden. Ich möchte es nennen: Kommunismus als Job oder Marxismus als Achtstundentag.

Wie ist das zu verstehen? Das bedarf noch einer Reflexion. Ich denke, so: Sie haben ein Verhältnis zum Kommunismus entwickelt, das etwa unserem Verhältnis zur Welt der Werbung, zur Reklameindustrie entspricht. Reklame und Werbung sind wahrlich kein Zuckerschlecken. Es stecken Übel in ihnen, es sind aber offenbar unvermeidliche Übel, wenn das Ganze funktionieren soll. Sie gehören mit zum System; ob nun Verhängnis oder Glücksperspektive – solche Fragen stellen sich entschlossenen Pragmatikern nicht mehr.

Also: Stell dir einen westdeutschen Intellektuellen bei Thompson in Frankfurt oder bei anderen Werbe-Agenturen vor – so ungefähr. Man verdient sein Geld mit Marxismus. Man gewinnt seinen sozialen Rang durch Kommunismus. Man kann aufsteigen in der Hierarchie oder auch absteigen, je nachdem, wie tief man einsteigt ins Geschäft. Aber es bleibt ein Job, eine Arbeit, ein Achtstundentag, mit dem man Geld macht. Man erfüllt seine Arbeit ordentlich, danach wird dann jeder Mensch – Privatmensch, meine ich. Zu Hause spielt das keine Rolle. Zu Hause beginnt das andere, das wirkliche Leben. So, wie sich bei uns manche Geister stark machen für Waschmittel oder Bier, so ungefähr legt sich das ungarische Volk jetzt auch in die Geschirre des Sozialismus: vom ökonomischen Erfolgsdenken des einzelnen her. Zu Hause ist es rasch vergessen. Was zählt, ist der Ertrag für den privaten Komfort.

Immerhin, in Ungarn heißt heute das Werbeprodukt nicht

Rei oder Omo. Es geht immer noch um den anderen Weißmacher, Sozialismus genannt. Man sollte das nicht aus dem Auge verlieren. Darin liegen Hoffnung und Resignation zugleich. Zynismus mit Wohlstandsdenken – ein Volk hat sich arrangiert. So fremd sollte uns Bundesdeutschen dies Klima nicht sein.

Der Aufbruch

Ob das ein Zufall war? Es war still und leer an der Grenze, als ich eintraf. Es war Juni, Sonnabend morgen, frische Vorsaison – kein Auto, kein Bus, kein Fremdenverkehr an der Grenze. Es hing ein grauer Himmel über dem Land. Es regnete leicht. Ein Gefühl von Grau, von Müdigkeit und amtlicher Resignation. Es hingen kleine rote Fähnchen hinter dem Schlagbaum. Sie flatterten nicht, sie hingen schlaff, und viel zuviel hingen da, verräterisch viel. Die üblichen Fragen, die üblichen Grenzkontrollen: Zolldeklaration, Geldwechsel, die Visapapiere gestempelt. Einer übt Grenzüberschreitung, ganz für sich. Es fiel die Motorhaube zu, der Kofferraum wurde geschlossen. Ich fuhr los. Tiefes Grün empfing mich. Rauschten die Bäume im Wind? Sie klatschten manchmal in kleinen Böen regennaß gegen das Autofenster. Wälder, nichts als tiefe, dunkle Wälder, die ich hinter dem Scheibenwischer etwas verschmiert sah. Ich fuhr nach Prag, und der erste Eindruck gleich hinter der Grenze war: Melancholie und schöne Einsamkeit. O Böhmen, deine Wälder, so still, so grün. Eigentlich liebe ich solche Landschaften.

Ja, einer übt Grenzüberschreitung, ganz für sich. Mein Tick, mein Hobby, meine private Passion, politisch. Man könnte natürlich nach Spanien, Marokko, Sizilien fahren. Richtung Süden. Ich fahre in den Osten. Ich gehe rüber, ich kann es nicht lassen, ich versuche es immer wieder. Jedesmal wenn ich zurückkomme, schwöre ich mir: Jetzt war es das letztemal, jetzt fährst du nie mehr rüber. Aber das hält nicht lange. Man tut es sich immer wieder an. Warum? Ist das Neugier, Hoffnung, Sozialismus-Erwartung? Mal sehen, vielleicht hat sich doch etwas geändert. Fragen, Fragen; man muß immer wieder neu fragen können im Leben, meine ich. Nur der Fragende ist noch offen, ist unfertig, also lebendig. Ich hasse diese perfekten Vorauswisser hierzulande, diese Neunmalklugen und Manweißdasdochalles-Vertreter, die Rechten genau wie die Linken. Kommunismusverteufelung, Kommunismusverklärung, endgültige Urteile, klare Richtlinien, Schwarzweiß-Dogmatismus. Mir taugt das nichts. Ich kann damit gar nichts anfangen. Ich bin wie ein Thermometer. Ich muß eintauchen in die Masse. Ich muß das Klima fühlen – am Leib.

Ich muß schon einmal in Prag gewesen sein. Ich glaube, anläßlich eines Gewerkschaftskongresses, der mich ziemlich schockierte. Es war damals schlimmste Stalinzeit, Novotnýs Zeit. Ein eisiger Wind wehte. Ich erinnere mich nur an das gewaltige, schwarze Stalindenkmal, das hoch über der Moldau wie eine Drohung stand. Ich erinnere mich an einen großen, blutroten Konferenzsaal mit vielen jungen Funktionären, die sich in einer merkwürdigen kollektiven Hysterie gegenseitig im Klassenkampf überboten. Lautsprecher dröhnten gegen den Imperialismus, der nicht anwesend war im Saal. Es war ziemlich schrecklich damals in Prag. Ich bin nach drei oder vier Tagen weggefahren. Ich habe das längst verdrängt und vergessen. Es soll nicht mehr gelten.

Als ich jetzt einfuhr, wirkte Prag besser: warm, freundlich, etwas verschlafen. Der Regen hatte aufgehört. Der Himmel, in Fetzen aufgerissen. Prag ist zunächst eine Farbimpression für den Fremden. Die Goldene Stadt ist nicht golden. Es herrscht der Eindruck von Hellbraun, Tiefdunkelgelb und Ocker vor, das stumpfe Grün der Dachpatina dazwischen, also das Kolorit des Barocks. Es ist, als wenn man in eine Kulissenstadt einführe, eine tiefe Barockbühne an der Moldau. Überall Kirchen, Palais, Paläste, die ziemlich alt und mürbe wirken wie Mürbekuchen, so braun. Verstaubt, kann man sagen, oder: historisch. So weit ist das nicht auseinander. Man wird an Wien erinnert, an Österreichs goldene Gebrechlichkeit, seine imperiale Gebärde einst. Selbst als Autofahrer sieht man sich gleich von Fürsten, Feldherren und vielen Frommen umringt. Sie stehen überall in Bronze und Eisen gegossen: kolossale Verkehrshindernisse. Dazwischen klingeln rote Straßenbahnen und winden sich durch zu enge Gassen.

Und natürlich ist es die Silhouette der Burg, dieser gewaltige Schloßkomplex des Hradschins, den man als Fremder zunächst erkennt. Wiedererkennt, möchte man sagen. Es gibt Stadtsymbole, die etwas Mythologisches haben, die in uns sind, bevor wir die Stadt noch kennen; man denke an den Tower in London, den Eiffelturm in Paris oder das Brandenburger Tor. Jeder hat das schon vorweg in sich und begrüßt es erstmalig wie einen alten Bekannten. Man fährt durch die City und hat immer dieses kolossale Burgsystem vor sich, als Bezugssystem. Man macht sich Gedanken, erste, vorläufige. Man denkt: Ein Zeichen solider und aufgeklärter Demokratie ist der Hradschin nicht. So etwas könnte unmöglich in Bern oder Brüssel stehen. Er steht zu drohend, zu lastend, zu triumphierend über der Stadt. Erzählt er nicht eine alte Geschichte: Die Macht kommt von oben? Sie thront in den Wolken, hoch über der Stadt.

Und der erste Tag war nun mit den üblichen Erkundungen des Touristen erfüllt: Prager Anfängersorgen. Zunächst den Wenzelsplatz finden, Grundorientierung. Der Wenzelsplatz ist eigentlich kein Platz, er ist ein kurzer Boulevard, siebenhundertfünfzig Meter lang, sechzig Meter breit, der sich nach oben zum Denkmal und zum Nationalmuseum so deutlich hebt, daß das Ganze von weitem wie ein großer, viereckiger Versammlungssaal wirkt, der wie ein Tablett etwas hochgekippt ist. Den Wagen abstellen, die Tür abschließen, etwas ungelenk und humpelnd nach der langen Fahrt die ersten Schritte machen. Tief Luft holen, durchatmen, ah. Schon beim ersten Atemzug riecht man das wieder: Marxismus-Leninismus für Nasen. Wieder dieser vertraute, süßliche Geruch des ungereinigten Sowjetbenzins, Minol heißt das, glaube ich, mit dem schärferen Geruch von Lysol versetzt, diesem Desinfektionsmittel, mit dem man überall in den Ostblockstaaten den Boden wischt, westlicher Ansteckungsgefahr vorbeugend. Man merkt es nur als Fremder. Wieder dieses unklare Ostblockgefühl am Anfang. Was ist das? Die altmodischen, kolossalen Fassaden der Häuser aus den Gründerjahren, bourgeoise Architektur, mit vielen Transparenten und Aufrufen geschmückt. Prag ist eher trist jetzt, aber es ertrinkt in einem Meer kleiner roter Fähnchen, die nur hängen. Zeitungskioske, die schäbig und leer, Eiskioske, vor denen sich lange Schlangen bilden. Ostblockgefühl – was ist das? Ich meine, es ist ein Gefühl von Zurück, Hinterher: Regressionen der Zeitgeschichte. Das kennst du doch? Das war doch auch einmal unsere Welt, früher einmal.

Es galt, ein Hotelzimmer zu finden. Prag ist eine Millionenstadt, die den Fremden lockt und ruft und herzlich willkommen heißt in vielen bunten Prospekten. Es ist gastfreundlich wie München, es hat aber nur achttausend Fremdenbetten. Selbst

Rudé Právo gibt diesen Engpaß zu. Wie immer in sozialistischen Plangesellschaften gerät man in eine etwas unheimliche, komplizierte Bürokratie, die zunächst entmutigt und müde macht, dann aber auch ganz überraschende Planlöcher zeigt – für Einzelfälle. Man wird an Čedok verwiesen, das alle Fremdenzimmer zentral verwaltet. Es war mir schon beim Eintritt ins Čedok-Büro klar, das Čedok keine Zimmer haben würde. Verwaltung besteht ja darin, daß sie nichts verwaltet – mit Gründlichkeit. Auch mein vorsichtiger Hinweis, daß ich aus der Bundesrepublik sei, daß ich notfalls auch mit Dollars begleichen könne, verfing nicht.

Die Mädchen bei Čedok schienen eisern und unbestechlich. Čedok verwies mich wieder ans Jalta, wo ich zunächst gefragt hatte. Das Jalta verwies mich ans Ambassador. Das Ambassador ans Hotel Europa. Im Hotel Europa war nichts frei, aber man glaube zu wissen, daß das Palace vielleicht. Das Palace war auf eine verwirrende Weise zugleich total überbesetzt und auch frei. Das Palace schickte mich mit dieser rätselhaften Nachricht wieder zu Čedok. Čedok schrieb eine Zuweisung fürs Palace für eine Nacht. Ich bin dann zwei Wochen im Palace geblieben. Es schien mir: Wer einmal drinsitzt in solchen Planlöchern, hat eine Art Heimatrecht. Ich kam mir aufgehoben vor in dem alten, großen Haus. Ich hätte nun auch zwei Monate bleiben können, mehr noch: immer. Ich sank die erste Nacht etwas erschöpft, übermüdet ins Bett. Ich dachte zuletzt, einschlafend: Es gibt nicht nur Vaterländer, wie wir immer glauben. Es gibt auch Mutterländer. Der Sozialismus ist wie eine große störrische Mutter, eine mächtige Glucke. Schließlich und endlich nimmt sie einen doch ins Nest, unter die Fittiche.

Diese zweite Eiszeit

Das Neue am Stil sowjetischer Herrschaft heute ist: Man merkt davon nichts, jedenfalls nicht als Fremder. Man sieht keine Besatzungstruppen wie in der DDR oder anderswo. Auf der ganzen Reise keinem Sowjetsoldaten, keinem Panzer, keiner Kompanie der Roten Armee begegnet. Die fremde Macht ist da, sie herrscht souverän, aber sie zeigt sich nicht. Sie provoziert nichts. Sie agiert sehr diskret. Es ist nichts zu besichtigen an Okkupation in der Tschechoslowakei heute – nur ihre Reflexe,

ihre Auswirkungen, ihre Antworten in den Gesichtern der Ok-
kupierten. Das Denkmal des heiligen Wenzel war nicht mit
Blumen geschmückt, wie ich erwartete. Es stand schwarz und
hoch da, hoch über den Pragern. Hier hat sich einmal Jan Pa-
lach verbrannt. Auch davon ist nichts geblieben. Drei oder vier
rote Polizeiwagen stehen neben dem Denkmal. Sie werden nicht
benötigt. Fremdenverkehrs-Langeweile. Touristen steigen
manchmal auf die Stufen, stellen sich steif hin, lächeln für eine
Sekunde freundlich, werden von anderen Touristen geknipst.
Es war sommerlich warm geworden. Die Sonne schien endlich.
Sie schien über einer müden Stadt.

Merkwürdig: Auch wenn man nichts von der großen Politik
wüßte – man spürt, daß hier etwas nicht stimmt. Prag ist zu still,
heute. Es ist nur Schweigen, Zurückhaltung, Resignation zu
hören. Es fehlt jede Helligkeit in den Gesichtern der Menschen.
Sie stehen herum wie erloschene Kerzen. Sie schieben sich über
die großen Boulevards in der City wie graue Arbeitskolonnen,
die gleichzeitig hasten und sehr viel Zeit haben. Zerknitterte
Kleinbürgerlichkeit herrscht vor; kaum Mädchen, die einen
Hauch Eleganz, kaum Jungen, die schöne Provokation zeigen.
Es vibriert nichts zwischen den Menschen. Da springt nichts
über; es leuchtet nichts auf – im Vorübergehen.

Man ist also nach Prag gekommen, um etwas auszumachen,
zu erfahren über die Stadt, und schon am zweiten oder dritten
Tag merkt man: Hier ist überhaupt nichts zu erfahren. Du bist
falsch am Platz. Hier kriegt man gar nichts raus. Die Leute
schweigen. Sie sind nicht informiert, nicht einmal über ihre
eigene Lage. Als Westdeutscher erfährt man über Prag viel
mehr, wenn man morgens die *Süddeutsche Zeitung* oder die
Frankfurter Allgemeine aufschlägt. Ich ging in die Prager Buchhandlungen. Ich fragte nach Büchern Franz Kafkas. Nichts,
nichts als Schulterzucken, betretenes Lächeln, Schweigen. Offenbar unbekannt in der Stadt.

Weiter, was fällt weiter auf? Die Trägheit, die Passivität, eine
Arbeitsunlust, die kollektiv sein muß, während der Woche. Taxifahrer, die nicht fahrbereit sind, Kellner, die ungern servieren,
Badeanstalten, die geschlossen sind, Büros für Theaterkarten,
die erst um drei Uhr nachmittags öffnen. Sie reagieren noch
immer mit passiver Resistenz. Jeder tut hier nur das Nötigste,
keine Handreichung mehr. Sie sind bockig wie kleine Kinder.
Erst nach einigen Tagen fallen einem die Großbaustellen in der
Stadt auf, die halbfertig herumliegen wie kaputte, weggewor-

fene Spielzeuge. Baustellen, die seit Jahren herumliegen und nun langsam vergammeln. Ein Bauarbeiter, der unten ganz allein etwas Schutt wegschippt. Es sieht komisch aus, soviel Passivität.

Dafür belebt sich Prag, sobald es zum Weekend geht. Es wacht auf, wird lebendig, hat es rasend eilig. Jeden Freitagabend schiebt sich eine endlose Autokolonne durch die engen Straßen der Innenstadt hinaus ins Land, ins Grüne. Die Stadt ist plötzlich vom Wochenendfieber erfaßt. Fast jeder hat irgendwo draußen seinen Garten, sein Häuschen, seine Datscha. Die kleinen Freuden kleiner Leute stehen jetzt hoch im Kurs: den Garten pflegen, am Häuschen herumbasteln, in der Sonne liegen, schwimmen, vielleicht angeln gehen. Der Sport ist heute sehr wichtig in Prag. *Rudé Právo* soll den besten Sportteil der Landespresse publizieren und wird viel gelesen, deswegen wenigstens. Jeden Sonntagabend schiebt sich dieselbe Autokolonne zurück in die Stadt, hupend, stinkend. Man kann sagen: Genau wie bei uns. Die kleinen Freuden kleiner Leute – genau wie bei uns, nur daß das gleiche hier ein ganz anderes Vorzeichen hat: Politik ist gefährlich geworden. Man möchte schon, aber man kann sich nicht engagieren, öffentlich. Es ist von einer vehementen Entpolitisierung der Massen zu berichten, von ihrem Rückzug ins Private. Laß die da oben. Wir fahren ins Grüne.

Dumme Situation, in die man sich selber gebracht hat als Kundschafter. Man hat natürlich Adressen gesammelt vorher, man hat Telefonnummern in der Tasche: Prager Autoren, die bekannt sind, zur Literatur gehören in Europa. Man geht ins Hotel zurück, sagt sich: Jetzt versuche ich es noch einmal bei dem. Manchmal kommt das Gespräch nicht zustande, technisch; manchmal klappt es aber, und man sagt seinen Text auf, dies: daß man ein Schriftsteller aus der Bundesrepublik sei, hier in Prag zu Besuch. Man möchte recht herzliche Grüße übermitteln von unserem gemeinsamen Freund E. in München. Sie wissen doch, Ihr Übersetzer. Es entsteht dann immer jene kurze, dramatische Pause, die ich auch von ähnlichen Telefongesprächen in Ost-Berlin kenne. Man spürt die Ratlosigkeit beim anderen. Man fühlt sich selbst etwas dumm in der dummen Rolle des Bittstellers. Denkt der jetzt: Wer ist das eigentlich? Will der mich nicht nur aufs Glatteis führen – und bitte, wer hört mit im Augenblick?

Manchmal räuspert sich etwas. Ein leises Stöhnen ist zu hören, ein kleines Nebengespräch auf tschechisch mit anderen

Menschen im Zimmer. Manche winden sich dann mit umständlichen Erklärungen aus der Affäre. Einerseits schon, andererseits aber leider nicht im Augenblick. Meistens sind es Krankheiten, die sie verhindern, manchmal Reisen, die bevorstehen. Man erhält jetzt in Prag ausführliche Krankengeschichten übermittelt am Telefon von fast Fremden; die Geschichte einer Bauchspeicheldrüse wird dargelegt, der Verlauf eines Heufiebers detailliert erklärt: jetzt im Juni sei er am schlimmsten. Einer hatte auch sein Gehör verloren, gestern beim Tauchen in der Moldau, was das Gespräch etwas anstrengend und dröhnend machte. Schwerhörigkeit ist kein schlechtes Symptom in solchen Zeiten. Es erleichtert die Lage. Es schien mir überhaupt, daß viele Prager Autoren jetzt an Ausfallsymptomen leiden, sich gern ins Bett verkriechen, auf dem Wege zum Arzt oder zur Klinik sind oder nach Karlsbad müssen, um eine Kur zu beginnen. Sie neigen alle etwas zur Kränklichkeit. Ob wir das nicht wüßten im Westen?

Natürlich sind solche Enttäuschungen nicht ermunternd für den Reisenden. Man wird selber etwas schlapp, schlapp und gereizt zugleich. Man geht wieder in die Stadt, geht zum Altstädter Ring, geht zu den Moldaubrücken, geht über die Karlsbrücke zur Prager Kleinseite, die doch eigentlich die große heißen müßte, weil dahinter der Hradschin beginnt. Die Heiligen auf der Karlsbrücke wirken nicht freundlich-aufmunternd, die Besucher begrüßend, wie es sein soll, wenn ich dem Čedok-Prospekt glaube. Sie stehen starr und stumm, scheinen auch schwerhörig zu sein und reizen mich in ihrer barock-betulichen Gebärde. Albern, denkt man. Nichts als fauler Zauber, denkt man. Nichts als Museen, Kirchen, Schlösser, Paläste – ein Ramschladen der Geschichte ist Prag. Man möchte etwas erfahren über die Stadt und wird immer wieder in den Staub ihrer Geschichte heruntergedrückt.

Dauernd dieses schöngeistige Getue, als wenn wir alle Kunsthistoriker wären: Haben Sie auch Wallensteins Palais observiert? Ist Ihnen im Veitsdom auch nicht im dritten Altar von links diese Madonna entgangen, beste böhmische Gotik? Haben Sie auch schon am Altstädter Ring die historische Uhr mit ihrem Glockenspiel zwölf Uhr mittags gesehen? Ich sagte: Ja, ich sah es, aber es interessierte mich nicht. Ich bin ein politischer Mensch. Kunstgewerbe der Geschichte gibt es überall. Als ich die heiligen Apostel oben für einen Augenblick aus ihren bunten Kästchen einzeln heraustreten sah, als ich beobachtete, wie steif und umständlich sie mit ihren Holzpuppenbewegungen dem Volk zunickten, reagierte ich ausgesprochen politisch. Ich dachte: Gewissermaßen die Herren vom tschechischen Zentralkomitee, die sich für Sekunden dem Volk zeigen, dann wieder verschwinden, steif und hölzern im Allerheiligsten der Macht. Bitte, das ist meine Optik. Politik heute. Wo ist sie? Ich finde sie nicht. Mich interessieren die Lebenden, nicht eure Toten. Ich telefoniere immer wieder, aber ich erreiche sie nicht. Es ist niemand zu sprechen. Ich komme nicht rein ins Schloß.

Ich sagte es nicht mehr, aber dachte: Siehst du, das eben ist Eiszeit, heutzutage: Flucht in die Vergangenheit, kollektiver Rückzug in die Geschichte, der niemandem wehtut. Die Massen weichen ins Grüne, die Intellektuellen in die Historie aus. Staub liegt auf allen Wegen hier, dieser ehrwürdige, langweilige Staub von Geschichtsbüchern. Eiszeit ist, daß jetzt viele Schriftsteller Prags gern von Rabbi Löw im 16. Jahrhundert sprechen, aber niemand von Parteichef Husák heute. Eiszeit ist, daß die Vorzüge verschiedener Schlösser in Böhmen subtil diskutiert werden, aber nicht der letzte Parteitag.

Man kann das historische Judenviertel von Prag besichtigen. Es ist eine Reise wert. So etwas Umfassendes über die Geschichte des Judentums gibt es auf der ganzen Welt nicht; auch Israel hat das nicht. Es blieb alles unversehrt stehen auch im Zweiten Weltkrieg, weil Hitler nach Ausrottung der Juden hier eine Art Dokumentationszentrum eines ausgestorbenen Volks eröffnen wollte. Die strenge, fremde, düstere Schönheit von fünf Synagogen sollte den Enkeln vermitteln: Seht mal – so waren die, und wir haben sie ausgerottet. So weit, so schlimm. Das wird heute den Besuchern sehr genau und eindrucksvoll dargestellt. Aber fragt man dann die Führerin, die die Synagogen erklärt, eine ältere jüdische Dame, die man genauso in Brooklyn oder Tel Aviv finden könnte, genauso gepflegt, gut onduliert, das stehengebliebene Deutsch der dreißiger Jahre im Munde, fragt man sie also nach der Situation der Prager Juden heute, wie groß denn zum Beispiel die Gemeinde heute noch wäre, so setzt wieder dieses Schweigen, diese Ungenauigkeit, diese etwas stotternde Verlegenheit ein: Heute? Es war, als wenn ich nach tiefer Vergangenheit fragte. Was ist schon heute? Wann war denn das? Die Dame wußte nichts. Sie sang immer nur das Lied Frühereinmal. Früher einmal vor fünfhundert Jahren. Ganz Prag schien mir so in die Geschichte versackt, aus der

Gegenwart weggerutscht. Strohblumen, ausgetrocknete Blüten oder Eisblumen am Fenster? Ich konnte nicht durchblicken – in die Gegenwart.

Wer will nach Theresienstadt?

Jetzt kommt ein Schnitt. Erinnerungen an Berlin. Berliner Erinnerungen: Sie war damals vierzehn, ich siebzehn. Sie hieß Cordelia, und wir waren befreundet. Wir wohnten Haus an Haus, Garten an Garten in Berlin-Eichkamp. Wir waren gemeinsam aufgewachsen, hatten Hopse und Himmel und Hölle, Räuber und Gendarm, später Federball zusammen gespielt, über den Gartenzaun weg. Cordelia war damals sehr hübsch. Ich habe ein flinkes, schmales Mädchen mit dunklen Haaren und feingeschwungenen Augenbrauen in Erinnerung. Ein immer fröhliches, fast spitzbübisches Kindergesicht, das eher zu Schabernack als zu Ernst aufgelegt war. Für Theresienstadt war sie nicht geschaffen.

Ihr Problem (ich habe das alles erst später genau erfahren) war von jener juristischen Subtilität, die damals jeden Rassentheoretiker entzücken mußte. Für solche Fälle wie Cordelia hatte Globke damals seine Kommentare zu den Nürnberger Gesetzen verfaßt. Ihre Mutter, die Halbjüdin war, hatte eben, als sie zu uns nach Eichkamp gezogen war, einen Arier geheiratet, wie es damals hieß. Die Ehe war streng katholisch, so daß die Ehe, einschließlich der in ihr geborenen Kinder, als halbwegs arisch galt.

Cordelia aber war von ihrer Mutter in diese Ehe mitgebracht worden. Sie war vorehelich. Ihr natürlicher Vater war ein jüdischer Professor gewesen, Professor der Rechtswissenschaften in Berlin, glaube ich, der noch rechtzeitig auswandern konnte. Jedenfalls ergab sich für Cordelia nach Verkündung der Nürnberger Gesetze die Situation, daß sie als Dreivierteljüdin blank dem Judentum zugeschlagen wurde, ihre Familie aber, weil arisch verheiratet und christlich getauft, noch eben dem Deutschtum zumutbar schien. Damals mußte ja an jeder Haustür, hinter der ein Jude wohnte, der Judenstern angebracht werden. Cordelia belastete und bedrohte jetzt ihre Familie. Ihr Haus wurde zum Judenhaus deklariert. Fünf Menschen, die nun als Deutsche galten: Ihre Mutter, ihr zweiter Vater und drei

Töchter, die inzwischen geboren waren, sollten unter dem Davidstern leben, dieses Mädchens wegen.

Ich will Cordelias Geschichte hier nicht erzählen. Sie ist zu schrecklich, um einfach als Stoff zu dienen. Ich will nur sagen: Cordelia hat diesen Konflikt mit ihrer Familie damals selber gelöst, fünfzehnjährig. Als sie sah, wie die Gestapo ihr Elternhaus unter die Judengesetze stellte, nur ihretwegen, ist sie aus dem Haus gegangen, aus freien Stücken, wie man sagt. Sie wollte, sie konnte ihre Familie nicht in ihr Unglück reißen. Man nennt das Passion oder Opfergang. So große Worte liegen mir nicht. Sie ist fünfzehnjährig, allein und für sich, erst in ein Berliner Getto und dann nach Theresienstadt gegangen, und natürlich erzähle ich diese alte Geschichte nur, um klarzumachen, warum und wie und in welcher Verfassung ich auf dieser Reise eines Tages auch nach Theresienstadt fuhr.

Offen gesagt: Bis dahin wußte ich gar nicht, daß Theresienstadt nur sechzig Kilometer von Prag entfernt liegt. Ich hatte es in Polen vermutet. Dies ist also keine KZ-Geschichte, allgemein. Es ist Cordelias Geschichte. Ich fragte mich: Wie hat sie dort gelebt und wo? Wie sieht das aus, was wir nur noch als Gerüchte, als diesen etwas aufgetriebenen Mythos der Verfolgung kennen? Auch Auschwitz ist heute ja nur noch ein Schlagwort, das jeder benutzt. Es ist untauglich für Lokaltermine. Es ist übrigens nachzutragen, daß Cordelia die Tochter von Elisabeth Langgässer war. Auch dieser Name gerät jetzt langsam ins Vergessen. Wer kennt ihn noch? Die Zeit ist wie ein Leinentuch. Sie deckt alles zu, zum Schluß.

Und ich muß noch hinzufügen, daß ich nicht allein nach Theresienstadt fuhr. Ich hatte Kontakt gefunden, ach, beinah Freunde. Es war mit mir aufwärtsgegangen. Wenn einmal die Mißtrauensschwelle überwunden ist, sind die Prager gastfreundlich. Man ist aufgenommen wie ein Sohn und wird betreut und umsorgt mit einer Wärme, die man bei uns im Westen nicht kennt. Die Böhmen sind herzliche und gute Menschen, weich und liebevoll, fast wie Frauen; vielleicht macht das ihre Geschichte so unglücklich. Man frage also jetzt nicht: Wer und wo und wie? Es soll niemand erneut bedroht und gefährdet werden, obwohl von Staatsfeindlichkeit im Haus dieses Prager Musikprofessors bestimmt nicht die Rede sein konnte.

Die Musiker haben es ohnehin gut in solchen Zeiten. Sie sind fein raus. Bach und Beethoven, Smetana und Dvořák werden immer gespielt und gebraucht. Es gibt keine Eiszeit für klassisches Kulturerbe im Sozialismus, im Gegenteil: Die »Moldau« springt und tanzt und quirlt auch jetzt erst verspielt und zart, ganz jung und silbern. Sie wird breiter, wächst sich aus, wird Smetanas »Vaterland«, sie fließt weit und breit und rauscht schließlich majestätisch dahin wie ein böhmisches Volkslied, so sangbar und tief. Man kennt das aus Kurkonzerten. Wir hatten im Haus des Professors Mittag gegessen; böhmische Küche: Knödel und Schweinsbraten mit einer fetttriefenden, kolossalen Soße dazu, was mir immer so abgeht in Westdeutschland. Es gab Kuchen und Kaffee hinterher und danach die Frage: Kinder, was machen wir jetzt mit dem angebrochenen Nachmittag? Ich sagte etwas schüchtern und kleinlaut, obwohl gar nicht gefragt: Ich würde gern Theresienstadt sehen. Und der Professor fragte seine Familie etwas skeptisch reihum: Also, Kinder, wer will nach Theresienstadt?

Die Sache wurde bedacht, gebilligt, bewilligt, für gut, ja notwendig befunden, dem deutschen Gast zuliebe. Es wurde moralisch anerkannt, ja honoriert, daß ein westdeutscher Bürger, der doch eigentlich aus dem falschen Deutschland, dem Deutschland der Imperialisten, kam, also der Nazis, ausgerechnet darauf bestand, nach Theresienstadt zu fahren, nicht einfach ins Grüne zu Kaffee und Kuchen wie meistens DDR-Bürger. Der Ort heißt Terezín auf Tschechisch, und wer jetzt eine blutrünstige KZ-Geschichte erwartet, ist falsch informiert, historisch.

Terezín war kein Vernichtungslager, obwohl auch hier etwa fünfunddreißigtausend Menschen, meist tschechische Kinder, umkamen. Theresienstadt war ein Mustergetto, das in einer kurzen Übergangsphase, 1941/1942, die zwar strenge, aber doch zivile Lösung der Judenfrage den Besuchern aus dem westlichen Ausland vortäuschen sollte. Es gibt heute noch einen Film der Nazis über das gute Leben im Getto dort. Ich glaube, auch Carl Jacob Burckhardt ist hier im Auftrag des Völkerbundes gewesen: Potemkinsche Dörfer. Schon ab Sommer 1942 war Theresienstadt nichts als eine Zwischenstation, ein Durchgangslager für die, die nach Auschwitz kamen.

Also nichts über die kleine Festung, die man am Eingang der Stadt zunächst passieren muß: ein KZ-Modell en miniature. Das wäre ein eigenes Thema. Wenn man noch einen Kilometer weiterfährt, kommt man in die Stadt, wo sie lebte zwei Jahre lang. Das Einmalige besteht darin, daß hier kein Lager gebaut wurde, daß eine komplette Stadt zu einem Getto umfunktioniert wurde, immerhin das größte in Osteuropa. Die Pläne waren so abwegig nicht. Theresienstadt ist nie eine zivile Bürgerstadt gewesen. Es wurde im Auftrag Josephs II. als Festung gegen die Preußen gebaut, also eine Kasernenstadt. Die deutsche Grenze ist hier nicht weit, und wahrscheinlich, dachte ich einfahrend, sind auch die DDR-Truppen im August 68 über Theresienstadt einmarschiert. Theresienstadt liegt genau auf der Mitte der Fernstraße Dresden–Prag.

Solche Expeditionen in die Vergangenheit sind notwendig, wenigstens für mich. Sie sind notwendig, obwohl natürlich ergebnislos. Sie führen zu nichts als Vermutungen. Die Zeit ist niemals zurückzuholen. Was ist denn zu sagen, jetzt? Theresienstadt ist jetzt wieder eine Militärstadt, tschechisch. Lauter große, alte Wohnblocks, rechtwinklig und öde gebaut wie Kasernen überall. Die Stadt wirkt trostlos wie ein gewaltiger Exerzierplatz. Ich ging durch die leeren Straßen. Junge Burschen knatterten auf einem Motorrad vorbei. An einigen Häusern waren noch Gettoinschriften zu finden. Hebräische Buchstaben, verblaßt, ausgeblichen. An einer Hausecke noch deutlich die Aufschrift: Block 17/3. An einer alten, verfallenden Haustür noch immer das deutsche Wort: Lebensmittelausgabe. Darüber hat einer mit weißer Farbe das Wort Dubček geschrieben. Mein Gott, lauter vergessene, uralte Geschichten.

Es ist leer und trostlos hier. Theresienstadt lebt wieder, aber wie unter Schatten, die lasten, nie weichen werden. Die Vergangenheit ist weg und doch nicht zu tilgen. Wo war es nun – ihr Haus? Wo hat sie gelebt und wie und mit wem? Wie ist das, wenn ein fünfzehnjähriges Mädchen aus Berlin-Eichkamp hierherkommt? Wie hat sie angefangen? Ich suche und finde es nicht, natürlich. Ich finde dich nicht, Cordelia. Wo bist du? Wo bist du damals gewesen? Ich stelle mir vor, daß ... So müßte ich doch jetzt sagen, literarisch. So heißt das doch immer bei Schriftstellern, die im Vagen sich festzumachen versuchen. Wenn ich ehrlich bin, Cordelia – ich kann es mir überhaupt nicht vorstellen, wie du hier lebtest unter anderen Verfolgten, unter anderen Kindern und Halbwüchsigen, wie du hier arbeitetest, schliefst, vielleicht deine erste Liebe hattest. Ich habe so etwas Kitschiges später gehört. Das Leben ist ja von unglaublicher Trivialität. Ich weiß nur, daß du dann 1943 von hier nach Auschwitz gebracht wurdest. Du bist in Auschwitz nicht umgekommen. Auch so etwas gab es. Du hast überlebt. Du lebst heute immer noch irgendwo in Schweden und willst von Eichkamp, von deiner Familie und auch von mir nichts mehr wissen. Ich verstehe das.

Ich will nur das noch sagen, abschließend: Theresienstadt war nicht nur meine Sache, an diesem Sonntagnachmittag. Ich merkte es an der verlegenen und schweigenden Art, wie die Familie des Prager Professors neben mir ging. Irgendwie war ihnen das Ganze peinlich, als Gastgebern. Es gab nichts zu lachen – an meiner Seite. Es gehört eben mit zum Land, zu seiner Geschichte. Auch das steckt ihnen noch in den Knochen, und damals, als die Rote Armee zum erstenmal kam, auch mit Panzern, war sie tatsächlich die Befreierin eines Volks. Das Volk jubelte ihnen zu, den Rotarmisten. Damals war keine Eiszeit. Damals regte sich Hoffnung: 45.

Ein Schloß in Böhmen

Ich war auf den Hradschin gefahren. Selbst als westdeutscher Schriftsteller muß man sagen: Er wohnt zu gut hier oben. Er thront mit den Heiligen und Herrschern Prags hoch über der Stadt, hochherrschaftlich. Seine Wohnung grenzt diskret und nicht unpraktisch direkt an die Schweizer Botschaft. Seine Fenster blicken direkt auf die Fenster des Staatspräsidenten im Hradschin. Soll der Schriftsteller nicht nach Solschenizyn eine Art Gegenregierung in der Gesellschaft darstellen? Pavel Kohout jedenfalls wohnt so: dem Staatspräsidenten genau gegenüber.

Ich brauche hier nicht zu chiffrieren. Ich kann im Klartext reden. Der Fall Pavel Kohout ist bekannt, auch den Behörden am Ort. Es wird ohnehin alles mitgeschnitten. Man kann nichts verderben, und man sollte sich auch das Leben eines so prominenten Prager Schriftstellers, der in Ungnade fiel, nicht allzu schlimm vorstellen. Wieder diese Biermann-Erfahrung aus Ost-Berlin: Sie sind nicht zerknirscht, zerbrochen, desolat. Ein Selbstbewußtsein, das ich als beneidenswert bezeichnen möchte. Es sagt ihnen klar: Ich bin im Recht. Die Partei liegt im argen. Überdies sind sie unverändert Kommunisten, auf ihre etwas romantische Art. Sie leben heute in einem merkwürdigen Schwebezustand von Isolierung und Exklusivität, Wohlstand und Ratlosigkeit. Sie sind nicht typisch für die Literatur ihres Landes, eher Ausnahmen: schöne Singvögel, die die Partei in den Käfig setzte; nicht gerade ein goldener, aber immerhin. Daß so etwas überhaupt möglich ist, privater Protest. Früher, zu Stalins Zeiten, wurden solche Leute erschossen. Etwas nuanciert sich hier doch im Sozialismus.

Und Kohout war unverändert, wie ich ihn schon aus der Gruppe 47 kannte. Er war nicht älter, nicht grauer geworden trotz aller Niederlagen. Immerhin war er einer der Wortführer des Prager Frühlings. Er sprühte sofort von Witz und Sarkasmus, als ich eintrat, sagte: Entschuldigen Sie diesen unangemeldeten Besuch, eine Art Überfall des Imperialismus, privat. Mit Telefonieren habe ich hier ganz schlechte Erfahrungen gemacht. Man spürt in ihm sofort den Theatermann. Im Grunde ist er ein intelligenter Schauspieler, der sich blitzschnell in Szene setzt. Eine sehr schöne Frau an der Seite. Die wievielte? denkt man. Eine dekorative und große Wohnung; alles ausgelegt wie in einem Schaufenster. Auf vielen kleinen Tischen lag das, was dem Volk verboten ist jetzt: Solschenizyns Bücher, eine Schweizer Zeitung, ein deutsches Magazin, eine amerikanische Ausgabe seines *»Tagebuchs eines Konterrevolutionärs«* (konsequenterweise). Und in dieser Exklusivität dann die Zynismen der Eingeschlossenen: Natürlich habe man ihm den Paß abgenommen. Dafür käme er jetzt endlich dazu, das Land kennenzulernen. Er sprach von der Stille, der Anmut, der Schönheit Böhmens, natürlich auch von seiner Datscha. Sie lebten jetzt meist auf dem Lande. Es war fast wörtlich von Biermann, als er dann sagte: Publikationsverbot? Natürlich schreibe ich weiter. Ich war noch nie so produktiv. Man muß nur Haltbareres schreiben. Außerdem gibt es Verträge mit meinem Schweizer Verleger, die man einhalten muß. Ja, dachte ich, das ist schon praktisch. Die wohnen hier zwei Treppen tiefer im Haus, die Schweizer. Aber die tschechoslowakische Literatur? wollte ich fragen. Es war mir längst klar, daß ich hier nichts erfahren würde. Wenn Sie die Lage unserer Literatur erkunden wollen, sagte er nicht ohne bösen Charme, müssen Sie nach Schloß Dobříš fahren. Da ist sie zu besichtigen.

Der Rat war nicht schlecht. Ich bin in Schloß Dobříš gewesen, ungefähr vierzig Kilometer südlich von Prag. So etwas gibt es bei uns nicht. Das kann sich nur der Sozialismus leisten: ein kostbares, ach, ein fürstliches Barockschloß, das dem Schriftstellerverband gehört. Die Schriftsteller sind ja Fürsten im Sozialismus, wenn sie mittun mit der Macht. Hier sollte auch einmal die Gruppe 47 tagen: Herbst 68. Aber dann kamen die

Russen dazwischen. Das war der Ort des Anfangs, der ersten dramatischen Kämpfe und Konferenzen, lange vor Dubček. Goldstücker hat hier gekämpft – um Kafka. Mit Kafka fing alles an. Man vergißt das so leicht. Als Kafka Anfang der sechziger Jahre nicht mehr verketzert, als er nicht mehr als »dekadent« und »bourgeois« etikettiert werden mußte, als er in Prag wieder gedruckt, verkauft und gelesen wurde, kam das Ganze langsam ins Rutschen. Ein merkwürdiger Vorgang: Erst die westliche Literatur, die damit auch einströmte – Frisch und Dürrenmatt, Camus und Beckett –, dann die westlichen Informationen, die Presse, der Rundfunk, dann die Öffnung der Grenzen. Jeder konnte plötzlich hinein und heraus. Jeder hatte seinen Paß; man begann zu reisen.

Und die jungen Leute, die, die Theresienstadt nicht mehr erlebt hatten, die, die die Rote Armee als Befreierin nicht mehr erlebt hatten, kamen dann aus Wien, aus Zürich oder München zurück und fragten die Älteren, rückkehrend: Warum machen wir eigentlich ein so unglaublich schwerfälliges und untaugliches System, das ihr Sozialismus nennt? Die in Wien, in Zürich und München leben doch viel besser ohne das. Und die Alten, die noch Hitlers Todeslager kannten, konnten jetzt nicht mehr antworten: Weil die Sowjets immerhin besser waren als die deutschen Faschisten. Ihr Sieg war doch unserer. Das verschlug jetzt nicht mehr. Das war zu lange her. Na und? fragten die jungen Leute. Was redet ihr immer von Hitler? Sie fragten genau wie die junge Generation bei uns, nur umgekehrt. Na und? Hier muß doch etwas im System nicht stimmen. Warum kann sich der Sozialismus nicht mit Wohlstand und Freiheit verbünden?

Heute sind das nur noch Erinnerungen hier, schlechte, gefährliche Erinnerungen. Es will niemand mehr so recht wahrhaben, was damals geschah. Es wurde unbarmherzig gesäubert. Die Normalisierung hieß zunächst die Unterwerfung des Geistes. Die Intellektuellen mußten zum Schweigen gebracht werden. Man kann sagen, daß das jetzt gelungen ist. Eine Republik ohne Schriftsteller? Das ist ein Volk mit dem Maulkorb um.

Schloß Dobříš hat einen großen Park. Es soll einer der schönsten Rokokogärten Europas sein. Ich ging hier spazieren. Auf einer Marmorbank saß ein alter Herr. Er sah wie ein pensionierter, etwas vergrämter Professor aus. Einsamkeit lag um ihn gebreitet. Schien er zu schlafen? Die Brille war ihm etwas weggerutscht auf der Nase. Sein Krückstock lag auf dem Boden. Es war ein Bild schöner und einsamer Betrübnis, Dornröschen-schlaf, ein Heckentraum in Böhmen. Sehen Sie, sagte mein Be-gleiter, als wir vorbei waren – das war nicht nur ein bekannter Literaturhistoriker von einst, heute abgehalftert. Da saß eigent-lich unsere Literatur. So ist ihre Lage.

Brief aus dem Sudetenland

Jetzt kommt noch eine Erinnerung. Er muß damals vier gewe-sen sein. Er soll damals an einem Morgen auf einem Stein geses-sen haben, er soll dort ein russisches Volkslied gesungen haben: Abotschida, abotschida, Babuschka oder so ähnlich. Es war Frühjahr 46, und sie wurden vertrieben. Er hatte nur unklare Erinnerungen daran, Kindheitserinnerungen: Morgens um sie-ben Uhr waren die Männer der Volksmiliz gekommen. Sie hat-ten Haus und Hof in einer Stunde zu räumen. Die Vertreibung der Sudetendeutschen begann. Man soll das gar nicht beschöni-gen. Es war eine schreckliche Zeit damals. Das Schrecklichste ist, daß es immer die Falschen trifft. Seine, seiner Eltern Schuld war es nicht, was an Verbrechen im deutschen Namen gesche-hen war. Oder doch? Gibt es nationale Haftung? Immerhin hatten sie eine kümmerliche Art von Entschädigung in die Hand bekommen: tausend Reichsmark pro Kopf. Seine Familie war also mit siebentausend Mark über die Grenze gekommen.
Man kennt die Anhänglichkeit und Heimatliebe der Sudeten-deutschen. Sie ist nicht nur eine Ideologie der Vertriebenenver-bände. Er hatte mir also gesagt, bevor ich wegfuhr aus Frank-furt: Geh einmal in unser Dorf. Sieh es dir an. Erzähle uns später, wie es dort ist. Das Dorf hieß Bernklau. Es liegt genau zwischen Karlsbad und Pilsen, und wenn du richtig rumhörst im Dorf: Es muß da noch einen Deutschen geben. Ich glaube, er hieß Mayer. František Mayer. Du kannst ihm schöne Grüße ausrichten. Er wird sich an uns noch erinnern.
Ich habe auch das getan. Ich war dort, und am nächsten Abend, glaube ich, schrieb ich ihm diesen Brief. Schrieb ich ihn wirklich? Träumte ich nicht nur, einschlafend, ihn zu schrei-ben? Das spielt keine Rolle, meine ich. Ich schrieb also oder meinte zu schreiben: Lieber Freund, schrieb ich – ich war da. Ich habe alles gesehen. Es ist von Karlsbad aus eine schöne Fahrt. Erst durch Berge, dann durch eine sanfte und zarte Hü-

gellandschaft. Das Sudetenland ist schon ein Heimattraum. Es fließt viel hellblaues Licht von den grünen Bergen. Dann wird es flacher, fahler, offener. Euer Dorf heißt jetzt Bezberow, also das gleiche auf tschechisch. Es ist eigentlich ein Nest, ein mickriges Straßendorf. Es war mir wieder, als wenn ich in meine Kindheit zurückkehrte: alles alt, stehengeblieben, ein Dorf wie vor dreißig Jahren, nur die Produktionsform ist jetzt sozialistisch. Euer Haus steht unverändert. Ein niedriges, braunes Kätnerhaus, in dem alles sauber war, nur eben seit dreißig Jahren nichts erneuert. Aus was für winzigen, schäbigen Elternhäusern wir doch alle kommen. Bei mir ist das nicht sehr viel anders. Am Dorfrand sah man ein paar neue Siedlungshäuser. Auch die Post schien mir neu gebaut.

Ich habe die Familie Mayer gefunden oder besser: sie mich. So etwas spricht sich ja blitzschnell herum im Dorf, wenn plötzlich ein westdeutscher Wagen einfährt. Es ist eine Sensation. Man ist nur ein Normalbürger hierzulande. Aber da drüben? Da sieht alles viel blitzender und kostbarer aus, was wir mitbringen. Sogar meine Kugelschreiber fanden noch reißenden Absatz bei den Dorfkindern. Die Mayers sind jetzt uralte Leute: der Mann achtundachtzig, die Frau fünfundsiebzig, der Sohn vierundfünfzig. Die Hühner gackerten, die Enten schnatterten, als ich in den Hof einfuhr. Es war, als wenn ich die Familie aus einem tiefen Jahrhundertschlaf erweckte, also wieder Dornröschengefühle im Sozialismus. Der Fortschritt kommt als Schläfer, aber jetzt war man wach: Ich kam.

Die Leute hier sind gastfreundlich. Kein westdeutscher Bauer wäre so. Die alte Frau Mayer kam mit einem kleinen Berg Kuchen an: Bienenstich, glaube ich. Es gab Kaffee, den guten, türkischen der Tschechen. Es wurde Schnaps geboten, und dann begann das Erzählen – wie das so ist. Ich meine, es ist immer das gleiche, überall in den sozialistischen Ländern. Ich bin kein Feind der sozialistischen Agrarpolitik. Die Kollektivierung der Landwirtschaft liegt wohl im Zuge unserer industriellen Entwicklung. Der Individualbauer bei uns ist doch nur ein Rest, ein Anachronismus, ein liebenswerter Traum, der bald ausgeträumt sein wird. Es geht den Leuten in Bezberow also nicht schlecht. Sie haben alle ihr Dach über dem Kopf, ihr Essen, ihr Auskommen. Als Mitglieder der Genossenschaften haben sie jetzt mehr Freizeit als früher. Jeder macht nur seinen Achtstundentag und läßt dann die Sichel, die Sense fallen. Aus, Feierabend. Das sind schon die Vorzüge des Angestelltenstatus.

Auch wenn sie krank werden, steht ihnen ein ganz passables Gesundheitssystem zur Verfügung.

Aber das wäre es denn auch. Mehr ist nicht drin. Der junge Herr Mayer, der eigentlich schon furchtbar alt wirkte mit seinen vierundfünfzig Jahren, sagte immer wieder diesen einen Satz: Das wär' es denn, mehr ist nicht drin bei uns. Man hat das Nötigste zum Leben, aber all das, was das Leben erst lebendig und lebenswert macht: persönliches Streben, Eigeninitiative – das gibt es nicht. Sie sehen ja, wie das hier aussieht: erträglich, aber nicht gut. Es ist alles zurück. Es gibt keine Entwicklung, kein Voran, keine persönlichen Chancen. Schon wenn man sein Haus renovieren will, türmen sich schreckliche Schwierigkeiten auf. Wir leben hier im Kollektiv und als Masse. Haben Sie beim Gasthaus die großen Lautsprecher gesehen? Sie können sie überall auf unseren Dörfern finden. Das ist sehr praktisch. Die Leute im Dorf werden frühmorgens durch die Lautsprecher geweckt, mit Musik übrigens, Marschmusik meistens. Und dann gibt die Leitung des Kollektivs die Tagesarbeit durch Lautsprecher bekannt: Der František geht heute zu den Kühen, die Ludmilla füttert die Schweine, der Karel schneidet das Korn weiter mit den anderen. Praktisch ist diese Neuerung schon. Sie hat natürlich auch etwas von einer Hühnerfarm, einem Lager, dem Morgenappell in einem großen Arbeitslager: Befehlsausgabe.

Schrieb ich diesen Brief wirklich? Schrieb ich ihn tatsächlich so? Ich wollte damit dem Sudetendeutschen, dem Heimatvertriebenen in Frankfurt eigentlich nur dies sagen, brieflich: Du kannst mir glauben, lieber Freund, wollte ich sagen – all das, was Eure Verbandsführer immer noch auf Euren Pfingsttreffen Euch sagen, ist reiner Mumpitz. Der Traum ist aus. Aber was viel wichtiger ist: Ihr würdet auch nie hierher zurückkehren wollen. In Eurem Dorf sieht es so fad, so trist, so unterentwickelt aus, daß Ihr Euch bestens bedanken würdet nach kurzer Einsichtnahme. Wer will denn die Treppen wieder so tief herab?

Eine komische Sache ist das. Ich werde sie nie begreifen. Der Kapitalismus ist ein System der Ausbeutung, wie alle sagen, aber er bereichert die Ausgebeuteten durchaus. Der Sozialismus ist das System der Befreiung, wie alle sagen, und verarmt doch die Befreiten so. Er sozialisiert eigentlich nur die Not, nicht den Wohlstand. Ihr lebt heute in der Bundesrepublik – darf ich das sagen? – gemessen an denen, die Euch vertrieben, fast wie kleine

Herren. Ihr habt Euer Haus, Euren Garten, Euer Auto, Euer Auskommen, Eure Ferienreise. Das mag alles nur kapitalistischer Schein und Zauber sein, aber glaub mir: Diesen Schein hätten sie gern drüben. Sie würden uns gerne einholen, überholen, sie schaffen's nur nicht mit diesem System. Und sage nur niemand, das sei eben alles noch im Aufbau, Anfangs- und Kinderkrankheiten im Sozialismus. Das Sudetenland war ein hochentwickeltes Gebiet. Es war genauso entwickelt wie das deutsche Land drüben. Erst dieser Sowjetstil hat sie heruntergebracht. Ich darf das doch sagen, nicht?

Und ich fügte schließlich hinzu: Fahrt doch mal rüber. Macht diese Reise. Sie ist jetzt möglich. Ich bin sicher: Ihr werdet sehr schnell umkehren. Ich werdet aus Eurem Verband austreten. Ihr werdet spüren: Wir sind keine Vertriebenen mehr. Wir sind Bundesbürger, gottlob. Ich meine: Ihr seid fein raus, gemessen an denen, die Euch einmal vertrieben. Ihr durftet in eine ganz passable Republik gehen – die mußten bleiben.

Karlsbader Oblaten

Dann noch drei Tage ins Bad gefahren zum Schluß. Erinnerungen an Karlsbad, seine Wälder, seine Berge, tief dunkelgrün, die heißen Quellen überall und diese spezifische Langeweile, die Badeorten auf der ganzen Welt eigen ist. Wie die Leute hier laufen, so bedächtig im Kur- und Bade- und Rentnerschritt und mit einem buntbemalten Brunnenbecherchen in der Hand – lächerlich. Daran hat auch der Sozialismus nichts geändert, im Gegenteil. Es kurt sich heute in Karlsbad viel geruhsamer als in Bad Ems oder Baden-Baden, außerdem billiger, außerdem aufmerksamer im Service. Der Sozialismus hat etwas fast Orientalisches in bezug auf Menschenverschwendung. Sie können sich unheimlich viel Hoteldiener, Kellner, Zimmermädchen, Parkwächter, Badefrauen, Masseure und Ärzte leisten. Man wird gut versorgt, viel aufmerksamer als bei uns. Der Geschmack von Karlsbad? Ich würde sagen: Fast wie seine berühmten Oblaten, die hier immer noch am Ort in großen, schwarzen Waffeleisen hellgelb gebacken werden – eigentlich fad, eigentlich nichtssagend, mit einem angenehmen, süßlichen Beigeschmack. Man hat gar nichts zu beißen und beißt doch immer wieder lustvoll hinein von Zeit zu Zeit – in Badeorte.

Als wir in Karlsbad einfuhren, traf mich wieder das Schweigen der Republik wie anfangs in Prag, aber anders. Ein Polizist stand mit einem Funkgerät gebieterisch vor dem mächtigen Hotel Moskwa-Pupp. Er trat an mein Auto und sagte diskret ins Fenster hinein: Pst, Stille, Ruhe bitte, stellen Sie Ihren Motor ab. Hitler spricht.

Tatsächlich sah ich vor dem mächtig gewölbten Portal des berühmten Hotels Adolf Hitler stehen: schnauzbärtig, mittelgroß, in einer tadellosen, gut gebräunten Parteiuniform, täuschend ähnlich. Daß mir das immer wieder passieren muß. Wo immer ich hinfahre auf Reisen – zum Schluß stoße ich immer darauf. Hitler redete eine Weile, offenbar mit sich selbst. Er hielt die Hände etwas angstvoll über der Hose geschlossen. Was ist denn hier los? fragte ich. Und der Polizist: Sie drehen hier einen Film über München. Studio Barandow dreht hier einen Spielfilm über das Münchner Abkommen, den Betrug an der Tschechoslowakei. Tatsächlich sah ich jetzt auf einer Gartenbank auch Chamberlain und Daladier sitzen, untätig, gelangweilt, früh gealtert, richtige Marionetten des Kapitalismus. Sie warteten beide, der eine im Gehrock, der andere im Frack, auf ihren Auftritt vor Hitler. Der Hitler ist übrigens ein Schwede, sagte der Polizist, ein ganz berühmter Schauspieler aus Stockholm.

Karlsbads große Zeiten sind lange vorbei wie überall, wie in Montreux, Cabourg oder Bad Nauheim. Die Badereise war wohl doch eine bourgeoise Erfindung, Prousts Sache. Heute schleppt sich das nur noch hin, mit lächerlichen Brunnenbecherchen in der Hand. Man muß sich Karlsbad wie Baden-Baden vorstellen, genauso grün, so in Staffeln und Terrassen gelagert, mit vielen Hügeln, die in langen Schleifen kunstvoll zu erfahren sind. Und mit vielen alten, verschnörkelten Hotelpalästen, nur nicht elegant, nicht mondän, eher verbraucht, etwas schäbig. Und natürlich möchte man auch von diesem Ort die ziemlich triviale Redensart gebrauchen, die auch von anderen Touristen-Glanzpunkten oft im Schwange ist: Karlsbad ist fest in deutscher Hand, ich meine: in der einen, ungeteilten, gesamtdeutschen Hand. Hier könnte man sie sich noch drücken, doch man tut es nicht, merkwürdigerweise.

Gäste der DDR und der BRD beherrschen die Fremdenszene. Sie könnten sich hier in die Arme fallen, wie es unsere Konservativen doch immer erhoffen, erwünschen, doch sie tun es nicht. Man geht sich etwas betreten und indigniert aus dem

Wege, sobald man merkt: Mein Gott, das ist ja auch ein Deutscher, einer von drüben. Komisch ist diese deutsche Verlegenheit, diese Betroffenheit, das Schweigen, sobald man sich in der Hotelhalle oder beim Mittagessen erkennt. Die DDR-Bürger gehen sofort in steife Abwehrhaltung. Sie essen ihren Braten, trinken ihren Kaffee sozusagen mit strengeren Staatsgebärden, so, als wollten sie bei jedem Schluck sagen: Bitte, wir sind auch wer. Noch in der Art, wie sie im Salat herumstochern, ist DDR-Loyalität eindeutig zu erkennen. Alles Verteidigungsgebärden – aber nur uns gegenüber.

Die Leute der DDR kommen meist in Delegationen, in Gruppen mit Reisebussen hierher, für ein oder zwei, höchstens drei Tage. Daß ihr Willkommensein zweiter Klasse ist, ist nicht zu verkennen, denn hier herrschen ganz deutlich Hertie und Kaufhof. Die westdeutschen Monopole haben wieder einmal schneller, interessanter, natürlich auch lukrativer reagiert. Sie haben in den großen Hotels komplette Etagen vorweggebucht, billiger Masseneinkauf, und bieten das dann in der Bundesrepublik als die besondere Reise mit individueller Note, die Badereise im Stil der guten alten Zeit feil: nostalgisch. Ältere Ehepaare aus Heidelberg oder Freiburg im Breisgau wandeln durch die Alleen. Sie kommen nicht mit Bussen. Ihre schweren Wagen vor dem Hotel sagen auch: Wir sind wieder wer.

Und ich muß zum Schluß eine Kuriosität in Karlsbad erwähnen, die ich auf all meinen Reisen in keinem Land des Ostblocks fand. Hertie, das im Hotel Moskwa-Pupp eine eigene Informationstafel unterhält über das, was man alles machen könne am Ort: ins Kino gehen, ins Kurkonzert, in den Rosengarten, zum Folkloretanz Mittwoch abend und so weiter – Hertie hatte da noch ein Wort vermerkt, ganz diskret, beinah nebensächlich: »Fernsehen, Hotel Moskwa-Pupp, Zimmer 337«.

Ich hatte ein Gefühl des Besonderen und Mehrdeutigen. Was meint Hertie damit? Soll das eine Anspielung, ein Augenzwinkern sein? Ich meine, wen interessiert heute das tschechoslowakische Fernsehen? Niemanden. Und ich fand in dem großen Haus nach längerem Suchen tatsächlich dieses abgelegene Zimmer, auf dem 337 stand. Als ich eintrat, lief gerade die Tagesschau. Köpcke las Nachrichten vor. Eine kleine, sehr andächtige Gemeinde des verfaulenden Kapitalismus saß da und sah Westprogramme mit diskreter Osteinladung. So weit geht jetzt schon der Service im Sozialismus, jedenfalls in Karlsbad. Auch eine Normalisierung, ging es mir durch den Kopf. Die Sendungen aus der Bundesrepublik wirkten übrigens unwirklich, phantomhaft, wie Nachrichten von einem anderen Stern. Information ohne Hintergrund und in einem anderen Machtsystem. Siehst du, dachte ich, so ungefähr werden die Menschen in der DDR unser Fernsehen aufnehmen: begehrte Phantome, Augenzauber.

Rückblicke

Der Rest war dann wieder schlimm, richtig sowjetisch. Stur heil, sagten die Leute vor mir an der Grenze, Autopassanten, von der Hitze, der Sonne, den langen Wartezeiten vor der Grenzbarriere gereizt und geplagt. Die sind doch vollkommen stur hier. Wir stehen schon fünf Stunden hier, gestern soll es sechzehn Stunden gedauert haben. Genau dein Lied, dachte ich, das singst du doch auch immer, rauskommend: Nie mehr. Wie lange diesmal?

Ich saß dann schließlich in einer kleinen Wirtschaft, einem Gasthaus vor Schirnding, Oberpfalz. Bayern empfing mich wieder. Die Burschen, die da an langen Holztischen vor riesigen Maßkrügen hockten, sahen mich etwas feixend und schadenfroh an. Stallgeruch im Raum. Oder war es nur das Bier, das diesen Dunst verbreitete? Recht so, schienen sie alle zu denken, ihm ist ganz recht geschehen. Warum fährt er hinüber zu den Kommunisten? Sie hätten ihn noch länger rösten sollen in der Sonne des Sozialismus. *Bild* und der *Bayern-Kurier* und die *Frankenpost* lagen auf dem Tisch. Ich war also wieder zu Hause, die andere Seite Europas. Ach, diese Grenzgänge immer wieder. Man ist hin und her gerissen. Man kann es keinem recht machen. Was willst du nun sagen zu Hause? Was ist die Moral von dieser Geschichte?

Ich will das sagen: Die Russen haben erreicht, was sie damals forderten, einmarschierend. Sie forderten die Normalisierung, das heißt das, was bei ihnen zu Hause die Norm und die Regel ist. Es ist in Sowjetrußland normal, daß die KP diktiert, daß die Massenmedien strenger Zensur unterliegen, daß die Grenzen geschlossen sind. Das ist ihr Gesellschaftsmodell, und ich meine, in Minsk und Moskau und Wladiwostok ist kaum etwas dagegen zu sagen. Mögen sie doch. Ihre Sache.

Das Schreckliche ist, daß Großmächte diesen expansiven

Zwang haben. Großmächte sind wie bösartige Mütter: unglaublich herrschsüchtig und egozentrisch. Sie denken nur an sich, und was bei ihnen paßt, wollen sie rücksichtslos auch ihren Nachbarn aufzwingen. Man nennt das auch Imperialismus oder Großmachtpolitik, und natürlich hat das mit Kommunismus oder Kapitalismus zunächst gar nichts zu tun. Die Amerikaner haben sich zu ihrer Zeit Südamerika genauso unterworfen. Was ist denn Bolivien anderes als die Tschechoslowakei der Amerikaner? Die Großen unterwerfen sich immer die Kleinen, das ist ein altes Lied. Das ist das Prager Lied jetzt.

Sie müssen in Prag mit einem System leben, das anderswo seinen Sinn haben mag – hier nicht. Hier ist doch Europa, hier ist Mitte, ach, beinah Westen. Hier müßte man anders verfahren. Wie? Ich weiß das nicht. Ich sah nur: Die kleinen Völker am Rande haben es schwer. Sie können nur überleben – in der Faust der Großen.

Berliner Geschichten

Aus deutscher Steinzeit

Berlin leuchtete

Ich frage mich manchmal: Was ist das? Ist das ein Spleen, eine Marotte, eine wunderliche und ziemlich fixe Idee bei dir? Ist das Heimatgefühl, also Stallgeruch, uraltes Wissen – paß auf, du kommst jetzt nach Hause? Riechst du Berlin? Kontrollpunkt Drewitz: die Föhren, das Kiefernholz, der märkische Sand und – Mauern dann; die Zäune, die Wachttürme, das Vorzeigen der Pässe, strenge Grenzkontrollen.

Dann öffnet sich schließlich der Schlagbaum, und man fährt los. Langsam, erst zögernd: Dreißig Kilometer sind vorgeschrieben. Man fährt durch diesen langen Schlauch, diese Gasse West. Die Autobahn hier ist schon West-Berlin, aber rechts und links ist noch DDR, also Mauern, Zäune, Wachttürme, die begleiten. Und plötzlich ist man auf der Avus. Du bist jetzt im Westen, ganz östlich. Man ist frei, man fährt los, legt den vierten Gang ein, man fliegt der Stadt entgegen. Man sagt: Paß auf, gleich wird der Funkturm kommen, gleich Grunewald, dann Eichkamp, die Deutschlandhalle, also zu Hause, die Kindheit, Berliner Jugend, Erinnerung. Berlin, du bist meine Kitschgeschichte. Von so etwas kommt man nicht los.

Es kam hinzu, daß diesmal Sommerzeit war. Licht, Wärme, Freundlichkeit lag über der Stadt. Berlin leuchtete. Meistens kommt man nur im Winter dahin, im November, wenn alles kahl und diesig ist. Es waren wenige, schwülwarme, feuchtwarme Frühsommertage, die fast ein Gefühl von Tropen mitbrachten. Berlin leuchtete. Es schwitzte, es ging baden, es radelte, es ging rudern, es lag in Haufen am Wannsee, es fuhr Dampfer nach Spandau, nach Tegel hinauf. Eine Weile ging ich an der Havel spazieren, sah den Berlinern zu, die hier im Sand lagen, sich sonnten.

Es kam weiter hinzu, daß ich diesmal nicht im Zentrum am Zoo, sondern draußen am Wannsee wohnte. Soviel Stille, soviel Grün, soviel Wasser. Es war wie Sommerfrische, wie Schweden, Gripsholm zum Beispiel. Das alte Haus am Wannsee, von uralten Bäumen fast zugewachsen. Wenn ich meine Balkontür öffnete, rauschte und atmete es schwer in den mächtigen Baumkronen, die sich erinnerten. Vor hundert Jahren wurden sie einmal gepflanzt vom preußischen Großbürgertum. Morgens immer das Frühstück am S-Bahnhof Wannsee. Die *Morgenpost* und den *Tagesspiegel* gekauft, dann draußen auf der Terrasse die Kaffeekanne. Diese grundlose Erregung, diese kindliche Freude, wieder in Berlin zu sein, als gäbe es da etwas zu entdecken. Jetzt überall rumfahren: nach Zehlendorf, Moabit, Wedding, Frohnau. Warum eigentlich, was treibt dich um?

Und dann sitzt man an seinem Gartentisch, und neben einem sitzen all die Berlin-Klischees, die jeder kennt und die es doch wirklich gibt in der Stadt. Die alte Frau, die mit Topfhut und großgeblümtem Kleid dasitzt und Torte schleckt. Der Rentner, der liebevoll-bösartig seinen Dackel tätschelt und mit einer Bockwurst verwöhnt, schon morgens vor zehn. Der Taxifahrer drüben in seiner Droschke, der nicht ohne Verbissenheit *Bild* liest. Der junge Revolutionär, der Student der FU, der die Stadt in die Luft sprengen will oder doch wenigstens ihren Senat. So zornig, so wütend sieht sein Anarchistenbart aus. Daneben Arbeiterjugend, Burschen, freundlich-flapsig, frech, die in engen, altmodischen Turnertrikots Sportrennen fahren. Sie haben ihre blitzenden, federleichten Rennräder an einer Stehbierhalle vor dem S-Bahnhof abgestellt. Sie trinken ihr Weißbier mit Schuß. Sie grinsen und quatschen.

Es ist schön, wieder dazusein, diesen spröden, trockenen Witz der Stadt zu spüren, in der alles etwas langsamer und friedlicher kreist als im Westen. Ich ließ mich treiben vom Rhythmus der Stadt. Er kreist jetzt in sich. Die Stadt hat sich eingerichtet. Jeden Abend im alten Haus am Wannsee der Sonnenuntergang hinter Kladow, Licht, das sich langsam bricht, das müde wird. Ein paar Segler, ein Ruderboot auf der Havel. Man hört die Kommandorufe, mit denen der Steuermann seine Mannschaft im Takt hält. Und wie dann langsam der Himmel immer diesiger, verschwommener wird und wie die Sonne am Horizont in diese Dunstzone einsinkt, versackt und dann weg ist hinter den Grenzen irgendwo in der DDR. Rötlicher Nachschein: Ist das schöne Wetter vorbei? Wird es morgen Regen geben?

Ich fuhr in die Stadt. Ich fuhr über die Avus zum Kurfürstendamm. Fahrwind schlug mir ins Gesicht. Berlin leuchtete, jetzt bei Nacht, ein bläulicher, rötlicher Nachthimmel, der leuchtete vom Zentrum her. Ich brauche das nicht zu beschreiben: Berlin bei Nacht – die Schaufenster und Restaurants, die Theater, die Kinos, die Beatschuppen, die Konzertsäle, die Kunstgalerien, die Nachtsauna am Halensee, der Strich auf der Straße des 17. Juni. Die Anarchoszene von der Kantstraße bis zum Kreuzberg. Am Bahnhof Zoo die Gastarbeiter, die Türken, die Jugoslawen. Die alten Leute bei Aschinger, die ihre Erbsensuppe löffeln oder in einem Eisbein herumschneiden. Die Jugend, die an den Stehtischen herumlümmelt. Alles etwas gutmütiger und altmodischer als im Westen.

Berlin ist ein schöner Sumpf. Hier läßt es sich leben – im Zentrum der DDR. Sozialismus in einem Lande? fragte man in Moskau bald nach der Revolution, die Weltrevolution bedenkend. Wird das gehen? Ja, war die Antwort, aber man muß im anderen Land leben. Das ist West-Berlin, das andere Land, wo es sich leben läßt. Wo die Macht auszieht, ist gute Zeit für den Geist. Berlin ist ein geistiger Treffpunkt, immer noch. Kultur kommt zuletzt in schöner, böser Zersetzung. Also lange Gespräche des Nachts unter Freunden, Intellektuellen-Gespräche, was in Berlin jetzt Thema ist. Was? fragt mich jemand. Weshalb sind Sie in Berlin? Ach, sage ich etwas kleinlaut, ich will etwas über die Mauer schreiben. Schweigen, Erstaunen, Kopfschütteln, etwas wie Spott im Gesicht der Freunde, dann lautes Gelächter. Nein, so etwas, wie komisch! So uralte Geschichten wollen Sie ausgraben? Da sind wir nun wirklich gespannt, was Sie finden. Ich sage: Ich auch. Ich weiß es auch nicht. Man muß mal sehen.

Lokaltermine

Ich bin also dagewesen. Ich habe sie abgefahren. Stück für Stück, zehn Tage lang. Sag mal, hast du wirklich nichts Wichtigeres zu tun? Verrückte Geschichten, ich weiß auch nicht genau. Irgendwas habe ich hier nachzuholen. Was? So etwas macht man am besten allein, wenn man unsicher ist. Also die

Sachen zusammensuchen, sich ins Auto setzen, die Fenster herunter, das Schiebedach auf, den Berliner Stadtplan neben sich, fahr los, Lokaltermine. Man wird ja sehen. Ich fuhr zunächst zum Brandenburger Tor. Es ist gar nicht leicht, hier heranzukommen. Auch vom Westen her hört fünfhundert Meter vorher der Zugang auf: Grenzbarrieren, Polizeibaracken, Wachhäuschen; nein, ohne Sonderausweis kein Zugang. Ich sah, wie der Verkehr die Grenze flüssig umströmte. Die Busse biegen ab, rechts oder links, die Autoschlangen blinken, alles Abbiegerverkehr. Es sind neue, breite Straßen da. Es hat sich inzwischen alles neu einreguliert und fließt flüssig drumrum, als wenn da nichts wäre. Amputation einer Stadt, vernarbte Geschichten, gottlob; die Inselstadt lebt, und nicht einmal schlecht.

Es war zehn Uhr abends, als ich zum erstenmal vor dem Reichstag stand. Der Himmel war noch hell, blaßblau, etwas rötlich. Ich hörte die S-Bahn schlagen. Der Fernsehturm Ost vom Alexanderplatz leuchtete mit seiner Kugel wie ein Silbermond, riesig. Es ist schon einmalig, so eine Zweiwelten-Stadt: Nato und Warschauer Pakt, im Berliner Stadtplan miteinander verhakt, und so still und friedlich hier alles. Ich hatte zwei Engländer gesehen, Soldaten Ihrer Majestät, die sich in Wachräumen langweilten. Sie hatten, schlaksig wie eben Briten, die Beine auf dem Schreibtisch und schienen über einer Illustrierten, über Kreuzworträtseln ein wenig ins Dämmern geraten. Berlin: ein Warteraum der Geschichte.

Das Reichstagsgebäude liegt wie ein einsamer Koloß direkt vor der Mauer und träumt vor sich hin jede Nacht, diesen schiefen, falschen Traum der deutschen Nation, also Reichsgeschichte. Es ist alles leer und tot und falsch hier draußen, falsche Pracht. Es stimmt nichts. Da haben sie zwei Meter von der Mauer entfernt dieses Parlament des Reichs wieder aufgebaut, und es ist nun nur eine einzige Verlegenheit. Sie haben diesen falschen Renaissance-Palast Wallots wieder hochgezogen, wieder ausgebaut, eine Torte in Stein. »Dem deutschen Volke«, steht darüber, doch das Volk ist nicht da. Es ist leer und tot hier draußen. So etwas tut weh – mir jedenfalls. Ein gewaltiger Aufmarschplatz vor dem Reichstag und kein Hund darauf, was immerhin etwas heißen will in Berlin, der klassischen Hundestadt. Im Licht des Scheinwerfers, der das Portal anstrahlt, hokken zwei Gammler mit ihrem Auto. Sie haben ihren VW auseinandergenommen, sie wechseln Reifen aus, sie fummeln an Achsen, Bremsbacken, Stoßdämpfern herum. Sie liegen auf der

Erde, haben eine Fettube in der Hand und beginnen abzuschmieren. Hier ist Platz und Ruhe für solche Geschäfte. Große Inspektion, kleine Inspektion? »Dem deutschen Volke« steht darüber und darunter, an der Tür: »Geschlossen. Besichtigungen des Reichstages finden nicht statt.«

Also da, genau hinter diesem Bau, wenn man auf der Rückseite die Arme ausstreckt, kann man beide Bauwerke mit den Händen gleichzeitig liebevoll fassen – dort steht sie zum Beispiel, und es ist nichts über sie zu sagen, was man nicht wüßte, seit Ewigkeit. Lange, hellgraue Betonbalken schichten sich schwer und abweisend etwa drei Meter fünfzig hoch. Peitschenleuchten darüber. Ganz oben liegt immer eine Betonröhre, die das Werk rundet und krönend abschließt. Die Rundung soll das Fassen und Festhalten von Kletterern verhindern. Und jedermann weiß, daß diese Mauer eigentlich gar nicht die wirkliche Mauer ist, sondern nur die Westseite eines breiten Verteidigungsgürtels, der erst dahinter beginnt. Ein ganzes System militärischer Abwehren. Hier kann man es nicht sehen, aber anderswo gut. Dahinter beginnen diese verschiedenen Grenzzonen: die spanischen Reiter, die Panzersperren, die Minenfelder, die Sandzonen, Todesstreifen, die Seilzüge, an denen Wachhunde laufen; etwa alle fünfhundert Meter die hohen Wachttürme, in denen Doppelposten stehen, mit Feldstechern und geschulterten Maschinenpistolen Ausschau halten. Sie blicken nach West, aber Unruhe, Alarm, wenn überhaupt einmal, kommt nur aus Ost, wenn einer versucht, aus dem Sozialismus durchzubrechen. Unsere Staatsgrenze West, unser antifaschistischer Schutzwall, heißt das. Nun sag es einmal im Klartext: Es sieht immer noch monströs und barbarisch aus; sprachlos und kalt die Mauern.

Nächster Tag: Bernauer Straße. Warum mache ich das? Warum tu ich mir so etwas an? Sind das perverse Neigungen? Auch hier diese Leere, diese Ausgebranntheit alter Schlachtfelder. Nichts geht mehr. Die Leute sind weggezogen von der Grenze, Gastarbeiter rückten nach, eine Türkenstadt. Ich sah einen türkischen Fleischerladen, einen orientalischen Hammelsalon direkt an der Mauer. Eine Großstadtstraße, die über einen Kilometer leer und tot ist, kein Auto, das parkt, nichts. Nichts geht mehr. Es ist alles verstaubt und vergessen, was war. Verstaubt und verblaßt das Wort KZ, das die Wut einmal an die Mauer pinselte. Es ist, als wenn man als Kind auf einen Speicherboden ging: lauter verstaubte Geschichten, Gerümpel der

Zeitgeschichte. Verblaßt die Parolen von damals: »Mauern können uns nicht trennen« und »Wir bleiben doch vereint«, verwaschen und ausgeblichen das Gedenkkreuz für einen Flüchtling, der hier starb, erschossen wurde. Mauern können sehr wohl trennen, Gräber fallen ein, Kränze welken, Klagen verstummen schließlich. Wahrheiten, die nun absurd wirken; eine Warntafel vor der Mauer: »Achtung, Sie verlassen hier den amerikanischen Sektor.« Ach Gott, versuch das doch mal!

Und man kommt sich natürlich etwas komisch und großväterlich vor, wenn man inmitten dieser Leerzonen dann doch auf eines der hölzernen Aussichtspodeste klettert, die noch aus den großen Tagen des Kalten Krieges hier stehen. Damals war das was: rübergucken, die Logenplätze der Zeitgeschichte. Jetzt kommt kaum jemand her. Nicht einmal als Fremdenattraktion ist das mehr gefragt. Ein alter Mann kommt aus der Ackerstraße. Er hat den schleifenden, müden Gang gelernter Rentner. Er ächzt die Holztreppe empor, er zieht sich das Holzgeländer hoch. Er hat eine Milchkanne in der linken Hand, in der rechten *Bild*, und die Milch schwabbert und gluckert etwas in seinem Blechtopf, wie er sich hochzieht. Der Mann hat dieses versteinerte, harte Insektengesicht, das mich immer wieder erschreckt bei alten Leuten hier, zum Beispiel bei Aschinger. Faltige Panzergesichter, Chitinpanzer, tote Augen, die trotzdem funkeln. Sie haben zuviel durchgemacht seit Weimar und Hitler. Ich sah solche Härte auch in Israel, in Tel Aviv bei den alten Leuten manchmal. Geschichte verhärtet. Offenbar kommt er jeden Vormittag nach dem Milchholen herauf, steht hier oben wie ein Witwer vor dem Grab seiner Frau, blickt nach Ost-Berlin und klettert dann wieder runter, sprachlos und steif. Na, kieken Se ma scheen, sagte er zu mir, sich abwendend. Ich hörte die Stille, die Leere in seinen Worten. Diese Brüder da drüben, na juten Morgen! Er legte wie ein Mann von der Wach- und Schließgesellschaft einen Augenblick die rechte Hand an die Glatze, als säße da eine Schirmmütze.

Kohlhasenbrück, Albrechts-Teerofen-Weg, also beinah schon Stadtkreis Potsdam. Strenggenommen ist das nicht Berliner Mauer, sondern Grenze zur DDR, doch sind solche Unterscheidungen rein theoretisch geworden. Ein Ding sieht aus wie das andere, erfüllt die gleiche Funktion, ist also dasselbe. Die Mauer hier schlägt eigensinnige Haken. Sie folgt wie überall treudeutsch alten, kommunalen Bezirksgrenzen, die nun ziemlich sinnlos und aufwendig sind; sie läuft wie auf einem Schachbrett im Rösselsprung immer um Ecken, springt wie ein Rechteck vor, überspringt ein Stück Autobahn, zieht sich dann wieder vor und bildet so ganz absurde Grenzräume, Hohlräume, Schachteln von Freiheit, Westbüchsen, die nur durch ganz enge Schläuche zu erreichen sind. Und in diesen Schachteln, diesen Westbüchsen liegen die Berliner, relaxing. Es ist warm und still hier draußen, Junisonne im Grünen. Die Kiefern, die Birken, die Weiden am Wasser, märkischer Sommer, Fontane und Kleist, das Kleistgrab ist hier auch in der Nähe. Und ich? Tja, meine skurrilen, perversen Neigungen – ich bin eigentlich entzückt.

Da haben sie doch tatsächlich in diesen windstillen Winkeln der Weltgeschichte ein Ferienidyll aufgebaut, komplett. Natürlich, die Erde ist knapp auf der Insel. Wohnwagen sind durch die engen Schläuche geschleust worden, ein Campingplatz und all sein kurioses Glück. Die Leute liegen in Liegestühlen. Sie müssen die Stühle manchmal etwas rücken, weil die Mauer am späten Nachmittag lange Schatten wirft. Diese kleine, pieksaubere, adrette Welt unserer neudeutschen Gartenzwerge: der Rasen geschoren, der Kies und die Blumenrabatten, ein Springbrunnen zum Aufklappen, ein Gartengrill, auch aufklappbar. Ich gehe durch diesen Platz – Poesie des Absurden; ach, ich bin hingerissen: Phantasien der Weltpolitik. Ich weiß: So schön, so phantastisch kann sich's kein Schriftsteller einfallen lassen; so ist nur die Wirklichkeit, manchmal hierzulande. Da hat doch diese dicke Frau, die hier in ihrem Liegestuhl liegt und sich sonnt, tatsächlich einen Vogelkäfig an die Mauer gehängt. Wenn die das wüßten, drüben! Zwei Nägel verunzieren den antifaschistischen Schutzwall, eine Schnur dazwischen, und an dieser Schnur baumelt ein großer goldglänzender Käfig, in dem wie eine atavistische Gottheit, streng und weiß, ein großer Papagei hockt, der manchmal Laura sagt. Berlin, ein goldener Käfigtraum?

Komm noch einen Schritt weiter, steig noch eine Etage tiefer: Lokaltermine, ganz unten. Es gibt vergessene, verwunschene Winkel an West-Berlins Grenzen, die könnten nur Verrückte, Poeten, Träumer beschreiben: Cocteau zum Beispiel, zum Beispiel der Waldweg zum Griebnitzsee, ein Film von Cocteau. Ich liebe das. Die Mauer ist hier wie ein altes Schwert, das schließlich stumpf wurde, besiegt von Natur, die wächst und wuchert und die in diesen tropisch warmen Junitagen etwas Urwaldhaftes hat. Ich steige immer tiefer. Märkischer Wald, der die Mauer verschlingt. Ein ozeanisches Gefühl von Grün überall. Es wogt von dem Blätterdach, es hängen Schlingpflanzen herunter. Sind das Schlangen? Vögel pfeifen, ein Kuckuck ruft. Es ist drückend heiß und der Boden morastig. So muß die Unterwelt sein, Kinderträume, Verwunschenheit, Hänsel und Gretel, und wie dann die Hexe kommt. Einsame Verzauberung, frühe Gefangenschaft. Die Mauer ist nicht zu sehen. Nur eine Tafel im grünen Geschlinger: »You are leaving the American sector.« Versuch das doch mal!

Erinnerungen

Ich versuche, wiederherzustellen, was einmal war. Was, wo, wie? Zeit, die verlorenging: meine, unsere Zeiten der Konfrontation. Bin ich ein kalter Krieger? Ich möchte nur wissen, was war. Ich weiß, daß es in Paestum war. Es war Sommer, August 61 – mein Gott, so lange ist das her –, und wir waren in Ferien. Die Sonne, das Licht von Paestum. Zikaden und Grillen im Gras. Man kennt dieses mediterrane Zirpen, das in der Hitze den ganzen Tag anhält und in der Nacht noch stärker wird, Zirpen, das sagt: Einmal haben Insekten die Welt beherrscht. Hört ihr uns noch? Ein kühler Wind kam vom Meer, und wir lagen unter den Tempeln Poseidons im Gras, machten so nichts, keine Stilstudien der Antike, wir machten nichts als eben Ferien, blickten in den Himmel, rochen den starken, würzigen Geruch des Thymians, der in Paestum wild wächst. Urlaubsentspannung.

Ein Junge kam angelaufen. Er hatte draußen offenbar unseren deutschen Wagen gesehen und versprach sich ein Trinkgeld. Der Junge stürmte plötzlich auf uns zu in jenen besessenen und doch maßvollen Gebärden, die man aus der antiken Tragödie kennt, von der Rolle des Boten zum Beispiel. Der Junge rief quer durch die Tempelsäulen: Signore, attenzione – grande muro in Berlino! Er blieb dann vor uns stehen, fragte später: Cento lire, prego? Ich weiß, daß wir damals einen Augenblick fassungslos waren. Was, wie bitte? Es war wie ein Blitz, der einen schweren, unerträglich heißen Sommer beendet, damals. War das also die Lösung? Katastrophen haben ja immer auch Entlastungsfunktion. War das die Berlin-Lösung der Russen? Berlin war ja damals, wer erinnert sich, eine Art Kriegsschauplatz. Die Stadt trieb dem Bürgerkrieg zu. Sie lebte im kranken Taumel der Massenfluchten. Mittwoch über tausend Flüchtlinge registriert, Donnerstag schon zweitausend. Zum Wochenende vielleicht viertausend. Es waren diese letzten Massenfluchten, eine Art Völkerwanderung, nur weg in den Westen. Man spürte, es liegt etwas in der Luft. Es waren Frontberichte: Kesselschlacht Ost. Und das war die Lösung?

Wir fuhren nach Hause. Wir packten die Koffer, stopften das Auto voll. Autostrada del Sole: Neapel, Rom, Florenz, nichts als zurück. Ich weiß, daß ich hinter Florenz manchmal nervös am Autoradio zu drehen begann. Ich suchte nach deutschen Sendern. Wir fuhren sehr schnell. Wir schafften die Strecke Florenz–Zürich an einem Tag, und als wir dort einfuhren, ich weiß, daß es auf der Höhe von Rüschlikon am Zürichsee war, es war schon Nacht und ich sehr ermüdet, hörte ich zum erstenmal im Radio Berichte direkt aus Berlin. Ich war sprachlos. Ich sagte wirklich nichts, schüttelte nur immer den Kopf, dachte: Das ist doch unmöglich. Man kann doch einen solchen Konflikt nicht mit Steinen und Stacheldraht lösen. Es ist unfaßbar, die Primitivität dieses Einfalls. Einfach eine Grenze ausheben, zumachen, dichtmachen und dann schießen auf das, was läuft. Das ist doch ein Einfall der Vorgeschichte. Steinzeitgeschichten.

Dann zu Hause im Fernsehen die ersten Bilder. Zunächst und am Anfang wurde ja nicht gemauert. Man vergißt das schnell. Es wurden Stacheldrahtballen geworfen, spanische Reiter aufgestellt, Betonpflöcke gesetzt, Straßenpflaster aufgerissen, Militärsperren: Die Abgrenzung, die Teilung begann – nun begann sie wirklich. Zeiten der Konfrontation, Bürgerkriegszeiten. Ich sah die Bilder vom Checkpoint Charlie, vom Potsdamer Platz, von der Bernauer Straße: deutsche Tragödie, letzter Akt. Es war wirklich der letzte Akt, denn vorher war das Land schon zweimal geteilt worden: durch die Währungsreform 48 und die Gründung der Bundesrepublik 49 – übrigens beide Male vom Westen. Aber das sah man damals nicht, nicht so genau. Kalter Krieg oder heißer Krieg? Man sah alles gefühlsmäßig, natürlich. Für ein paar Tage war Bürgerkriegsstimmung in Berlin, ziemlich heiß. Man sah Panzer auf beiden Seiten der Grenze auffahren, Militär sich verteilen, Sandsäcke, Straßenbarrikaden, Jeeps. Sechs Kompanien der Volksarmee sperrten die Straße Unter den Linden am Brandenburger Tor, das nun geschlossen wurde. Auf der Westseite standen die West-Berliner, reglos und stumm, fassungslos, auch fassungslos, daß die Amerikaner nicht eingriffen. Warum halfen sie nicht den Deutschen drüben? War das nicht der schroffste Bruch des Viermächtestatus?

Und später dann die Bilder vom Bau dieses Dings. Man konnte sie immer abends in der verlängerten Tagesschau sehen: Sonderberichte, und auch diese Bilder waren so, daß sie ganz tiefe Gefühle ansprachen – entsetzlich. Die Handwerker sahen wie richtige Maurerpoliere aus. Sie trugen weiße Arbeitsanzüge, weiße Ballonmützen, schichteten lange Schottersteine übereinander, mauerten sich selber zu, denn man sah sie dann immer weniger, nur eine Brust, ein Hals, ein Kopf noch, noch eine Steinreihe, dann sah man nur noch Hände, die mörtelten. Dahinter stand meistens ein Offizier. Man sah die eiserne Miene preußischen Militärs, undurchdringlich. War das also das Antlitz des Sozialismus in Deutschland? Dann war die Mauer fertig. Man sah gar nichts mehr.

Dann die Flüchtlingsgeschichten. Berliner Lokaltragödien, viel Stoff für die Welt damals. Weißt du noch: Fenster, Haustüren, die zugemauert wurden, Menschen, die aus Fenstern kletterten, die von Dächern sprangen, die an Balkonen hingen, beschossen wurden, sich fallen ließen – fielen sie Ost oder West? Deutsche Tragödie; es ist nicht so leicht, eine Stadt auseinanderzuschlagen. Sie ist in hundert Jahren gewachsen wie Wald und muß nun auseinandergehackt werden wie Wald: also Waldschneisen im Zentrum Berlins. Villen, Siedlungshäuser sanken dahin, Mietskasernen wurden abgebrochen, Kirchen verrammelt, Friedhöfe eingeebnet. Staub, Schutt, brechende Wände; man sah Bulldozer fahren drüben. Sie machten das schon sehr gründlich, die roten Preußen. Sie bauten jetzt ihre Grenze: rabiat. Aber immer noch kamen Leute rüber. Leute, die sprangen, die krochen, die schlichen, die sich fallen ließen, die lieber sterben wollten als dort leben. Dann der Schießbefehl. Es fielen die ersten Schüsse an der Mauer, Blut floß. Man zerrte die Toten hinüber, herüber. West oder Ost? Es war schon eine Tragödie für die Menschen. Politik ist eine furchtbare Sache. Sie geht immer auf Kosten von Menschen. Für die Großmächte war die Sache wohl vorher politisch geregelt worden; ein abgekartetes Spiel, sagte man später, zwischen den Siegermächten. Für die Berliner war das noch ein Schock. Viele konnten nicht begreifen, daß die Amerikaner nicht bereit waren, die Mauer wegzuräumen. Sie glaubten nicht, daß das einen Krieg kosten werde.

Und schließlich – darf ich auch das noch sagen, obwohl es hart am Kitsch ist? Kitsch ist ja oft sehr nah an der Wirklichkeit –: nationale Wehleidigkeit, deutsche Kleinbürgertragödie, letzte Gebärde, zum Schluß. Man sah Menschen winken. Sie standen hier, sie standen drüben in Fenstern, auf Balkonen, auf Dächern. Sie hatten Tücher und Babys in der Hand. Sie schwenkten die Tücher, die Babys. Sie winkten sich zu, noch einmal. Sie hielten Schilder hoch, wo stand: Auf Wiedersehen, auf Wiedersehen, grüßt Tante Grete. Das war schon entsetzlich, menschlich gesehen. Es wurde ein Schwert gelegt in die Stadt, unter die Menschen. Am besten, man schloß die Augen. Die drüben errichteten Sichtblenden. Trennung. Man kennt dieses Gefühl ja auch von Kaimauern, von Bahnhöfen, auch vor offenen Gräbern: Leb wohl, ade, good bye, passé, kein Winken hilft. Wir sind getrennt, geschiedene Leute. Berlin ist nun geteilt.

Totenblumen

Merkwürdig, nicht wahr, wie schnell so etwas vergessen wird? Wo ist das hin? Es ist kaum fünfzehn Jahre her, was ich beschreibe, und hört sich doch an wie aus uralten Zeiten. Verblichene, vergilbte Bilder aus einem alten Familienalbum. Wo ist das hin? Es ist andere Zeit heute, Zeit der Entspannung und Kooperation. Mir scheint das sehr richtig. Ich frage mich nur: Warum dann damals diese maßlose Erregung, dieser ungeheure Zorn, diese Gefühlswallung Ost, und ja nicht nur damals, als die Mauer gebaut wurde, auch schon vorher, beim 17. Juni, beim Aufstand in Budapest, später dann bei der Besetzung der Tschechoslowakei? Wer spricht heute noch von Dubček, nicht wahr? Immer diese Erregungen, diese liberalen Aufgeregtheiten von drei, vier Wochen, dann weg vom Tisch, den Schaum wieder ab. Jetzt kommt die Politik wieder zu Wort, und die ist ziemlich nüchtern, beinah schmerzhaft. Ich frage mich schließlich: Was ist das eigentlich für ein System, Sozialismus genannt, an dem all diese moralischen Niederlagen schließlich abprallen wie Tennisbälle? Zum Schluß wird eben immer wieder Politik gemacht, Handel der Macht, den ich richtig finde. Nur, warum dann diese verzweifelten Szenen, die wir so schnell vergessen?
Einstweilen weiß ich nur eins: Gefühle altern nicht. Sie sterben jung wie Blumen. Zorn kann nicht ewig zornig sein. Schmerz weint sich aus. Und dann? Dann geht es eben weiter.

Man kann die Empörung nicht ewig hochhalten, sie wird dann steif und schal, riecht sauer wie ein altes Sahnebaiser. Solange wir leben, vernarben alle Wunden schließlich. Das ist ja das Leben: daß es weitergeht. Es bleiben Brandmale, Verkrüppelungen, harte Stellen, Knorpel, und man hat dann nach der Krise nichts als den Wunsch, weiterzuleben wie früher. Nun laß diese alten Geschichten. Guck weg von den Brandmalen, fingere nicht immer herum an diesen Narben – alte Geschichten. Was, jetzt wollen Sie etwas über die Mauer berichten? So uralte Geschichten? Da sind wir nun wirklich gespannt, was Sie finden. Ich sage: Ich auch. Ich weiß es auch nicht. Man muß mal sehen. Weitersehen.

Es gibt immer noch eine »Arbeitsgemeinschaft 13. August« in der Weststadt. Die Arbeitsgemeinschaft unterhält eine kleine Gedenkstätte – ein Mauermuseum, könnte man sagen – am Checkpoint Charlie. Ich bin dagewesen. Ich sah, was ich sagte: Gefühle altern nicht. Sie sterben jung wie Blumen. Wer sie trotzdem hält, hält schließlich Papierblumen in der Hand, ausgetrocknete Sträuße in alten Vasen, verdorrte Kränze, Wachsblumen, Wachsfiguren der Zeitgeschichte, und war doch einmal unsere Zeit, unser Leben, unser Schmerz. Meiner war es einmal.

Und drinnen an den Wänden die Bilder, die Fotos, die Texte, sehr zahlreiche Fluchttrophäen. Die Requisiten derer, die rüberkamen, vor allem der Soldaten. Ihre Maschinenpistolen, ihre Munitionsgurte, ihre Stiefel und ihre Ausweise, bitte. Man erfährt ausführlich von allen Phasen des Widerstandes gegen die Mauer. Man sieht Ernst Lemmer, ein Gespräch mit einem Vopo versuchend: Moral gegen Macht, möchte man sagen. Es kam nicht zustande. Kennedy und Adenauer auf hohem Mauerpodest, die Berliner beruhigend. Ich bin ein Berliner. Auch Willy Brandt ist übrigens dabei. Wo ist das hin?

Dann all die Fluchtgeschichten, Anekdoten zur Zeitgeschichte: der Hauptmann von Köpenick, aus Köpenick in der DDR. Er hat sich die neue Uniform eines Rotarmisten angelegt, er hat ein paar funkelnde Orden, schöne rote Sterne daraufgeheftet und ging dann so durch die Grenzkontrollen, unkontrolliert. Man lächelt etwas müde. Man steht vor dem kleinen Sportwagen, dem schnellen Flitzer, der sportlich, also so niedrig und flach gebaut war, daß er unter den Grenzbarrieren durchfahren konnte. Das waren noch Zeiten! Man sieht die Lastwagen, die einen Durchbruch versuchten, den Omnibus, der steckenblieb, das gepanzerte Privatauto, das durchkam, das

Schlauchboot, das U-Boot, den Schnorchel, die Drahtseilanlage, mit der sich einer mitten in der City abseilte vom Sozialismus. Er schwebte lautlos rüber. Dann kommen riesige Kabeltrommeln, die im Interzonenverkehr zu transportieren waren von der DDR in den Westen. Ich kann hier nicht einfach vorbeigehen. Das Bild hat mich getroffen, wie eben nur Bilder treffen können. Bilder gehen tief, und das Bild blieb: Die Menschen hocken nämlich in diesen Trommeln gekrümmt wie Embryos. Das Bild hat etwas Urmenschliches. Der Mensch ist zur Freiheit geboren. Sie hocken wie Babys im Mutterleib, sie hoffen, geboren, geborgen zu werden – im Westen. Ich kann seitdem Kabeltrommeln auf der Straße nicht sehen, ohne daran zu denken. Und schließlich, letzter Raum: diese Fluchttunnelgeschichten. Man glaubt es wirklich nicht. Das waren zum größten Teil Studenten der Freien Universität: Fluchthelfer und Tunnelspezialisten. Studentenempörung gegen den Sozialismus. Auch davon ist nichts geblieben. Wo ist das hin?

Das Museum ist leer. Ich gehe durch lauter Vergangenheit, die doch vor kurzem war und die schon vergangener ist als andere Vergangenheit. Wie ist das nur? Ich weiß es nicht. Ein junger Amerikaner, Tourist, steht vor einem Fluchtauto, betrachtet, befingert, prüft alles sehr gründlich. Macht dann ein paar Fotos, Leicaschnappschüsse. Bei ihm zu Hause in Ohio oder Alabama wird das noch ein Andenken sein, das lebt, das etwas sagt, den Leuten. Aber hier? Doch, sagte der Museumsinhaber, den ich anspreche, ein Mann Mitte Dreißig, das weggewischte, vergrämte Gesicht aller Museumsdiener – doch, es kommen noch Besucher, manchmal ganze Busse. Auch Schulklassen. Aber meistens ist es ruhig. Ja schon, natürlich. Es ist nicht mehr viel los hier. Und dann erzählt der Mann mir aus seinem Leben. Er selber sei drüben Unteroffizier der Volksarmee gewesen, er sei rübergekommen, als es nicht mehr ging für ihn, als es unerträglich wurde. Hier auf dem Bild, bitte, an der Wand, das sei er selber. Man habe ihn im Augenblick der Flucht fotografiert, vom Westen aus. Er habe das alles eigenhändig mit Freunden aufgebaut und versuche, es so gut wie möglich instand zu halten. Nein, Hilfe, einen Zuschuß vom Senat bekomme er nicht, auch nicht aus Bonn. Deswegen sehe es hier so vergammelt aus. Und man ist dann in einer dummen Lage beim Verabschieden. Was soll man sagen? Am besten, man steckt etwas Geld in die Büchse. Man möchte den Mann nicht kränken, nicht verletzen, nicht sagen: Nun schließen Sie doch diesen

Laden endlich. Sie müssen doch merken, daß das vorbei ist: Totenblumen. Wer will das noch?

Ich meine, so leicht kann man es sich auch nicht machen; es ist die Sache mit den großen Kabeltrommeln. Der Mensch hat ein Recht auf Freiheit. Der Mensch hat das unverletzbare Recht, zu leben nach seinem Willen. Jedenfalls wir meinen das. Jedenfalls seit der Aufklärung, seit der Abschaffung des Feudalsystems haben wir uns auf dieses Grundrecht des Menschen geeinigt. Zwangsbürgerschaft gibt es nicht bei zivilisierten Nationen. Staatsbürgerschaft begründet sich nur in der freien Zustimmung der Bürger. Das Wort Republikflucht ist ein Atavismus. Früher einmal, zur Zeit der preußischen Kurfürsten, gab es das auch. Es stand die Todesstrafe auf illegaler Abwanderung. Es war eine Art Leibeigenschaft damals, und die DDR, das muß man sagen, hat diesem Atavismus wieder Rechtskraft gegeben. Die Menschen sind drüben dem Sozialismus leibeigen. Einmal DDR-Bürger, immer DDR-Bürger, noch bis ins dritte Geschlecht. Das hat schon etwas Barbarisches an sich. Es verletzt unser Rechtsgefühl, das Bewußtsein der Freiheit und Würde des einzelnen. Große Worte, ich weiß, und doch kann ich sie jederzeit einlösen. Ich kann jederzeit hingehen, wohin ich will, im Westen. Ich möchte dem Staat nicht leibeigen sein, auch nicht dem Sozialismus. Dem Sozialismus schon gar nicht. Gerade er wollte doch mehr Freiheit und Menschenwürde bringen. So meinte Karl Marx einmal.

Also? Ich weiß es nicht, ich spüre nur: Diese Gedenkstätte hier ist paradox. Sie ist wahr und falsch zugleich. Es ist natürlich alles vorbei und tot, was hier rumliegt, ein Zeughaus rascher Vergangenheit. Es ist wahr, was hier aufbewahrt ist: die verlorene Zeit – wahr und doch tot. Eine merkwürdige Sache. Es ist wahr, daß man Völker nicht leibeigen machen, also einmauern darf, und doch stimmt das Ganze nicht mehr. Dieser Mann hängt an einem Augenblick der Geschichte, fast wie ein Insekt an der hellen Glasscheibe. Er will immer nur diesen Augenblick des Mauerbaues wiederholen. Was sonst noch geschieht auf der Welt, interessiert ihn nicht. Auch das in der DDR nicht. Er besteht auf ihrem Maueraspekt. Er ist wie ein Neurotiker, der von seiner frühen Verletzung nicht freikommt, der hängenbleibt, lebenslänglich, an diesem ersten Schmerz, Frustration durch den Vater. Er ist für die Freiheit und ist dabei selber schon abhängig, unfrei geworden zu handeln. So kommt man nicht raus aus der ganzen Geschichte. So geht das nicht mehr.

Das ist sicher. Gefühle sterben jung. Sie werden sonst zu Totenblumen. Wo liegt denn die Wahrheit in dieser Sache? Man muß mal sehen, sage ich wieder. Weitersehen. Sag mal, wie war das dann weiter bei dir, ganz persönlich?

Bedenkzeit

Ich erinnere mich wieder. Ich versuche, wiederherzustellen, was einmal war. Was, wo, wie? Wie war es denn später mit dir und der Mauer? Das war doch noch eine lange Geschichte, fast ein Prozeß. Ich erinnere mich, daß wir westdeutsche Intellektuelle damals alle verstört und ziemlich aufgeschreckt waren, nach der Mauer. Darf ich daran erinnern? Hans Werner Richter gab damals bei Rowohlt ein Bändchen heraus: »*Die Mauer oder der 13. August*«, in dem die westdeutschen Autoren ihren Protest anmeldeten, einige Ostdeutsche aber auch eine verschämte Art der Zustimmung laut werden ließen. Die Gruppe 47 schickte einen offenen Brief an die Vereinten Nationen, in dem die Prinzipien des Völkerrechts eingeklagt wurden: die Menschenrechte, was ich eben meine mit Leibeigenschaft. Wolfdietrich Schnurre, der Berliner, stand ein, zwei Jahre empört davor und schrieb exklusiv Mauerproteste, Empörungsliteratur, und nicht nur er. Nur Uwe Johnson hatte in einem Mailänder Disput einen Satz fallenlassen, der damals erbittert diskutiert wurde. Johnson hatte in seiner bedächtigen, schwerfälligen, fast wunderlichen Art gesagt: Wenn die DDR-Machthaber ihren Staat erhalten wollten, mußten sie dieses Bauwerk errichten. Sie waren gezwungen dazu. Ich weiß, daß dieses Wort damals den empfindsamen Hermann Kesten in Mailand maßlos erregte. Es war wieder diese tiefe Erregung, von der ich schon sprach. Sie kann sich nicht dauernd halten. Ich selber war von der Auskunft des knorrigen Mecklenburgers, dieses schweigsamen DDR-Bürgers von gestern, betroffen, irritiert. Ich begann nachzudenken: Konnte man die Mauer tatsächlich so deuten? War das möglich? So vom Staat her zu denken? Wer ist denn eigentlich wichtiger: der Staat oder die Menschen? Was war denn zuerst: das Ei oder die Henne? In solchen Sackgassen lief ich mich fest. Eben Mauergeschichten.

Es begann damals jene Zeit, wo nach einem neuen Berlin-Image gesucht wurde. West-Berlin war erst jetzt eine Insel, all seiner Funktionen als Treffpunkt von Ost und West beraubt, kein Schaufenster mehr der freien Welt. Die Kunden waren verhindert. Man suchte nach neuen Funktionen, neuen Rollen, Zukunftsaspekten für West-Berlin, und eine Chance der Stadt bestand in der Kultur. West-Berlin sollte ein literarisches Zentrum werden – nach der Mauer. Damals siedelten Autoren der Gruppe 47 nach Berlin über. Es begann eine Zeit kurzer Euphorien: Literaturgespräche nach der Mauer. Glückliche Zeiten für Kulturmacher, für Leute vom Funk und vom Fernsehen. Damals eröffnete Walter Höllerer seinen literarischen Zoo in West-Berlin. Einladungen, Ausstellungen, Vorführungen erlesenster Geister aus aller Welt, massenhaft. Damals gab die Ford Foundation viel Geld für die Freiheit, damals, kurz nach der Mauer. Mein Gott, ist das lange her!

Ich kam immer wieder in die Stadt in solchen Zusammenhängen. Ich war ein Zuhörer. Ausstellungen, Diskussionen, Theaterpremieren, Filmfestivals, Lesungen, Gespräche, Kolloquien, die Stadt hat ja viel zu bieten dem Geist. Sie war zu keiner Zeit ihrer bedrängten Geschichte verödet und tot, wie das die im Osten erhofft und geplant hatten. Ich erinnere mich, daß der Mauer-Komplex ganz allmählich bei mir nachzulassen begann. Der Schock blieb, aber er verlor an dynamischer Aufladung. So versinken, versacken Gefühle. Verletzung vernarbt. Ich ging bei jedem Besuch in der Stadt auch dorthin, sah mir das für ein paar Minuten an, schüttelte den Kopf, dachte, was für ein Monstrum mitten in Deutschland, stieg auf die Aussichtspodeste, blickte nach drüben, aber, richtig erinnert, waren das Abstecher, Stippvisiten, schmale Scheiben aus dem runden Topfkuchen West-Berlin, der immer noch schmeckte.

Das Erstaunliche war ja, daß die Stadt weiterlebte, trotz allem und wider alle Statistik und Wahrscheinlichkeit, fast so wie Israel. Die Weststadt, amputiert, zerschnitten, schrecklich vermauert, stabilisierte sich wieder. Der Kapitalismus hat ja immer diese verblüffende und enorme Anpassungsfähigkeit. Er ist wie die katholische Kirche; er schluckt alles und wird dabei nur noch dicker. Er kann sich in Krisenzeiten rasend schnell umstellen, anpassen, verändern, was ihm, wie ich meine, auch bei künftigen Krisen noch einige Überlebenschancen gibt, die schwer vorauszusehen sind. Und diese Überlebenskraft Berlins sehend, beobachtend, wie sich die Stadt nun umformte, umstrukturierte – sie wurde jetzt immer mehr eine Touristen-, eine Kongreß-, eine Kriegsdienstverweigerer- und eine Fremdarbeiterstadt, hochsubventioniert –, diese Metamorphosen registrierend, merkte ich kaum, wie mir die Mauer immer mehr aus dem Blick geriet, langsam ferner rückte. Nicht gerade gleichgültig, wohl aber unwichtiger. Man gewöhnt sich eben an alles. Man mußte jetzt mit ihr leben. Sie war da, und je länger sie nun da war, nahm sie immer mehr Unumstößlichkeit an. Sie war jetzt da wie eine schlechte Jahreszeit, wie etwa der Winter, mit dessen Eis und anderen Beschwerlichkeiten man eben rechnen muß. Ich flog meistens. Die Mauer war nun ein Naturereignis.

Ich erinnere mich weiter. Ich ging öfters nach Ost-Berlin, jetzt erst recht, durch die Mauer. Ich sagte: Passierschein für Ost-Berlin, bitte. Der geregelte Grenzübergang jetzt, jetzt nur noch an drei Stellen. Immer den Paß abgeben unten im Bahnhof Friedrichstraße, immer das winzige Märkchen in der Hand, warten, mit anderen sehr lange warten. Gefühle, Erinnerungen, Gewissensforschungen: Du wirst doch nicht einmal etwas Verletzendes über die DDR geschrieben haben? Ein eifersüchtiger und rechthaberischer Staat, leicht beleidigt wie Gouvernanten. Warum dauert das Tagesvisum so lange? Aber dann war man dran.

Es hat immer geklappt. Ich kam immer rein in die Oststadt, die sich nun ganz offen Hauptstadt der DDR nannte. Ich fuhr herum. Ich sah mir die Menschen, die Häuser, die Geschäfte an. Ich roch den Desinfektionsgeruch überall. Eine fremde Welt; Reise in ein anderes Land, hieß das damals. Ja, ein Staat, aber ein sehr fremder Staat für uns. Ich aß im HO Alexanderplatz eine Schlachtplatte, ich trank im Operncafé Unter den Linden einen Tee, ich ging ins Theater, sah all die Stücke von Brecht, die hier am Schiffbauerdamm in diesem raffinierten, hochmanierierten Regiestil des Dichters zu klassischen Mustern erstarrt waren: so schön, daß sie beinah leblos wirkten – vor Vollkommenheit. Märchenstücke des Marxismus, dachte ich manchmal in der Pause, zwischen den Ostmenschen stehend.

Theaterbesuche in Ost-Berlin trotz der Mauer, mit der Mauer, durch die Mauer – nicht wahr, das muß spätestens Mitte der sechziger Jahre gewesen sein? Heute gibt es das nicht mehr, obwohl es theoretisch noch möglich wäre. Und ich kam dann zurück, und die Freunde fragten am nächsten Tag neugierig: Wie war's denn drüben, gestern? Und ich sagte kopfwiegend: Na ja, so gemischt. Immerhin, wirtschaftlich sieht es jetzt etwas besser aus, nach der Mauer. Das Grau hellt sich auf. Es belebt sich manches. Ich sagte nicht ohne Ironie, sehr melancholisch:

75

Wissen Sie, die Mauer beginnt sich für die drüben langsam auszuzahlen. Eine komische Sache, nicht? Erst nach der Mauer geht es da besser, wirtschaftlich. Und das Komischste ist, auch der blanke Terror hat nachgelassen. Die Leute leben entspannter. Sie sind ja nun unter sich, trotzdem.

War das mein Erwachen, eine Ernüchterung, Bildwechsel, harter Schnitt, Drehpunkt der eigenen Aspekte? Kritische Aufmerksamkeit, die an die Stelle tiefen Gefühls trat? Du mußt es politisch sehen. Ich saß im Flugzeug, flog wieder zurück in den Westen. Ich dachte zum erstenmal: Eine schreckliche Sache. Aber was blieb ihnen anderes übrig? Sie mußten es machen, so oder ähnlich. Sie mußten sich abgrenzen, zurückziehen, nachdem die Teilung 1948 durch die Währungsreform, 1949 durch die Gründung der Bundesrepublik ja vom Westen her in Gang gebracht worden war. Der Staat, die Wirtschaft, die ganze Gesellschaft drüben wäre zusammengebrochen, es gäbe überhaupt keine DDR mehr ohne die Mauer. Die Leute wären weggelaufen. Nicht alle natürlich: Die Alten, die Kranken, die Rentner wären geblieben, wie ja auch fast alle Rentner zurückkamen nach Westbesuchen – aber die Jungen, die Tüchtigen, die herum- und vorwärtskommen wollen in der Welt, die wären abgehauen. Die Ärzte, Ingenieure, die Manager, die Lehrer, die Naturwissenschaftler, sie hätten drüben die Ausbildung kostenlos mitgenommen, und nach dem Examen: Nichts wie ab in den Westen. Das System war nicht nur fremd und hart, es war ganz anders. Es war so vollkommen andersartig strukturiert, daß es sich im freien Spiel mit dem Kapitalismus gar nicht entfalten konnte. Man kann sagen: Flucht, eine Volksabstimmung zu Fuß; aber was eigentlich zur Wahl stand, welche Gesellschaftsstruktur angeboten werden sollte, das konnte überhaupt nicht aufgebaut werden mit offenen Grenzen. Es konnte nur in einer geschlossenen Gesellschaft durchexerziert werden. Geschlossene Gesellschaft, ein böses Wort, nicht wahr? Es erinnert an Geheimbünde, Irrenhäuser, Gefängnisse. Der Sozialismus ist nur in geschlossenen Ländern möglich, das ist sicher. Er fängt an. Wir sind fertig.

Ich saß im Flugzeug. Ich flog hoch über der DDR in den Westen zurück nach Frankfurt, dachte: Sind das nicht uralte Quittungen, Rechnungen, die uns jetzt präsentiert werden? Erst die Sowjetunion überfallen, sie mit Mord und Tod und Krieg überziehen, dann diesen Krieg verlieren und dann auch noch erwarten, daß der ausgeblutete Riese sich wieder zurückziehe.

Wer hat die Russen ins Land geholt? Wir Deutsche waren es doch, und wenn das so war, dann folgte eins ganz notwendig aus dem anderen: Die Russen brauchten an ihren Westgrenzen diesen Staat. Der Staat war kurz vor dem Zusammenbruch, sie mußten ihn retten. Es leuchtete mir jetzt ein, was ich zuvor nicht begriff: Man kann einen solchen Konflikt mit Steinen und Stacheldraht lösen. Ein Einfall der Vorgeschichte, der Steinzeit, ja, aber politisch sehr wirksam. Es herrschte nun Ruhe, und die DDR begann sich zu stabilisieren. Sie war auf dem Wege, ein wichtiger Industriestaat zu werden. Wer ist denn wichtiger: der Staat oder die Menschen? Was war zuerst: das Ei oder die Henne? Ich dachte: Du hast es nur immer moralisch gesehen, von dir aus. Politisch war dieses Monstrum unumgänglich – für den Osten.

Hinter der Mauer

Gestern bin ich drüben gewesen, wieder einmal. Es ging glatt, nicht gerade mühelos. Immerhin: In zehn Minuten war ich durch, mit dem Auto. Der Grenzübergang Heinrich-Heine-Straße hat alles Provisorische verloren. Er ist modern ausgebaut, hat für Zeiten des Andrangs mindestens zehn Bahnen und zehn Abfertigungsschalter.

Und ich kam mit den besten Vorsätzen herüber. Ich hatte die Mauergeschichten West hinter mir: die Bernauer Straße, die Harzer Straße, die Totenblumen im Museum – alles vorbei und zu Ende. Ich mach' da nicht mit, mit Mauerklagen. Es ist schlimm, aber wahr: Es sind nun zwei Staaten, und es war gar nicht anders möglich. Es hat sich ja auch alles verbessert, befriedet, beruhigt seit der Mauer. Man muß doch zugeben, daß endlich Ruhe eingekehrt ist mitten in Deutschland. Zeit der Entspannung, Kooperation. Nun stell dir bloß vor, was los wäre, wenn morgen die Mauer hier abgebrochen würde: dieses Gerenne, welche schreckliche Dramatik des Kalten Krieges wieder. Nein, es ist trotz allem schon besser so – mit der Mauer.

Und ich sah wieder, wie sich das Ding ausgezahlt hat für die DDR. Daran ist nicht zu rütteln. Wirtschaftlich geht es den Menschen jetzt besser. Ich sah das neue Berlin, das sie bauen. Nicht nur den Alexanderplatz, den man kennt. Ost-Berlin wird eine helle, moderne, zeitgenössische Stadt, viel Wohnungsbau.

Natürlich schmeckt das alles nach Ost, nach Warschauer Pakt; es ist alles etwas verzwickt, umständlich und für uns eben fremd. Ich aß im Hotel Unter den Linden ein Mittagessen; der Spargel war ausgekühlt, der Schinken eigentlich ein Stück Pökelfleisch, und die holländische Soße schmeckte eher nach Vanille. Immerhin, der Preis war derselbe wie in West-Berlin und die Bedienung von ähnlicher störrischer Uninteressiertheit. Es saß ein Rentnerpaar aus Halle an meinem Tisch, das etwas vergrämt war, seiner Staatsangehörigkeit wegen. Immer diese Ausländer, sagte sie, immer diese Fremden hier bei uns – aus der Sowjetunion, aus Polen, Rumänien. Wir DDR-Bürger kommen zuletzt dran. Wir werden immer zuletzt bedient. Wissen Sie, in Werder beim Kirschenpflücken, da gibt es immer gleich zwei Körbchen: Die guten Kirschen kommen ins West-Körbchen für den Export, die schlechteren sind für uns. Ich war wieder erstaunt, wie frei die reden.

Ich stand am Brandenburger Tor, auf der anderen Seite der Mauer. Das Komische ist: Der Kult mit diesem Ding wird jetzt drüben betrieben. Die DDR ist ja immer etwas zurück, hinterher, und das bedeutet, daß Mauerbesichtigungen jetzt hier Mode, sehr aktuell, sogar erwünscht sind. Ich sah Touristenbusse, Schulklassen, Fremdenführer. Die Besucher aus dem Ostblock werden in Delegationen davor geführt: Unsere Staatsgrenze West, heißt es, unser antifaschistischer Schutzwall gegen den Imperialismus, sieht das nicht sauber, sicher, beinah schmuck aus – Aktion schöne Grenze? Es blühte tatsächlich ein Meer von gelben Veilchen vor der Mauer drüben. Der Wind strich durch die Beete. Er bewegte die Veilchenköpfe zärtlich. Soviel schönes Gartenidyll. Unsereiner wird an Furchtbares erinnert, an den Kommandanten Höß zum Beispiel. Man möchte solche Vergleiche nicht. Sie stimmen auch nicht, aber diese kleinbürgerliche Naturlyrik, Balkonkunst, ein Blütenmeer vor Maschinengewehren – das ist schon sehr deutsch. Wenigstens darin sind wir verbunden.

Zwei Burschen standen neben mir. Es waren Arbeiter aus Karl-Marx-Stadt, Kinder der DDR, etwa zwanzigjährig. Und ich sagte, was ich eben mitbrachte aus dem Westen und ins Veilchenmeer blickend: Immerhin, man muß zugeben, es sieht ganz manierlich aus jetzt. Man muß einräumen: Es ist besser so – klare Grenzen. Die beiden sahen mich etwas erstaunt und ungläubig an. Na, Sie sind ja komisch, sagte der eine. Kommt da einer aus dem Westen und sagt uns: Besser so. Denkt ihr alle so drüben? Na ja, sagte ich, Sie sind noch zu jung, aber wenn Sie wüßten, was hier einmal los war am Brandenburger Tor – es war Bürgerkrieg, schrecklich. So konnte es doch nicht weitergehen. Die beiden starrten nach West-Berlin. Sie starrten abweisend. Ich sah eigentlich nur zwei junge Nasen, die immer wie verhext auf die Siegessäule blickten, die hier ganz nahe ist. Man spürte diese wahnsinnige Neugier der Jugend: Wie ist das denn hinter der Gartenmauer? Sie hätten gern erforscht und erprobt die Welt draußen. Glauben Sie nur nicht, daß bei uns alles besser ist, sagte ich. Ein Arbeiterstaat ist das nicht, bei uns. Wenn das so ist, sagte der eine zum anderen etwas grinsend, versteh' ich nur nicht, warum kein Arbeiter aus dem Westen in die DDR zieht. Hast du schon mal einen westdeutschen Arbeitslosen bei uns gesehen, Karl? Sie lachten böse. Ich kam also nicht an mit meinen Revisionsanträgen: Entspannung und Abgrenzung und Kooperation. Die Leute sind hier einfach zurück. Sie sind nicht fertig mit dieser Sache.

Ich fuhr zu den Freunden. Es wurde ein langer, schwieriger, mühsamer Nachmittag: Vergeblichkeit. Ich bin immer so hoffnungsfroh, naiv, einfach neugierig, auch zuversichtlich in Sozialismusfragen. Ich hatte der Frau rote Rosen mitgebracht. Die Rosen der Republik, sagte ich, schön, aber stachlig – paß auf! Das kam nicht an. Und ich versuchte wieder, ein Gespräch in Gang zu bringen, zu forschen, zu bohren, zu fragen. Recherchen: Wie geht's denn, und was gibt's denn hier Neues, und was macht ihr denn jetzt? Ich merkte, daß soviel Hoffnung verdroß. Fang doch nicht damit wieder an, sagten sie, jedes Jahr kommst du mit diesen Fragen. Hier ist es wie immer, immer das Alte. Hier ändert sich nichts, immer der gleiche Trott: Sozialismus, stur heil. Zieh doch mal her eine Weile, sagte die Frau später spöttisch, da wirst du's schon merken, wie das für unsereinen ist. Nein, sagte der Mann vermittelnd, es genügt, wenn er drei Tage in West-Berlin unser Fernsehen betrachtet. Da wird alles klar. Es ist genau wie im Fernsehen Adlershof: so.

Ich spürte die Verdrossenheit aller Eingeschlossenen und wie sich daraus eine Mischung aus Resignation, Zynismus und Abwehr gebildet hat, die man nicht mehr durchbricht. Es geht euch doch aber besser jetzt, beharrte ich, man hört und sieht es doch überall. Ja, sagten sie, wirtschaftlich ist es nicht mehr die Katastrophe von früher, aber normal geht es nicht. Weißt du, wir müssen oft lachen, wenn wir in eurem Fernsehen diese hitzigen Sozialismus-Debatten eurer Studenten sehen. Soviel

Heilserwartung. Nach dreißig Jahren Praxis hier, hier am Oranienburger Tor, damit möchten wir sagen: Der Sozialismus ist eine Methode, den Menschen das Leben schwerzumachen. Es geht, aber es geht schwerer, viel mühsamer. Es ist alles so unsagbar umständlich und mühsam hier. Die kleinsten Dinge kosten unsagbare Kräfte. Ist dir nicht aufgefallen, daß die Leute hier so angestrengt, abgeschlafft, erschöpft aussehen? Sozialismus macht müde.

Draußen am Weißensee trug ich dann meine Mauer-Theorie vor. Wir saßen in einem Gartencafé am Wasser. Wir sahen die Kinder mit Trampelbooten auf dem See fahren. In der Ferne hörte man eine Mannschaft Fußball spielen. Der Abend fiel über die Stadt, gelblich, rötlich, bläulich, dann ins Grau sich verfärbend. Ach, Berlin, meine Kitschgeschichte. Ich weiß nicht, sagte ich, mit dem Feuerzeug spielend, wir sehen das heute eigentlich anders als früher. Vielleicht war die Mauer doch unumgänglich, politisch gesehen. Und immerhin: Es ist jetzt Ruhe eingetreten hier in Berlin. Zwei deutsche Staaten leben in Frieden jetzt. Ich weiß, daß die beiden mich da etwas merkwürdig ansahen. Es war wieder diese Mischung aus Resignation und Zynismus, mit etwas Erbitterung, einem Anflug von Aggression gegen mich. Beide sagten zusammen wie aus einem Mund, also im Chor sozusagen: Ruhe? Ja, für euch, für euch im Westen. Das ist schon wahr – für euch herrscht jetzt Ruhe. Für uns geht es weiter.

Ich war niedergeschlagen. Ich war so enttäuscht, daß ich, später allein, nicht auf die Straße achtete. Ich verfuhr mich am S-Bahnhof Jannowitzbrücke. Ich verlor den Weg Richtung Grenze. Es war still und leer, acht Uhr abends. Kein Mensch auf den breiten Straßen. Doch, da vorne, da geht einer. Ich fuhr scharf ran an den Bürgersteig, bremste, kurbelte das Fenster herunter. Ein Mann Anfang Fünfzig: so ein richtiges Biertrinker-Budiken- und Handwerkergesicht wie überall in Berlin. Wo geht's denn hier zum Grenzübergang Heinrich-Heine-Straße, bitte? Der Mann lehnte sich in mein Autofenster. Er sagte gar nichts. Er schwieg. Er sah sich den Wagen nur an von innen. Ich glaube, er blieb so zwei oder drei Minuten stehen in dieser merkwürdigen Hockhaltung, mit dem Oberkörper ganz im Auto, mir also ganz nahe. Er sah sich sehr gründlich um und sagte dann sehr bedächtig: Sie haben's gut, mein Herr. Sie können rüber, nicht wahr? Wir nicht. Wir müssen bleiben. Er fuhr sich mit der Hand über den Mund, als hätte er eben Bier getrunken, wischte den Schaum sich ab, sagte dann: Na ja, also jetzt rechts um die Ecke, dann unter dem S-Bahn-Bogen durch. Dahinter ist gleich die Grenze. Und gute Fahrt – in den Westen.

Rückzüge

Ich fahre zurück, zurück in den Westen, lauter Rückzüge. Was bringst du mit? Was sind deine Erkenntnisse? Ich sage: Ich sah etwas Schreckliches. Man kann Völker teilen, man kann Städte zerschneiden; Mauern trennen sehr tief. Und wenn man es richtig bedenkt, begann alles mit diesem Ding. Ich wiederhole: Mit diesem Ding hat alles begonnen. Ohne die Mauer gäbe es diesen Staat nicht mehr. Die DDR würde nicht existieren. Die Teilung wäre niemals gelungen. Mit ihr ist sie nun ein sehr respektabler, ein fast normaler Staat geworden. Dieses Ding hat deutsche Geschichte gemacht und wird es weiter tun. Es gibt in diesem Jahrhundert nur zwei Daten der deutschen Nation, die wahrhaft historisch sind: den 30. Januar 1933, als Hitler das Reich eroberte, und den 13. August 1961, als Ulbricht diese Mauer zog. Alles andere ist Folge, also Drumrum. Das Schwert ist gelegt. Es dringt immer tiefer. Es gibt zwei deutsche Staaten und zweimal Berlin. Die Menschen darin sind sich fremd geworden. Ich fahr' nicht mehr rüber. Es hat keinen Sinn mehr: das Päckchen nach drüben. Daß man das machen konnte: mit Druck und Mauern und sehr viel Zeit schließlich doch so etwas wie ein eigenes Gefühl des Andersseins zu erzeugen. Ich würde es nicht gerade ein stolzes Staatsgefühl drüben nennen, aber doch dieses: Wir sind nicht mehr die da drüben, die im Westen. Wir sind anders, andere Deutsche, aus einer anderen, schweren Geschichte kommend, zusammengeklammert in einer anderen Zeit, in anderer Not. Wir sind eben DDR-Menschen. Also deutsche Selbstentfremdung: ein langer Prozeß, eine böse Erkenntnis. Die Teilung der Deutschen ist vollzogen und wird weitergehen.

Später einmal, sehr viel später, vielleicht in hundert Jahren, wird man auf die zweite Hälfte des 20. Jahrhunderts rückblickend sagen: Damals entwickelten sich zwei deutsche Staaten zu ganz verschiedenen Gebilden – im Schatten ihrer Siegermächte. Das Verfahren ist anhängig, der Prozeß noch im Gange. Ich kann da nicht eingreifen. Die deutsche Einheit wurde verspielt –

nach Hitler. Wir sind jetzt in zwei Öfen geschoben; wir werden gebacken wie Brotteig. Zwei ganz verschiedene Sorten, zweimal Deutschland: Ost, West. Es bäckt uns die Zeit, die Geschichte. Backe, backe Kuchen, der Bäcker hat gerufen.

Die Grenze

Notizen aus deutscher Mitte

An der Saale

Merkwürdig war dieser erste Tag. Den ganzen Tag unterwegs von Frankfurt nach Nürnberg, von Nürnberg nach Bayreuth, von Bayreuth nach Hof, dann Richtung Berlin. Immer dieses Fahren, Fließen, Rauschen der Autobahnströme, Natur, die hüglig und grün ist, sehr still, beinah verträumt, Franken, mitten in Deutschland. Dann Rudolphstein, direkt an der Grenze. Näher geht es nicht. Schön ist das hier, sagt man aussteigend, wie still das hier ist, richtig erholsam. Hörst du das Schweigen? Reine, kräftige, würzige Luft mit Dorfgeschmack, also Stallgeruch. Man atmet tief ein, tief aus. Man quartiert sich ein und sagt dann, auf dem Balkon des Hotelzimmers stehend: Weißt du, so etwas hier nannten wir früher Sommerfrische. Wir kamen dann aus Berlin.

Die Grenze hat Rudolphstein gewisse Aufschwünge gebracht. Ein paar neue Hotels, blitzblank und schnell hingestellt, weiße Pappschachteln mit Neonlicht. Man geht in den Ort. Die Straße fällt, sie senkt und windet sich immer tiefer: Fachwerkhäuser, Bauernhäuser, neue Siedlungshäuser, dann ein Schloß, das auch Zimmer vermietet an Fremde. Das Wort »Zimmer« steht in weißen Lettern riesengroß wie eine drohende Einladung auf dem massigen Turm geschrieben. Ob da Raubritter locken? Dann fällt die Straße weiter. Sie windet und dreht sich, ist reine Verführung zur Tiefe. Büsche, Bäume, Waldgestrüpp, dann noch eine Kneipe, noch einmal Coca-Cola und bayerisches Bierangebot, letzter Tresen der freien Welt, dann die Warntafel, eine Schlucht, tief dunkelgrünes Blätterrauschen. Dann kommt plötzlich das, was einen so betroffen und stumm macht: ein Wasser, ein Flüßchen, das unten tief in der Schlucht vor sich hin gluckert, über Steine stolpert, ein dunkler, versackter Bach, wie er eigentlich nur noch in Märchen und alten Volksliedern rauscht – so tief, so rein, an der Saale hellem Strande. Das ist die Grenze? Und das da drüben, hinter dem Bach? Wie gesagt: Das ist schon der Rede wert, aber man merkt es wirklich erst, wenn man direkt mit der Nase davorsteht. Es geht nicht mehr weiter.

Man muß sich die Szene idyllisch vorstellen. Eine Art Freilichtbühne der deutschen Teilung, erster Akt, erster Aufzug, für mich. Seit fünfundzwanzig Jahren gibt es das, und man meinte, es längst zu kennen als Berliner: uralte Mauergeschichten, Steinzeitgeschichten rund um Berlin. Aber das hier ist anders. Ich spüre es im ersten Hinsehen: Das hast du noch nie gesehen. Wie? Sie haben die Landschaft zerschneiden, aber nicht wirklich zerstören können. Ist es das? Es ist alles noch da: das Tal, die Flußsenke, die Wälder und Wiesen, der Himmel darüber. Grauer Abendnebel senkt sich nieder. Da war einmal eine Brücke, die rüberführte ins Dorf gegenüber. Es liegt dreißig Meter entfernt und sieht von hier aus wie alle Dörfer aus: Giebelhäuser, Bauernhäuser, Lehmhütten. Sparnberg ist noch auf dem Schild zu lesen. Die Brücke ist zerstört. Es ist nur noch ein grauer Stumpf auf unserer Seite. Unkraut wächst aus den Fugen, blüht in rosa und gelben Dolden. Eine Birke hat sich schlank und weiß darauf angesiedelt, neigt sich stumm dem Osten entgegen. Gras und Moos überziehen die Steinbrocken. Eigentlich ist alles schon wieder zusammengewachsen – die Zeit heilt ja Wunden –, wenn da nicht dieser eine scharfe Rasiermesserschnitt wäre: nur ein Stahlblechzaun, der nicht schrecklich wirkt. Man sieht hinter dem Zaun Leben.

Ein Auto kommt dort die Straße herunter, so ein grauer, lustloser Lastwagen des Sozialismus. Er hält vor dem gelben Haus. Zwei Menschen klettern heraus, ein junger Mann, eine junge Frau, sie packen Schachteln, Körbe, Koffer aus. Der Fahrer steigt wieder ein, setzt zurück. Die beiden gehen langsam und unschlüssig auf das Haus zu, sie öffnen die Haustür und tragen später ihre Gepäckstücke herein. Es sieht aus, als wenn sie hier einzögen, als wenn sie als Neubürger eben hier eingewiesen worden wären, direkt an der Grenze. Ist das Verbannung? Ist das eine Auszeichnung, in der verbotenen Sperrzone zu wohnen? Absurde Geschichten. Ich stelle mir vor, wie sie dort leben werden, direkt vor dem Zaun, lebend und halbwegslebend, sehend und wegsehend. Muß das nicht des Nachts seltsame Träume erzeugen? Träume des Fliegens, der stolzen Selbsterhebung. Ein dunkler Flügelschlag nur: Sie schwingen herüber mit sanftem Gleiten. Sie haben plötzlich die köstliche Freiheit der Vögel im Sozialismus; die dürfen ja auch noch ohne Visum. Oder? Ich sehe zum Himmel auf; Spatzen und Tauben ziehen im Abendlicht ihre Bahnen, kurven im Äther, als wenn gar nichts wäre – himmlische Boten im deutschen Hain. Ach, all die Volkslieder hier, und wie sie passen: An der Saale hellem Strande und Wenn ich ein Vöglein wär' und Die breite, strom-durchglänzte Au – ich wollt', mir wüchsen Flügel. Ja, ja: Ich will zu guter Sommerzeit ins Land der Franken fahren.

Wir gingen zurück ins Dorf. Wir saßen im Gasthaus. Wir aßen zu Abend. Man soll sich die Grenzdörfer nicht verarmt, verrottet und hinter dem Mond vorstellen. Es hat sich ja inzwischen in Deutschland das Gerücht durchgesetzt: Je mehr du ins Zonenrandgebiet kommst, um so trostloser wird es. Ich kann dieses Gerücht nicht bestätigen. Es gibt enorme Probleme: Abwanderung, Landflucht, Leerräume; es gehört Mut und sehr viel Treue dazu, hier durchzuhalten, aber umsonst war das nicht, wie mir scheint. Die Dörfer sehen sauber und freundlich aus. Es wird immer noch gebaut; noch zweihundert Meter vor der Grenze setzt Wüstenrot seine Bungalows einladend hin. Die Straßen versacken und zerbröckeln zur Grenze hin nicht. Sie sind in gutem Zustand, und wo sie sich im Stacheldraht verlieren, hat man oft schmale neue Umgehungsstraßen gebaut: Grenzpromenaden. Man schaltet herunter, man fährt im Schritt, sieht zum Fenster heraus: Ah ja, da ist ja wieder die Grenze. Erstaunlich, wie sich das neu einrangiert hat.

Der Gasthof; er roch nicht altfränkisch, also nach schöner, besonnter Vergangenheit und bayerischem Bier. Neudeutscher Hotelstil war in das alte Fachwerkhaus eingezogen: alles in Teakholz und poppigen Plastikbezügen, freundlich und modern, was man im Augenblick unter westdeutscher Gastronomie versteht. Pensionsgäste, ein paar Autotouristen, ein paar einheimische Burschen vor Bierkrügen: fränkische Rundschädel mit Pagenfrisur – von den Augenbrauen bis zu den Nasenflügeln erinnern sie immer an Dürergesichter.

Der Fernseher war auf den DDR-Kanal geschaltet. Er zeigte ein Fußballspiel aus Magdeburg. Aus der Musikbox hörte man Peter Alexander schluchzen. Den älteren Ehepaaren, die hier Ferien machen, schien das zu gefallen. Die Männer starrten zum Fernseher, die Frauen schienen am Mund Peter Alexanders zu hängen. Sie schwelgten und schmachteten sehnsüchtig mit: O sole mio. So etwas ist nicht totzukriegen. Wir saßen an unserem

Tisch, sahen zum Fenster hinaus. Dämmerung lag jetzt über dem Land, fahles Abendlicht. Man sah die Saale und wie sie sich hier durch die Wiesen windet, wie eine Schlange. Sie zieht sich in lauter Bögen und Kurven durchs Land, so daß Rudolphstein eine launische, spielerische Grenze hat. Die DDR hat ihre Staatsgrenze West, auch antifaschistischer Schutzwall genannt, diesen Launen der Natur sehr preußisch-korrekt unterworfen. Sie läuft eisern mit. Welch eine Zaunverschwendung für Planwirtschaft.

Die Kellnerin brachte das Essen. Es gibt immer Sauerbraten, Schweinebraten, Rippchen oder Preßsack in diesen Grenzdörfern. Schmackhaft und deutlich billiger. Es gibt diesen hellen, trockenen, sandigen Frankenwein dazu, den ich zu schätzen gelernt habe in meinen späten Tagen. Er läuft leicht durch die Kehle und beschwingt mit Vernunft: nur karge Verzauberung im Blut und ein klarer Kopf dann am nächsten Morgen. Wann beginnt der Feuerzauber? fragte ich das Mädchen. Ich meine, wann wird hier die Grenze beleuchtet von drüben? Schön muß das aussehen des Nachts: die Saale im Flutlicht des Sozialismus. Der Rhein in Flammen. Ich kenne das auch aus Berlin. Ach, nichts, sagte sie. Hier bleibt alles dunkel. Hier ist überhaupt nichts los bei uns.

Die Narben der deutschen Teilung

Sicher, man kann fragen: Warum? Warum machst du so etwas überhaupt – Grenzlandfahrt? Wo soll das hin? Das sind doch uralte, versackte Geschichten, Elegien der fünfziger Jahre, abgeschlafft: mitten in Deutschland und Deutschland dreigeteilt, niemals, Thilo Koch und der Stacheldraht, in Einheit und Freiheit. Deutsche Teilung – niemals. Wir werden niemals auseinandergeh'n. Eisen, Stein und Marmor bricht, aber unsere Liebe nicht. Auch so ein Hit, bald nach dem Mauerbau. Jetzt ist das alles vorbei und verbraucht und vergessen. Wer will diese Beschwörungen und Spruchbänder von damals noch hören? Wenn man bedenkt, was wir alles geschluckt und vergessen haben: den Aufstand der Bauarbeiter in Berlin, Budapest, die Tage des Mauerbaues, den Einmarsch der Russen in Prag. Selbst Solschenizyns barbarische Ausweisung aus seiner Heimat ist schon wieder vergessen. Soviel Empörung, soviel Schaum – und wie der dann abtrocknet und schal wird, richtig sauer. Das Oh und Ah, das Au und Weh der deutschen Teilung ist längst durchgestöhnt. Die Operation ist zu Ende, die Tragödie ist aus. Der Held ist gefallen im letzten Akt. Gestürzt ist der deutsche Riese. Siegfried ist tot. Es gibt zwei deutsche Staaten. Es gibt jetzt einen Grundvertrag zwischen ihnen, Geschäftsbeziehungen: Nebeneinander, geregelte Verhältnisse. Also, was soll das Ganze?

Eben, möchte ich erwidern, das genau ist es, was mich interessiert. Das treibt mich um. Wie sieht es aus nach der Tragödie? Wie sind denn die Wunden vernarbt? Gehabte Schmerzen, die hat man gern. Was heißt das für die Menschen hier: Entspannung und Aussöhnung, geregeltes Nebeneinander und friedliche Koexistenz? Ich kann mir unter so großen Worten schwer etwas vorstellen. Ich muß das sehen, konkret. Ich fahre also durch das Land, immer an der Wand lang, immer scharf an der Grenze, die Berge rauf und runter: Täler, Hügel, Städte, Dörfer, Badeorte, Frankens schöne Auen. Manchmal komme ich mir auch etwas wunderlich vor: ein Müllsammler und Lumpenhändler in deutscher Vergangenheit. Stacheldraht liegt da noch rum und Coca-Cola-Büchsen. Ich will mit dem Kopf durch die Wand. Ich stehe an Tankstellen, an Straßenkreuzungen, vor Wirtshäusern und Kirchen und frage: Ach, bitte, wo geht's denn hier hin zur Grenze? Die Leute sehen einen dann etwas mißtrauisch an, so, als wollten sie sagen: Was ist das für ein komischer Kerl? Der spinnt wohl. Da ist doch alles dicht und zu – an der Grenze. Eben, eben, sage ich, genau das will ich ja sehen: die Narben der deutschen Teilung. Wie zu ist das denn?

O tiefer, deutscher Traum, Verwirrtraum und Bilderbuch der Geschichte, Heimatidyll, durch das wir mußten, zunächst: Waldeinsamkeit und zarte Wiesen, Dörfer mit Zwiebelturmkirchen und goldenen Barockaltären, braune Fachwerkhäuser mit Wirtsstuben, in denen das Holz noch knarrt von der Last der Vergangenheit: süße Verrottung. Wo sind wir gewesen? Was haben wir gesehen, nebenbei? Bauernhäuser mit prächtigen Toreinfahrten, kleinen, stolzen Barockfassaden, Bürgerhäuser mit hellblauen Muttergottesfiguren, den Strom der Lastwagen segnend. Und dann all die Klöster, die Burgen, die Schlösser hier, Frankens noble Reste. Die Schlösser liegen wie erschöpfte, zusammengebrochene Elefanten, massig und kolossal, einfach am Boden, dämmern im Grünen, blinzeln aus blinden Fenstern und können nicht sterben, röcheln so vor sich hin, zu Lasten der bayerischen Staatskasse.

Ich will sagen: Schön ist das hier, arm und reich, berühmt und zugleich vergessen. Ja, ja, Provinz, natürlich Provinz. Hier werden die Schlachten der Zeit nicht geschlagen. Hier ist alles Erinnerung, abgesunkene Zeit, grüner Traum von der Erde, Kindertraum ganz vom Anfang. All dieses Kindergrün, wo wir waren; all diese grünen Ortsnamen: Froschgrün, Tiefengrün, Unter-Tiefengrün, Christusgrün, Sigmundsgrün, Gottsmannsgrün – lauter grüne Nester, grüner geht es nicht. Und irgendwo dort zieht sich dann diese Grenzlinie durch, ein bleicher Todesstreifen, in sattes Grün gefaßt.

Merkwürdig: Jetzt in der Erinnerung geht alles durcheinander. Es wird sich immer ähnlicher. Man möchte sagen: Ach, im Grunde war es doch immer dasselbe. Wenn man eine Grenzstelle gesehen hat, kennt man alle. Aber das ist nicht wahr; es scheint nur so im Verwirrspiel der Zeit. Die Wahrheit ist, daß diese Grenze immer und überall anders ist. Sie sieht an jeder Stelle neuartig und etwas verändert aus. Sie mußten einen zähen und erbitterten Kampf mit der Landschaft führen. Natur ist launisch und eigenwillig, fast wie eine Pariser Kokotte. Die will mal so, mal so. Die läßt sich nicht plan machen, von Planstrategen. Sie war auch vom Sozialismus nicht kleinzukriegen. Die Grenzbauer hatten abenteuerlichen Wegen zu folgen. Das ist auch eine Leistung: auf tausenddreihundertfünfzig Kilometer Länge etwas auseinanderzuhacken, was seit vielen Jahrhunderten zusammengewachsen war. Meister der Abgrenzung, könnte man sagen.

Sie haben sich da nicht lumpen lassen: Das gesamte Grenzgebiet, das sie von der Ostsee bis zur ČSSR mit ihrem Todesstreifen lahmgelegt haben, entspricht in der Größe immerhin dem Territorium von Luxemburg. Sie sind streng bei der Sache geblieben, und das bedeutet, daß die Grenze, obwohl eigentlich eintönig, doch immer und überall anders aussieht. Sie zieht sich quer durch Seen, Wiesen und Wälder, sie läuft mitten durch Dörfer, Kleinstädte, manchmal durch Bauerngehöfte, sie klettert steile Berge hoch, sie zieht sich in sanften Schwüngen an Hügeln entlang, läuft eine Weile mit Straßen und Schienen mit und legt sich dann plötzlich quer; an hohen Felsen macht sie abenteuerliche Verrenkungen und richtige Bockssprünge, sie fliegt über Schluchten hinweg, sinkt in schwarzen Wald zurück, hackt einen Ort auseinander und läuft dann wieder eine Weile mit einem Flußbett.

Manchmal ist die Grenze eine Betonmauer. In den Ortschaften sieht sie streng und kahl aus wie die Berliner Mauer. Weiter draußen ist sie meist nur ein hoher Stahlblechzaun, Aktion moderne Grenze, aber oft ist es auch noch immer der alte, verrostete Stacheldraht, der aus den fünfziger Jahren stammt. Windschiefe Zementpfähle sind da drei- oder viermal mit Stacheldraht umwunden. Das sieht harmlos, immer noch provisorisch aus, etwa in Ebersdorf bei Neustadt beim Gasthaus Bergmühle, Landkreis Coburg, wo wir wieder Sauerbraten mit Knödeln aßen, Frankenwein tranken, manchmal zum Fenster hinaussahen. Feriengäste im Restaurant. Urlaubsstille. Es sah friedlich aus. Drüben bestellten Landarbeiter die Felder. Was hinter dem Stacheldraht ist: all die Gräben und Erdbunker, die Stolperdrähte und Minen, die Abhöranlagen und Wachtposten – nichts war zu sehen. Ich sage das nur, damit niemand glaubt, es gäbe da undichte Stellen. Es sieht manchmal so aus, aber ist nicht so. Sagen wir es ruhig im Klartext: Das ist die gewaltigste Tötungsanlage, die ich je sah, nach Auschwitz. Wenn deutsch sein heißt, eine Sache um ihrer selbst willen zu tun, so ist das eine sehr deutsche Grenze geworden. Friedliche Koexistenz auf Tretminen.

Mein Fernsehfilm

Plötzlich dieser Einfall unterwegs, der mich für einen Augenblick mutlos machte. Weißt du, sagte ich, das ist eigentlich falsch, was wir machen: so von Grenzbaum zu Grenzbaum, fast wie ein Hund, suchen, finden, sehen, denken, dann wieder weiterfahren. Später soll ich etwas darüber schreiben; ich weiß gar nicht, wie. Das Ganze ist doch ein Filmstoff, unerhört optisch. Das muß man gesehen haben. Das springt ins Auge und spricht für sich. Darüber sollte man nicht reden. Ich könnte mir einen Fernsehfilm vorstellen, ganz ohne Text, lauter Schnappschüsse, nur Bilder, nichts als Bilder, ein stummes Bilderbuch deutscher Selbstverstümmelung, grausam wie Märchenbücher. Nur Bilder sind wahr.

Ich kann das natürlich nicht machen, jetzt. Vielleicht später einmal. Aber ich kann mir vorstellen, wie ich das täte, was ich dem Kamerateam sagen würde, Ratschläge für unterwegs nach erstem Recherchengang. Motivsuche heißt das in der Sprache der Filmleute. Ich habe viele Motive. Ihr solltet zuerst nach

Töpen fahren, würde ich also zu ihnen sagen. Es liegt an der Bundesstraße 2 und war vor dem Wiederaufbau der Saalebrücke bei Hof der einzige Straßenübergang von Bayern nach Thüringen und Sachsen. Es war einmal eine wichtige Schaltstelle: von Töpen nach Juchhöh, DDR. Hier war was los: deutsche Binnenwanderung, Grenzgängergeschichten, Wegelagerer, Frühlingsgeschichten. Jetzt ist das alles zu, tot und vergessen. Es ist verlassen, leer, abmontiert. All die blinkenden Herrlichkeiten unserer Erdölgesellschaften – kein Zapfhahn, kein Tankwart, kein Hund ist hier mehr. Der Wind wird wehen am Ende der Welt. Wenn die Autofahrer von Töpen tanken wollen, müssen sie heute nach Hof fahren. Also nehmt diese Straßensequenz in einer ruhigen, sehr langsamen Fahrt auf. Ein schöner Anfang: tote Tankstellen, verrottete Schnellrestaurants, ausgeplünderte Kioske, Omnibuswracks, lauter Autohalden, die an Amerika erinnern, verlassene Goldgräberorte, obwohl Töpen, der Ort, sehr proper aussieht.

Fahrt in das Nachbardorf. Es heißt Mödlareuth. Hier geht die Mauer mitten durch den Ort, siebenhundert Meter lang, und vierzehn Gehöfte liegen schon drüben. Man spricht oft von dem geteilten Berlin. Es gibt auch geteilte Dörfer in Deutschland. Ihr solltet euch das Motiv nicht entgehen lassen. Von der Höhe gleich hinter dem Dorf könnt ihr das Leben drüben mühelos filmen. Das Merkwürdige ist ja, daß drüben trotz aller Sperrzonen und aller wütenden Militarisierung immer auch noch gelebt, und das heißt im Sozialismus natürlich: gearbeitet wird, ganz zivil. Man hört es dampfen, zischen, hämmern, rauschen. Ja, jetzt fallen mir Motive ein, massenhaft, wunderschön. Ihr müßt unbedingt nach Bad Steben fahren, von dort nach Lichtenberg. Von Lichtenberg führt eine neu gebaute Straße an der Saale, also direkt an der Grenze entlang, von Blechschmiedenhammer nach Kemlas und Issigau. Komische Namen sind das – zum Lachen. Das gibt eine noch längere Straßensequenz, ungefähr vier Kilometer, und da die Straße auf unserer Seite etwas höher liegt, habt ihr keine Mühe mit den beiden Dörfern drüben. Sie heißen Blankenstein und Blankenberg.

Nehmt Farbfilme, nicht Schwarzweiß, denn gleich hinter Blankenstein gibt es ein Kuriosum. Das war der Punkt, wo ich zum erstenmal dachte: Unbeschreiblich, bloß keine Worte verlieren. Das muß man gesehen haben. Es gibt da in der Mauer eine Tür. Die Tür ist knallrot, führt zum Westen in ein Wochenendhaus, das am grünen Saalestrand liegt und natürlich noch einmal extra eingezäunt ist, aber nicht unüberwindlich. Diese schwere, rote Eisentür hat uns merkwürdig belustigt. Das wäre vielleicht ein Gag für euch. Man entwickelt hier Galgenhumor. Der Gedanke, daß man hier für ein Wochenende vielleicht heraustreten kann aus dem Warschauer Pakt, nur so zu privater Erholung, ist verwirrend. Danach müßt ihr dann die Fabriken von Blankenberg filmen. Ihre Westmauern bilden die Grenze. Die Fabriken sind nicht geräumt. Sie arbeiten auf Volldampf. Ein weißes Schaumzeug zischt aus Oströhren direkt in den Westen, verschmutzt hier in weißen Wattewolken die Saale. Es sage nur niemand, Umweltverschmutzung sei eine Folge der kapitalistischen Profitgier. Die sind doch nicht besser. Nehmt auch die großen Spruchbänder mit – ein sehr überzeugendes Motiv für unsere Neomarxisten; auf dem einen steht »Frieden«, auf dem anderen »Alles für das Volk«. Kinder und Hunde liefen am Zaun spazieren, zwei Soldaten der Nationalen Volksarmee danebnen: die Klassengrenze.

Ich rate euch jetzt zu Kuriosa. Das alles ist todtraurig, also ganz nahe beim Lachen. Ich müßt zum Beispiel nach Ludwigsstadt fahren im Landkreis Kronach. Da springt der Westen tief in die DDR hinein und reicht bis kurz vor Probstzella. Die B 85 bei Falkenstein ist gesperrt; es geht nicht mehr weiter, aber die Bundesbahn kann, die Eisenbahnlinie nach Probstzella ist offen. Das gibt ein sehr dankbares Motiv für euch. Ihr müßt eure Kamera direkt an der Bahnschiene vor dem DDR-Zaun aufbauen. Der Zaun ist für die Züge, die hier durchfahren, tatsächlich für fünf oder sechs Meter unterbrochen. Kein Soldat steht daneben. Man kann die Gleise entlang von Deutschland nach Deutschland laufen. Auf der DDR-Seite beginnt allerdings gleich ein Tunnel, der es wohl in sich haben wird: schwarze Vermutung. Ihr müßt Geduld haben, bis ein Zug kommt. Dreioder viermal am Tag kommt ein Zug, manchmal nur mit Güterwagen, aber immerhin. Wie der ganz unberührt, beinah hoheitsvoll über diese heißeste Grenze der Welt rollt, als wenn gar nichts wäre: Das macht was her. Unsere gute alte Eisenbahn – nicht totzukriegen.

Danach müßt ihr in dem Gasthaus hier am letzten Bahnhof der Bundesrepublik filmen. Im Restaurant sitzen oft Busgesellschaften, die wieder etwas Heiteres hergeben für euren Film. Es sind meist ältere Frauen. Kaffeefahrten zur Zonengrenze; das ernährt auch seine Unternehmer. Die Frauen sehen grundsolide, etwas abgeschafft und irgendwie katholisch aus. Ich meine, so mit Bluse, mit Brosche, mit Dutt und etwas Kropf. Sie löffeln ungeheure Buttercremeberge. Sie vertilgen schweigend und sehr nachdenklich herrliche Sahnekunstwerke und trinken dazu Kaffee, kennerhaft. Ein Führer ist immer dabei, der etwas bedrückt wirkt und sorgenvoll zum Aufbruch mahnt. Aber die Damen schert das nicht viel. So sehr sind sie an der deutschen Teilung nun auch wieder nicht interessiert. Ob ihr das hinkriegen werdet? Ich rate zu lauter Schnappschüssen, also Standfotos, rasch hintereinander und Großaufnahmen: wie etwa ein Stück Torte zu Munde geführt wird in lauter starren Verzögerungen. Ja?

Danach solltet ihr Tettau machen. Jedermann im Grenzland kennt das. Aber wer kennt das in Deutschland? Es ist zu vermuten, daß dieses Motiv im Zuge der kommenden Grenzbereinigungen verschwinden wird. Ihr solltet es festhalten. Der Kleintettauer Zipfel könnte ein Höhepunkt unseres Films werden. In eurer Sprache heißt das: Knüller. Ich sagte auf meine Art: Ionesco. Das ist absurdes Theater auf deutsch. In dem hohen, einsamen Grenzdörfchen Kleintettau liegen nämlich drei Häuser am äußersten Dorfrand, die schon zur Nachbargemeinde Lichtenhain gehören, die ihrerseits ganz zur DDR gehört. Wieder diese verrückte Grenzziehung, die den Wunderlichkeiten deutscher Provinzgeschichte getreulich folgt: zum Lachen, zum Weinen. Die drei Häuser sind geräumt, verfallen, verrottet. Die DDR hat sie offenbar abgeschrieben, aber observiert sie doch manchmal mit Hubschraubern. Immerhin kann man in diesem spitzen Winkel ganz straflos und ohne Visum den volkseigenen Boden der Arbeiterklasse betreten, auch russisch küssen, wenn man will.

Die Grenzlinie der Bundesrepublik, weißgelb, ist schlicht auf die Steine gepinselt, die hier im Boden liegen. Einen Meter entfernt steht der DDR-Grenzpfahl, schwarzrotgolden, mit einer grauen Staatsplakette versehen. Auf der DDR-Seite vergammelt jetzt alles, auf der Westseite, also nur zwei Meter entfernt, ist ein wütender Aufbauwille am Werk. Da baut nämlich ein Kleintettauer sein Haus wieder auf. Mein Notizbuch vermerkt nur die Wörter: Drei irre Arbeiter, Steine schleppend, schweigend. Ich bin natürlich nicht sicher, ob ihr die Szene noch antreffen werdet. Es gelang uns nicht, die Arbeiter in ein gesamtdeutsches Gespräch zu verwickeln. Sie schwiegen und schleppten nur. Man spürte diese bürgerliche Besitzwut, die immer nur an sich selber denkt, ganz sicher ein Ausfluß der kapitalistischen Wolfsgesellschaft, wie sie drüben sagen. Der Wolf baute sich ein sehr schönes Eigenheim. Ich war etwas fassungslos, sah dem Aufbau stumm zu, sagte nur manchmal: Mensch, passen Sie doch auf, lieber Mann, Sie stehen ja schon wieder in der DDR mit Ihrem linken Fuß. Ihr Zementbottich da drüben ist auch eine Grenzverletzung.

Danach müßt ihr in die Rhön fahren. Ich rate zu Mellrichstadt, dann weiter hinauf zum Tanner Zipfel. Dort, wo die B 278 auf die Grenze stößt, ist man gleich auf drei Seiten von DDR-Gebiet umgeben. Ein himmlischer Friede herrscht hier – nichts geht mehr. Rechts neben dem Grenzpfahl empfehle ich euch die Mülltonne in Großaufnahme. Da muß ein einsames, trunkenes Fest des Dionysos stattgefunden haben. In der Mülltonne liegen noch leere Weinflaschen; »Himmlisches Moseltröpfchen«, ist zu lesen. Die Mülltonne hat ein paar wütende Pistoleneinschüsse. Daneben eine wacklige Bank. Auf der Lehne die Aufschrift: »Eigentum der Grenzpolizei – Beschädigungen werden strafrechtlich verfolgt!« Mein Notizbuch vermerkt noch die Stichworte: Hochrhönstraße, Hilders, Wegspinne Schwarzes Moor. Ihr werdet ja sehen. Ich sage nichts. Nur ein Hinweis für den Schlußtake, vielleicht.

Ich würde als letzte Szene zur Thüringer Warte raten. Während der Abspann schon durchläuft, fahrt ihr immer höher. Ihr kurvt auf einer schmalen Straße durch schwarze Waldeinsamkeit in vielen Serpentinen höher und höher. Es wird immer dunkler und verlassener, und oben öffnet sich plötzlich die Szene. Sie haben den Thüringer Wald hier auf einer Breite von vierhundert Metern abgeholzt, wegrasiert, saubergeputzt und ihre Abgrenzungsmaschinerie in vorbildlicher Frische aufgebaut: ein Muster moderner Mauer. Eine weiße Schneise läuft beinah anmutig kilometerlang halbschräg den Berg hoch: Stahlzäune, Laufgräben, Zementbahnen, sauber geharkte Sandstreifen. Wir standen lange davor, staunend, fassungslos. Ich werde das Staunen in solchen Sachen niemals verlernen. Und ich erinnere mich, daß ich dann sagte: Vielleicht wird man das später einmal sehen, wie wir heute die römischen Kastelle und Militärbefestigungen am Rhein sehen. Grenzwall eines neuen Imperiums. Das ist doch eigentlich – der russische Limes. Wär' das nicht ein Titel für unseren Film?

Brief aus Coburg

Diese Zeilen, meine Liebe, schreibe ich Dir aus einer komischen Ecke; erschrick bitte nicht. Ich sitze hier im Krankenhaus, Station 23, Lungenabteilung, direkt neben der Intensivstation. Ich sitze in einer Flurecke mit Zimmerpalmen, Nierentischchen, herausgerückten Blumenvasen und einem Kruzifix drüber. Irgendwo liegen auch Mullbinden herum. Das Linoleum riecht nach Terpentin, die Luft scharf nach Chloroform mit etwas Bratkartoffelgeschmack. Es ist nämlich 16.30 Uhr. Es wird das Abendbrot ausgeteilt. Schwestern schreiten mit ernsten Mienen von Tür zu Tür, letzte Ölung, also letzte Spritzen spendend. Dicke Mädchen balancieren plattfüßig große Tabletts vor sich her. Ein junger Mann trägt Urinflaschen. Ist das ein Kriegsdienstverweigerer? Ach, diese öde Tristesse eines Samstagnachmittags im städtischen Krankenhaus – zum Sterben. Das hat gar nichts von Zauberberg, obwohl hier lauter Lungenfälle liegen. Es ist das, was man heute die öffentliche Hand nennt, eine mürrische, eine mörderische Hand. Hier muß man krank werden. Ich fühle mich so. Ich warte auf den Arzt, und solange der nicht kommt, nicht wahr, kann ich Dir doch diese Zeilen schreiben.

Ja, wir sind auf unserer Reise jetzt in Coburg gelandet. Seit drei Tagen sind wir in dieser alten Residenzstadt, und obwohl es inzwischen schon Anfang Mai ist, meine ich immer: Ein deutsches Wintermärchen. Es wirkt alles traut und verspielt, so knusprig und irgendwie verschneit hier, daß man immer denkt: Morgen kommt der Weihnachtsmann. Morgen, da ist Heiligabend. Was es in unserem Restdeutschland, BRD genannt, doch noch an verborgenen Kostbarkeiten gibt, Perlen der Vergangenheit, Provinznester mit goldenen Eiern darin, wirklich: eine schöne Bescherung. Natürlich hätte ich Coburg nie kennengelernt ohne diese Grenzreise. Ich hätte viel versäumt, denn, glaube mir: Etwas Deutscheres ist in Deutschland nicht denkbar. Coburg ist really made in Germany. Ich weiß, wie sehr diese Orte hier im Zonenrandgebiet wirtschaftlich Not leiden. Es sind zugleich Dreisternpunkte des Tourismus. Warum verkaufen sie ihre Schönheit nicht besser? Man müßte einen Werbefeldzug starten, im Ausland vor allem. Deutschland? Da wird in den Tourismusbüros in New York immer das Hofbräuhaus in München, die Drosselgasse in Rüdesheim, vielleicht noch das Brandenburger Tor in Berlin gezeigt, schön und gut. Aber all das zusammen ist kaum halb so deutsch wie diese Städtchen hier in Franken und nach Sachsen und Thüringen rüber. Königreich Preußen ist manchmal noch auf sehr alten Grenzsteinen hier zu lesen, jetzt DDR: deutsche Erbfolge, wilhelminischer Sozialismus.

Coburg ist reines Theater. Es spielt dauernd ein Stück. Es tanzt ein Ballett, das Glanz und Elend deutscher Geschichte heißt: Kleinstaaterei und Weltläufigkeit, Einheit und Zerstrittenheit seiner Stämme, ein Land, das politisch immer eng und verwinkelt, so skurril und phantastisch zurück war, daß es einen Jean Paul hervorbringen mußte, und kulturell so offen und kosmopolitisch wie Goethe. Luther war hier und der deutsche Turnverein, später die Nazis, natürlich. Ich kann es mir vorstellen, wie das hier war 33. Du kennst die Geschichte des Coburger Herrscherhauses? Eine winzige Dynastie, ein Zwergstaat: die von Sachsen-Coburg-Gotha. Mit ihren Prinzen und Prinzessinnen haben sie einmal Europa versorgt. Es sollen besonders schmucke Kinder gewesen sein, beste deutsche Rasse, die sich in Paris und London, in Rußland, England, Belgien, Portugal, Schweden, Bulgarien, Griechenland und wo sonst noch gut verscherbeln ließen am Hof. Die Coburger haben in ihrer Heiratspolitik sogar den Habsburgern den Rang abgelaufen. Du, glückliches Coburg, heirate! In der Geschichte der Herrscherhäuser bin ich allerdings nicht sehr beschlagen. Im Grunde läßt sie mich kalt. Aber man muß sich schon fragen, warum *Heim und Welt*, die *Bunte*, das *Grüne Blatt* und wie sonst die Organe unserer Regenbogenpresse heißen, in Coburg nicht ihre Zentralredaktionen angesiedelt haben. Das ist hier der Sammelpunkt aller Fürstenhäuser, und was immer noch hochgestellte Frauenherzen heute leiden mögen, die gekrönten und auch die nicht mehr gekrönten: Wenn man es genau verfolgt, führt deren Schmerzgeschichte irgendwann immer nach Coburg zurück. Hier schlürft man noch an der Quelle.

Das Deutsche? Als wir vor drei Tagen einfuhren, spürte ich sofort: Es schlägt einem sanft um die Nase. Am Marktplatz duftet es nach Thüringer Wald, deutscher Mitte. Es ist ja nicht nur das Rathaus mit seinem schönen Portal, die gegenüber liegende »Cantzley« mit ihren viel zu großen Figuren auf dem Dachsims, die alte Apotheke mit ihrer herrlichen Renaissancefassade; für mich waren es diese Wurstbratereien, winzige Verkaufsstände, wo Thüringer Würste gebraten werden. Die Spezialität sind die Tannenzapfen, die unter dem Rost zartrot und

aschweiß verglühen und den Würstchen einen würzigen Beigeschmack deutschen Walds geben, der köstlich sein soll. Gleichwohl: Mir schmecken die Nürnberger Bratwürstchen besser.
Überall sieht man graublaue Rauchfahnen aufsteigen. Es hat
etwas von einer Kulthandlung, wie die hier gegrillt, verkauft
und verzehrt werden. Es gehen Frauen mit strengen Schneider-
kostümen und hochgestecktem Haarkranz durch enge Straßen.
Sie gehen stolzer und fraulicher als die Frauen in Frankfurt oder
München, wo alles verschlampt wirkt und verwildert in diesem
verrotteten Jeanskult: Geschlechter sind nicht mehr zu unterscheiden. Die Frauen von Coburg wirken dagegen immer noch
etwas wie Hofdamen. Sie gehen nicht gerade königstreu, aber
doch adlig. Es stolpern stämmige Männer mit Kniehosen und
roten Strümpfen daneben, Kerle, die erschreckend gesund und
wie ihre Stallburschen wirken, ich meine, wie Lady Chatterley's
Lovers, so bullig. Ich möchte in ihre Hände nicht fallen.

Und es gehört ganz selbstverständlich zu diesem Stadtbild,
daß immer Aufmärsche und Umzüge stattfinden. Auch das ist
deutsch, nicht erst seit Richard Wagner. Coburg ist ein Bühnen-
prospekt mit Zinnsoldatenspielen. In der Ferne hört man Blas-
musik, leichten Trommelschlag. Die Musik wird lauter, die
Hoffnung größer, und dann kommt diese Schützengarde an-
marschiert, lauter rüstige Uniformträger. Sie kommen in Sech-
serreihen mit herrlichen Wimpeln und Fahnen. Die Meistersinger von Coburg, letzter Akt. Sie tapsen eher, als daß sie mar-
schieren. So ganz nehmen es die Zinnsoldaten nicht ernst, gottlob. Es macht Spaß. Sie haben Freude an solchen Szenen. Wir,
ahnungslos und aus Frankfurt kommend, an jedem Wochenende eher Bürgerkrieg, Klassenkampftheater in der Frankfurter
City gewöhnt, fragten erstaunt: Nanu, wofür wird hier demon-
striert? Ist hier auch die Revolution im Kommen? Es war keine
Demonstration. Es war ein Coburger Umzug. Ich glaube, es
wurde eine Reisegesellschaft, die in Bussen aus Darmstadt eingetroffen war, um Coburg zu visitieren, mit klingendem Spiel
eingeholt. Waren das Gut- oder Neckermann-Reisen? Coburg
läßt sich nicht lumpen. Ich frage mich: Wo gibt es noch solche
Riten der Gastfreundschaft?

Du wunderst Dich, daß ich kein Wort über die Hauptsache
verliere? Noch kein einziges Wort über die stolze Veste, ja, mit
V, nicht mit F geschrieben. Ich weiß auch nicht, warum, ich
meine, das mit dem V. Sie ist nämlich schuld daran, daß ich jetzt
hier in diesem Krankenhaus sitze, Station 23, Lungenabteilung,

und immer noch warte, ob der Arzt vom Dienst vielleicht kommen wird. Es ist so: Wir sind natürlich auch da oben gewesen. Wir haben alles getreulich besichtigt, was zu besichtigen ist, aber mir ist soviel Vergangenheit, soviel kalte Geschichte auf die Lungen geschlagen. Vielleicht sind es auch nur die Bronchien. Du kennst meine Anfälligkeit. Ich bin ziemlich stabil körperlich, ich kann da nicht klagen, aber wenn ich einmal an einem Körperdefekt sterben werde, und man stirbt ja meistens an solchen Erkältungen, nicht an den großen Menschheitsleiden, so werden es bei mir die Atmungsorgane sein, wie bei Karl Jaspers. Einmal werde ich ersticken ganz zum Schluß. Zum Schluß wird alles aussein, die Luft ganz raus: doch lassen wir das. Ich bin noch hier, und hier war das so:

Burgen, Schlösser, Festungen, Klöster, Kirchen, die liegen immer oben. Die hochgebaute Stadt, die stolz ist, aufblicken zu dürfen. Man steigt munter los, man pustet und schwitzt nach einer Weile, man klettert mit großer Entschlossenheit weiter, immer höher, immer weiter, und wenn man dann ganz oben ist und das Hemd schon etwas naß unter den Achseln, dann empfängt einen dort eine steinerne Pracht, die sehr kalt ist. Selbst Anfang Mai sind solche Festungen noch Eiskeller. Der Eishauch der Geschichte weht einen an. Man wird durch einen Traum deutscher Geschichte geführt, wie die Romantiker sich das Mittelalter vorgestellt hatten; das meiste ist renoviert, also nachgemacht. Die Führung dauert exakt zwei Stunden: der Herzoginbau, der Herzog-Carl-Eduard-Bau mit all seinen Kunstsammlungen, die Steinerne Kemenate, der Fürstenbau, die Lutherkapelle. Es ist noch viel mehr.

Auch Rotary tagte hier. Auch Rotary war zuvor an die DDR-Grenze gefahren und hatte direkt am Stacheldraht einen Vortrag vernommen mit dem Titel: »Hier endet Rotary«. Bitte: Ich sah graumelierte, würdige Herren den Roten Turm erklimmen. Ich sah herrliche Grafiken, Plastiken, Gemälde, Gläser, Keramiken, Waffen, Münzen und Möbel. Aber sah ich sie wirklich noch? Ich stand vor glanzvollen Fürstenkarossen. Ich dachte: Das waren die Mercedes 600, die Porsches von damals, nur gemütlicher. Ich spürte, wie ich dabei zu frieren begann, ganz von innen, dann zu schwitzen und wie mir plötzlich so fad im Mund, so schlapp in den Kniekehlen wurde. Ich setzte mich nieder, sicher auf einen fürstlichen Sessel, der eigentlich verboten war. Herrliche Weingläser standen steif in großen Vitrinen, aber interessierten mich nicht. Oder doch? Sie funkelten mich böse an aus scharfen Brillengläsern wie alte Herzoginnen, die fühlen lassen, daß unsereiner nicht standesgemäß ist, nur so ein Schreiber, bürgerlich und aus Frankfurt. Ich spürte den Kopf dröhnen, die Glieder schmerzen und dachte, während man eben Elfenbeingeschnitztes aus dem Umkreis von Tilman Riemenschneider würdigen sollte: Jetzt hat es dich wieder erwischt. Wieder so ein grippaler Infekt oder mehr. Du bist zu früh aufgestanden neulich in Frankfurt.

Wie dem nun sei: Wir sind auf jeden Fall gleich heruntergefahren ins Krankenhaus. Ein böser Kontrast. Ich fiel aus Coburgs Veste direkt in Coburgs öffentliche Hand. Die ist kein Anlaß für Fremdenführungen. Es ist schäbig hier. Und der Arzt kommt immer noch nicht. Ich könnte Dir immer noch mehr schreiben, aber will es nicht. Ich sitze in meiner komischen Ecke, fühle mich elend, sehe plötzlich nur Elend, denke: Ist das also die Kehrseite der schönen Medaille? Spitzgiebelromantik und hohe Burg – was ist darunter? Wie unterentwickelt ist dieses Land?

Über kleinen Grenzverkehr

Wir hatten den Grundvertrag einem Test unterzogen. Wir waren nach Berlin gefahren, und ich, der ich sonst lieber fliege, von Frankfurt aus, hatte bewußt gesagt: Laß uns diesmal mit dem Auto fahren. Wir wollen selber durchexerzieren, wie das läuft – nach dem Grundvertrag. Es ist ja im Augenblick mühelos möglich, der DDR alle möglichen Fallstricke und Bosheiten zu unterstellen. Ich neige selber zu Skepsis, zu Reserve, aber ich muß nach diesen beiden Transitfahrten auch einräumen: Die DDR hält sich hier wenigstens korrekt an die neuen Abmachungen. Es ist keine Strapaze mehr, auf dem Landweg nach Berlin zu reisen. Wir wurden nicht durchsucht, durchstochert, bespiegelt und auseinandergenommen wie früher. Keine Anatomie des Klassenfeindes. Man kann jetzt im Auto sitzen bleiben, bekommt seine Visa schnell, sogar höflich, im Ton korrekt. Sie geben sich alle Mühe, sich als unabhängiger und zivilisierter Staat zu präsentieren; ein ganz normaler Staat, wie jeder andere. Auf uns wirkt das immer noch etwas verkrampft, auch komisch. Immerhin, sie gehen ein Risiko ein. Das Auto wird auch bei der Ausfahrt nach West-Berlin nicht kontrolliert. Man könnte also, theoretisch gesprochen, durchaus DDR-Bürger im Kofferraum hinausschmuggeln. Es winken einem unterwegs Menschen zu von Autobahnbrücken, von Parkplätzen. Die Transitbahn nach West-Berlin scheint für manche ein Ausflugsziel; da geht man spazieren am Sonntagnachmittag. Man hält da und dort, spricht ein paar Worte zunächst etwas gewollt, aber dann geht es mühelos. Es sind immer noch Deutsche wie wir.

Ich bin immer verblüfft, wie selbstverständlich man miteinander reden kann. Die Zeit scheint nichts zu verändern. Ausländer sind das nicht. Es wäre ja auch ziemlich grotesk etwa in Berlin, zwei Siebzehnjährige, der eine von der Friedrichstraße, der andere vom Zoo – sie beide als Ausländer zu betrachten. Was ist aber die DDR, wenn sie nicht Ausland ist, bitte? Doch ich komme vom Thema ab. Ich wollte nur sagen, und dies als erfahrener Berliner: Für den Zugang nach West-Berlin ist der Grundvertrag ein Fortschritt. Daran gibt es nichts zu rütteln. Und hier? Wieviel Fortschritte brachte der kleine Grenzverkehr?

Schon das Wort ist falsch, wie mir scheint. Es setzt Hoffnungen in Aussicht, die nicht erfüllt werden. Es läßt Zustände vermuten, die an Basel oder Straßburg erinnern. Da fahren die Menschen, die in den Grenzzonen wohnen, hin und her, fast unkontrolliert. Da bleiben alte Bindungen intakt, und neue entstehen natürlich. Man pendelt über die Grenzen, wie wenn sie nicht wären, und sie sind ja auch kaum noch real im alten Europa, das neu werden möchte. Von etwas Vergleichbarem kann hier nicht die Rede sein. Man müßte eigentlich von Tagesbesuchsmöglichkeiten grenznaher Bundesbewohner in den grenznahen Gebieten der DDR sprechen – ein abscheuliches Deutsch, mit dem man schon mittendrin ist im Sozialismus und in seinen verbalen Unmenschlichkeiten.

Es handelt sich um Tagespassierscheine von West nach Ost genau wie in Berlin; da es aber trotz vier neuer Grenzübergänge auf der ganzen Grenzlinie von tausenddreihundertfünfzig Kilometern nur neun Übergangsstellen gibt, sind Anfahrt und Einreise viel mühseliger und komplizierter als in Berlin. Mit Tagespassierscheinen ist hier wenig gedient. Bei diesen weiten Entfernungen hier müßten für Hin- und Rückreise mindestens dreitägige Aufenthalte erlaubt sein. Das aber soll nicht sein, vom Osten her. Es wird bewußt erschwert in einer Taktik hinhaltenden, bürokratischen Widerstandes. Abkapselung, Abgrenzung soll sein. Es soll dort drüben ein neues, zweites Staatsvolk deutscher Nation, ganz ohne Erinnerung und Bindung an früher, entstehen. Daran wird auch der Grundvertrag nichts mehr ändern. Dabei soll auch der Grenzverkehr nicht hinderlich sein. Es ist hier also nur von einem halben Erfolg der Ostpolitik zu sprechen. Sehr viel ist das nicht, aber, zugegeben: Etwas mehr Kontakt als vor dem Grundvertrag ist doch. Ein Spatz in der Hand scheint mir auch hier immer noch mehr als die Taube auf dem Dach. Ich berichte also von Spatzengeschichten, von Spatzengezwitscher in Deutschland. Die Tauben der deutschen Einheit sind ja ohnehin längst entschwunden. Wohin?

Ob das ein Zufall war? Paradoxe Erfahrung unterwegs: Je näher man an die Grenze kommt, um so weniger wollen die Menschen von dieser neuen Verkehrschance etwas wissen. Ganz hart an der Grenzlinie ist das Thema tabu. Sie zucken mit den Schultern, sie stellen sich taub, sie sehen einen etwas unwirsch bis mißmutig an, als hätte man ihnen einen unsittlichen Antrag gemacht. Da rüber? Hören Sie doch damit auf, sagen sie. Was soll das? Das hat keinen Sinn. Doch, wir haben es manchmal gemacht am Anfang. Aber was soll's? Wirklich rüber ins Nachbardorf kommt doch keiner: alles Sperrzonen. Außerdem haben sie drüben die alten Bewohner längst ausgesiedelt. Es wohnen jetzt Ortsfremde dort, Menschen aus Mecklenburg oder der Lausitz. Und dann all die Schikanen beim Übergang, das Durchsuchen der Autos, wenn man es überhaupt benutzen darf, die Umständlichkeit jeder Anfahrt, die Umtauschquoten, die Geschenke, die natürlich erwartet werden. Eine teure, sinnlose Aktion. Man sitzt dann mit seinen Verwandten in einem Gasthaus in einer rückwärtigen Stadt. Die mußten ja auch anreisen. Wirklich frei reden kann man da nicht. Bei der Rückkehr des Nachts werden selbst noch die Kleinkinder aus dem Schlaf gerissen und mit Scheinwerfern wütend observiert wie Spione. Das wollen wir nicht. Das ist abgeschrieben: aus und passé. Wir nicht, hier nicht.

So hört man es dort, wo man direkt hinüberblicken kann. Ich würde sagen: Von-Dorf-zu-Dorf-Kontakt, also lokale Mund-zu-Mund-Beatmung, das ist nicht entstanden. Das funktioniert nicht. Die Ränder wachsen nicht wieder zusammen. Sie werden bewußt und mit eisernem Griff auseinandergehalten. Die Trennung der Staaten gerade in der gewachsenen Region soll sein und ist ja auch längst vollzogen. Daran wird der Grundvertrag nichts mehr ändern. Aber die ganze Wahrheit ist das auch wieder nicht. Es ist Lokalwahrheit, also Halbwahrheit. Von anderswo her sieht es wieder anders aus. Wir waren zum Beispiel am Grenzübergang Rottenbach, einer der vier neuen Stellen. Die Bundesstraße 4 führt hier von Coburg nach Eisfeld in der DDR, alles Straßen, die ich nie kennengelernt hätte in anderen Zeiten.

Sonne lag über dem Land. Es war Sonntagmittag, Ausflugsverkehr an die Grenze, Spazierfahrt zur Zone nach Sauerbraten mit Knödeln, eine Art Zoobesuch mit Gitterstruktur und dem leichten Gruseln vor wilden Tieren. Viel Opel Rekord auf den Parkplätzen. Man erkennt die deutsche Zuversicht nach dem Grundvertrag sofort an der Großzügigkeit und Modernität, in der die Übergangsstellen jetzt ausgebaut wurden. Blitzblanke Neubauten, frische, sehr breite Straßen, strahlende Abfertigungsgebäude, die einen Verkehr regulieren, der nicht ist. Ein Grenzbeamter nahm uns in Empfang. Er zeigte uns, was noch geplant sei. So ganz schien er nicht überzeugt von dem Aufwand. Das ist noch nichts gegenüber dem, was die drüben machen, sagte er, wie entschuldigend. Wir ziehen hier immer nur nach. Da drüben ist alles noch größer und einladender: eine perfekte Empfangsmaschine. Wahrscheinlich wird man hier einmal auch den Güterverkehr freigeben. Dann könnte sich der Aufwand lohnen, vielleicht.

Wir standen eine Weile direkt auf der Grenzlinie. Die DDR hatte ihre Einfahrt auf Grün geschaltet. Eine Verkehrsampel neben uns strahlte aus großen Augen ein hoffnungsfrohes, beinah verlockendes Grün aus. Das Grün sagte: Nun kommt doch, grüner wird es nicht. Nur kam niemand. Jetzt ist hier Pause, sagte der Beamte, so um Mittag ist Ruhe. Die Leute kommen ganz früh, manche schon in der Nacht, gleich nach Mitternacht, und kurz vor Mitternacht werden sie heute alle wieder zurück sein. Im Monat sind es hier in Rottenbach im Durchschnitt immerhin viertausend Wagen, mal weniger, mal mehr.

Wir fuhren zurück. In solchen Augenblicken weiß man nicht recht, wie sich die Trauer zur Zuversicht stellt. Da ist etwas zu Ende gegangen, etwas Neues fängt an: Melancholie mit Hoffnung, ein unklares Stimmungsgemisch, aus dem ich herausgerissen wurde, als ich draußen am grünen Wegrand das Wort las: »Gasthaus zum Deutschen Reich«. Heiterkeit griff wieder Platz. Laß uns hier bleiben, sagte ich, ein würdiger Ort im Augenblick. Wie doch Geschichte immer zum Schluß in Kinostoffen, auf Bierdeckeln und in Hotelnamen endet. Das »Deutsche Reich« wirkte verblichen. Es sah wie die Blüten aus, die wir früher als Kinder zwischen zwei Buchseiten preßten, später nach Monaten herausholten – alles noch da, nur eben verdorrt und verblichen. Das Leben raus. Ein Würstchenstand vor der Tür. Es lag wieder der würzige, rauchige Duft weiß verglühender Tannenzapfen in der Luft. Ich sah unseren Thüringer Wald, ich sah Deutschland verglühen.

Wir saßen dann in der Gaststube, tranken Kaffee. Peter Alexander röhrte wieder aus einer Musikbox. Ich blätterte noch einmal in meinen Papieren. Ich sah der sehr dicken Wirtin zu; ihr kolossaler Busen hing tief über dem Tresen und schien die Biergläser mitzuspülen. Ich las in den Zahlenkolonnen, die unter der Überschrift standen: »Grenznaher Verkehr mit der DDR«. Vielleicht wird es sich noch etwas entwickeln, sagte ich. Es ist dann damit zu rechnen, daß pro Jahr etwa eine halbe Million Bundesbürger aus dem grenznahen Bereich drüben Besuche machen. Wie gesagt: Viel ist das nicht, aber mehr als gar nichts ist es schon. Ein Spatz in der Hand – immerhin.

Bamberger Reste

Bamberg war dann zum Schluß wie ein Glockenklang, ach: wie ein Paukenschlag, ein Schlußakkord der Geschichte. Wir hatten nun so viele Grenzpfähle, Warnschilder, Mauern, Zäune, Wachttürme gesehen, daß ich es satt war und müde: Ich will nicht mehr, ich kann nicht mehr, Schluß damit, Schwamm drüber. Mir reicht's. Ich will zu guter Sommerzeit ins Land der Franken fahren. Laß uns noch einmal versinken im Bauch der Zeit, im großen Schoß der Geschichte, zurück zu den Anfängen, auch Mütter genannt. Historische Regressionen – warum sind sie so entlastend? Ich glaube, weil zum Schluß und in der Erinnerung immer nur das Schöne bleibt. Die Leiden der Völker, ihre Toten und Qualen sind dann vergessen. Es bleibt ein Giebelhaus, ein Portal, ein Kirchenfenster. Der Preis dafür ist vergessen und abgesunken. Ob das später einmal mit dieser Grenze auch sein wird? Man wird dann nur noch das Schöne sehen. Das Schöne der deutschen Teilung. Was ist das?

Wir fuhren nach Staffelstein. Wohlauf, die Luft geht frisch und rein. Vom Zentrum des kleinen Städtchens kann man das nicht sagen. Wir standen vor bunten, herrlichen Fachwerkhäusern. Adam Riese begrüßte uns vom hohen Sockel. Wir konnten

mit ihm kein Rechenkunststück beginnen. Ein tiefes Bühnen-
bild der Vergangenheit, durch das dauernd Autos rasen, wie
wahnsinnig. Schwere Lastwagen donnerten mit Qualm durch
die Szene, vergifteten die Luft, drückten uns platt an die Haus-
wände. Die haben hier wohl noch nie etwas von Fußgängerzo-
nen gehört? fragte ich etwas erbittert.

Wir fuhren zum Staffelberg. Ich geriet wieder etwas in
Schweiß und Atemnot. Wer lange sitzt, muß rosten. Die letzte
Bergstrecke muß man wieder zu Fuß machen. Oben erwartet
einen wieder ein Eissalon: der heilige Veit, erfrorene Geschichte, Eisblumen der Frömmigkeit. Der Blick vom Staffelberg ist wieder etwas tief Deutsches wie Coburg. Schwer zu
sagen, was da an Nähe und Ferne, an Sehnsucht und Heimselig-
keit mitschwingt. Von Bamberg bis zum Grabfeldgau umrah-
men Berg und Hügel die breite, stromdurchglänzte Au – ich
wollt', mir wüchsen Flügel. Ja schon, so literarisch. Ich wollt' es
nicht – in Wirklichkeit. Ich sagte schließlich, oben stehend: Es
zieht hier so. Wir müssen weiter. Jetzt kommt Vierzehnheiligen.

Nein, ich werde jetzt nicht diesen Rosenkranz fränkischer
Perlen herunterbeten: Seßlach, Schloß Banz, Schloß Geyers-
berg, dann Vierzehnheiligen. Ein Rausch der Freude ist das
Barock, ein überquellendes Lebensgefühl, von dessen trium-
phalem Jubelton man spürt, wie er verströmt nach allen Seiten,
grenzenlos, sich also erschöpfen wird. Schön ist das schon, wird
aber bös enden. Wir fuhren in Bamberg ein. Es war, wie gesagt,
wie ein Glockenklang. Ein Tor ging auf, ein Tor fiel zu, und wir
saßen nun drinnen, gefangen im römischen Schrein deutscher
Nation, verlockt vom fetten Speck der Geschichte, der sich hier
angesetzt hat. Bamberg, wenn man es zum erstenmal sieht, ist
reine Verführung der Sinne. Man muß ihr erliegen. Ein Rausch
des Erinnerns: So ist das früher gewesen? Eigentlich fabelhaft,
oder? Romanik, Gotik, Renaissance und eben Barock, wie das
hier aufbewahrt ist. Warum ist die Stadt nicht berühmter? Sie
hat etwas von einem deutschen Rom. Sie ist kein Bühnenpro-
spekt abgeschlossener Epochen wie Coburg. Das ist alles noch
belebt und spielt mit. Mir schien Bamberg das schönste Ausstel-
lungsstück deutscher Geschichte.

Die Stadt muß sehr fromm sein. Oder scheint das nur so?
Obwohl wir vorsorglich in einem evangelischen Hospiz logiert
hatten, schlug doch eine Woge des Katholizismus über uns zusammen, ein Meer der Gläubigkeit. Es waren ja nur noch diese

zwei, drei Tage. Ich war etwas verwirrt zum Schluß, und alles schien mir durcheinanderzugehen im Kopf. Ich konnte Vergangenheit und Gegenwart nicht auseinanderhalten. Ich sah den Bamberger Reiter; seine schulterlangen Haare waren wie die Haare unserer Kommunekinder. Es roch nach Weihrauch. Es schienen überall Chöre verborgen, die Messen sangen. Es zwitscherten die Sängerknaben, und Prozessionen zogen feierlich durch die engen Gassen, Muttergottesstatuen und fürstbischöfliche Standarten vor sich tragend. Orgeln präludierten eine Toccata mit Fuge. Domherren schritten würdevoll über den Domplatz, und irgendwo wurden Hexen verbrannt, massenhaft. Dazu jubilierten die Bamberger Symphoniker, deutsch und tschechisch. Im Diözesanmuseum prüften wir Meßgewänder. Wir sahen Pontifikalschuhe und heilige Handschuhstulpen. Wir lernten den Mantel der heiligen Kunigunde vom Sternenmantel Heinrichs II. zu unterscheiden. In Bamberg ist wie in Rom fast alles heilig, was alt ist, also früher mal war. Wir saßen dann später erschöpft und etwas verwirrt in einem Bierlokal. Der *Bayern-Kurier* lag aus. Gottlob, die Erde hatte uns wieder. Ich las eine dicke Balken-Überschrift: »Wie die in Bonn prassen!« Ja, die Erde hatte uns wieder. Ein Stammtisch war für die Würdenträger der CSU reserviert. Wir hielten gebotenen Abstand. Bamberg ist wirklich nicht tot. Das ist alles noch sehr lebendig und west fort, kraftvoll und schwarz. Und black soll ja jetzt beautiful sein, wie man hört.

Wie lange hält soviel Rausch? Wann kommt die Ernüchterung? Ich weiß nur, daß mich am Ende Ratlosigkeit überfiel, mehr noch: Trauer. Es war bei der Ausfahrt. Wir suchten die Autobahn nach Frankfurt und fanden sie nicht: verfahren, verfranzen, die Richtung verlieren. Es schien mir eine Weile, als wenn wir wieder zurückführen. Verwirrung im Spiegelreflex: Wenn wir so weiterfahren, dachte ich, sind wir gleich wieder in Nürnberg, wo das Ganze begann. Ich will aber raus; ich habe genug. Ich will wieder nach Frankfurt, wo alles nüchtern und platt ist, so ungeheuer banal, daß ich es fasse. Kapitalismus mit Revolutionsreflexen, das geht mir ein; soviel verstehe ich von Zeit und Geschichte, mehr nicht. Aber, nicht wahr, das reicht auch für die Grenzlandreise. Mehr steht hier nicht zur Debatte als Zeitgeschichte.

Wazu war das Ganze? Ich bin nicht klüger geworden. Wir sind immer nur drumrumgefahren: Sperren, Todesstreifen, Minengürtel. Wir sahen zwei neue Eingänge, das ist wahr. Für uns blieben sie geschlossen. Unsereinen lassen sie da nicht rein. Sie lassen sich nicht in die Karten gucken. Wir sind nur herumgeirrt: ein Eiertanz um die Mitte, die ausgespart blieb. Es hat mich vieles getroffen, verletzt und ratlos gemacht. Ich sagte zuvor: Die gewaltigste Tötungsanlage, die ich je sah, nach Auschwitz. Ich bleibe dabei, aber ich weiß auch: Die ganze Wahrheit ist das nicht. Es ist nur die Außenansicht. Die Innenseite ist nicht offenbar geworden. Es ist nicht deutlich geworden, was da geschieht, was sich so barbarisch und mörderisch abgrenzen muß. Was machen die eigentlich unter so schweren Zwängen? Warum töten sie Menschen, die weg wollen?

Und jedermann weiß, was man antworten kann. Es sind die Slogans der Zeit. Man kann sagen: Da wird eben ein neuer Staat gebaut, der erste sozialistische Staat deutscher Nation. Das ist die SED-Fassung. Man kann sagen: Die Ergebnisse des Zweiten Weltkriegs. Rußland reicht bis zur Elbe, nach Hitler. Ihr habt sie ja selber hereingeholt mit euren Panzern. Man kann sagen: Der sowjetische Imperialismus, der hat sich hier festgekrallt, mitten in Deutschland, mitten in Europa. Das ist die CDU-Fassung. Was ihr saht, waren diese Krallen, nicht mehr und nicht weniger. Und dann kann man wieder zum Anfang zurückkehren und müßte nun sagen: Mit dieser Sowjetmacht, die nicht zu leugnen ist, kam auch eine Idee, die offenbar die Völker nicht gleichgültig läßt. In Italien und Frankreich, aber nicht nur dort – auch in Südamerika und anderswo zieht sie die Menschen an. Wahlen beweisen das. Ohne Frage ein schlechter und mißratener Sozialismus, der aus Bukow. Trotzdem ist nicht zu leugnen, daß die Idee für die Menschen Leuchtkraft hat. Sie leuchtet ja auch in den Gesichtern unserer Jugend: die sozialistische Hoffnung. Und nun müßte man wieder von vorne anfangen und sagen: Du träumst wohl. Du willst doch nicht im Ernst behaupten, daß die Menschen in Plauen und Sonneberg, das du immerhin von fern sahst: die Dächer, die Kirchen, die Wachttürme – daß die von der historischen Gewalt der sozialistischen Idee erfaßt worden wären? Das ist doch purer Sozialquatsch, was unsere junge Linke vor sich hinbetet. Sie würden sich gerne bedanken für diesen Fortschritt. Der russische Limes? Das Bild stimmt auch nicht genau. Diese Grenze wurde nicht gegen den Feind außen, sie wurde gegen die Menschen im Inneren gebaut. Es ist nicht zu leugnen.

Ich drehe mich immer im Kreis. Ich finde die Lösung nicht. Ich finde den Ausweg nicht aus diesem Labyrinth der Geschichte. Es ist gut, sich in solchen Stunden der Ratlosigkeit an das Konkrete und an den einzelnen zu halten. Rudolphstein – ich kehre zum Anfang zurück. Ich sehe immer noch die beiden jungen Leute, die aus dem Lastwagen ausstiegen und einzogen in das gelbe Bauernhaus, drei oder vier Meter von dieser Grenze. Wie leben die jetzt? Was geschieht mit ihnen in diesem Augenblick, wo ich das hier schreibe?

Ich kann keine Auskunft geben. Ich weiß es nicht. Ich weiß nur: Ich könnte so nicht leben. Für mich wäre das Lager: also Stacheldraht, Wachttürme und fremde Faust. Für mich, für mich.

Das Weiße Haus in Ost-Berlin

Ein Besuch in unserer Vertretung

Nein, es ist kein Vergnügen, die Friedrichstraße wiederzusehen. Sie ist immer noch grau, schäbig, schrecklich überaltert – ich darf es doch sagen. Schwarze Häuserzeilen mit Löchern dazwischen, die der Krieg einmal riß. Eine Straße, auf der man immer zu frieren meint, die immer leer wirkt, obwohl natürlich auch hier Autos fahren, Menschen gehen: eiliger, lustloser, verhuschter als anderswo in der DDR.

Unter den Linden lädt ein zu Spaziergängen. Sie haben die alte Prachtstraße von einst wieder sehr sehenswert aufgebaut. Sie wirkt auf mich anheimelnd, weil streng historisch. Der Alexanderplatz gleicht einer monströsen Stadt in der Stadt, einem etwas unheimlichen Traum in Beton: kalt, hoheitsvoll, demonstrativ– eine einzige, rabiate Imponiergebärde des Fortschritts. Schön ist das nicht, aber »richtungweisend«, wie man hier sagt: sozialistische Hauptstadtvision. Das Neue schmeckt russisch – im Nachgeschmack.

An der Friedrichstraße ist diese Aufbauwut einstweilen spurlos vorübergegangen. Soll man es nur beklagen? Gleich hinter der Weidendammer Brücke schlägt einem Altberlin entgegen, die Zeit der Gründerjahre: hundert Jahre Vergangenheit. Schwere, hohe Hausfassaden, düstere Hinterhöfe: Zillewelt. Bröckelnde Freudlosigkeit, eine sehr aufgeräumte Tristesse. Aus allen Ecken ist Preußen zu riechen, das hier verfault. Was ist die Friedrichstraße? Ein verrosteter Zeiger auf dem Zifferblatt deutscher Geschichte. Mir wird hier Vergangenheit angezeigt, also Kindheit und Jugend, meine Zeit, verlorene Zeit.

Ich bin auf dem Weg in die Bundesrepublik. Kann man es so sagen? Ich will unsere Ständige Vertretung besichtigen. Ich will einen Besuch bei Günter Gaus machen. Zugegeben: Das Unternehmen ist heikel. Es ist reine Improvisation, ein Spaziergang der Neugier, mehr nicht. Kam es nicht auch überstürzt? Da lag seit Wochen diese Einladung nach West-Berlin auf dem

Schreibtisch; und wie es manchmal ist – ausgerechnet am Abend vor meiner Abfahrt aus Frankfurt fiel mir plötzlich ein (siedend heiß, müßte man wohl sagen): Du mußt ihn bei dieser Gelegenheit besuchen – jetzt oder nie, eine einmalige Chance. Du mußt es jetzt mit Augen sehen. Wie vertritt man denn Deutschland in Deutschland – ständig?

Rasche Entschlüsse, schnelle Entscheidungen; so etwas muß kurz und fest beim Schopf gefaßt werden, sonst zerflattert es wieder. Ein paar Telegramme, ein paar Telefonate später in Ost-Berlin. Ein heller Kopf, ein blitzschnelles Gehirn, sehr hellhörig. Ja, kommen Sie nur, hatte er mich schließlich wissen lassen. Es gab Vorzimmersorgen, Terminprobleme, aber dann klappte es. Freitag um vier, ließ man mich wissen. Ist Ihnen das recht?

Es war. Es war einer dieser Augenblicke, von denen man schon im voraus weiß: So etwas kehrt nie wieder. Nur einmal läßt sich das absichtslos, so vollkommen naiv improvisieren. Später wird alles eingelaufen, diplomatisch geregelt, bürokratisch vernünftig sein: ein Dienstgeschäft für Fachjournalisten, nichts für mich. Aber jetzt? Jetzt werde ich einfach hingehen. Kein Notizblock, kein Tonband – wir machen jetzt kein Interview. Ich werde eintreten. Ich werde ihm die Hand geben. Ich werde Guten Tag, Herr Gaus, sagen. Ich will nichts. Endlich mal einer, der gar nichts von Ihnen will. Ich will Sie nur wiedersehen, hier in Amt und Würden. Wissen Sie noch damals: Herbst fünfundsechzig, Baden-Baden, Südwestfunk? Tja, das ist lange her. Wie sich die Zeiten doch ändern: mächtig!

Das Haus liegt direkt an der Ecke Friedrichstraße, Hannoversche Straße, also am Oranienburger Tor, dort, wo auch die Chausseestraße und die Wilhelm-Pieck-Straße einmünden. Wolf Biermann, wenn er wollte, müßte unserer Ständigen Vertretung mühelos zusehen können. Das Haus ist fünfgeschossig, hat an seiner Breitfront knapp ein Dutzend Fenster. Es ist eine frühere Fabrik, die die DDR für die Bundesrepublik ausbauen ließ. Die Fassaden sind weiß getüncht. Das Weiß hebt sich deutlich ab vom Grau rundum. »Das Weiße Haus«, spötteln die Berliner; um etwas anzügliche Namen sind sie auch hier nicht verlegen.

Zwei Mercedes parken korrekt vor dem Eingang. Ein Hauch von Westwelt ist plötzlich zu riechen. Schwer zu sagen, was das ist: Gelassenheit und Selbstsicherheit, ein lockerer Wohlstandsgeruch, der sich bewußt unaufdringlich, bescheiden gibt. Die beiden Mercedeswagen sind älterer Bauart und von niederer

Hubraumklasse. Sie sollen nicht strahlen; sie sollen nichts hermachen. Man spürt schon, bevor man eintritt: Hier ist alles politisch. Alles hat seinen präzis kalkulierten Stellenwert. Selbst der Dreck auf den Wagen, die nicht glänzen, will noch sagen: Wir sind gar nichts Besonderes. Wir sind ganz alltäglich. Es ist fast normal, was geschieht. Seht ihr es nicht? Ich lese die Nummer des ersten Wagens: CD 57-01-1975. Diplomatenstatus, natürlich, und natürlich ist das auch der Wagen von Gaus: 01. Wer fährt hier sonst eine so stolze Nummer?

Doch, es ist schon ein merkwürdiger Augenblick, plötzlich davorzustehen. Nachdenklichkeit will sich regen. Nein, bloß keine Rührseligkeiten, nur keine gesamtdeutschen Sentimentalitäten jetzt, hinterher. Aber wenn man bedenkt, was da alles geschah, aufbrach, brodelte, schoß und blutete zwischen zwei deutschen Staaten und wieder absackte, vergessen wurde, vom 17. Juni 1953 bis zum Abschluß des Grundvertrages: deutsches Theater, ein böses Drama der Zeit. Jetzt dieses Haus. So harmlos, so normal ist es nicht, wie es sich gibt. Es tut so, aber ist es nicht. Zwei Volkspolizisten patrouillieren im Hintergrund. Auch sie betont gleichgültig. Ein großes Schild vor dem Eingang: oval, gelb und von leuchtender Frische, der Bundesadler in Schwarz. Es wird umkränzt von den Worten »Ständige Vertretung der Bundesrepublik Deutschland«. Heimatliches, Tröstendes geht von dem Schild aus; so kündigt sich Land an auf hoher See vielleicht. Land für wen, bitte?

Ach, laß diese verzwickten Probleme. Auf das alles, was handgreiflich nahe liegt, werde ich nicht zu sprechen kommen. Das sind unaussprechbare Dinge, noch immer. Man nennt das auch ausklammern. Wieviel mußte ausgeklammert werden zwischen den Deutschen, bis dieses Haus stand, wie es nun steht? Ich kann nur von Oberflächen, von Außenansichten berichten. Von außen gesehen, gehen die Ost-Berliner hier vorbei, wie wenn sie nichts sähen. Keiner blickt auf das große gelbe Schild; keiner wirft einen Blick auf die beiden Mercedes. Oder doch? Die Szene wirkt unheimlich normal. Oder trügt sie? Ich dachte: Das hast du schon einmal gesehen irgendwo. Wo denn? Später fiel es mir ein: Hier geht man fast wie auf Sylt am Nacktbadestrand: scheinbar ganz unbetroffen, wie selbstverständlich scheinbar. Der deutsche Blick, die deutsche Scham? Ich will das nicht weiter klären.

Ich trat ein. Man kann das mühelos. Oder geschah es nur mir? Die Volkspolizisten schienen sich für mich nicht zu interessieren. Sie blieben im Hintergrund. Und drinnen dann? Im ersten Augenblick mußte ich an Mindszenty denken: Der Kardinal in der Botschaft, welch ein Stoff. Aber natürlich ist das Unsinn: meine Art Verstörtheit, ein neurotischer Reflex. Die Wirklichkeit ist ganz anders.

Stille, Leere empfing mich, beinah Schläfrigkeit. Der angenehme Anblick aller neueingerichteten Verwaltungsbauten; ein Bürohaus in Gießen oder Braunschweig. So richten sich alte, solide Firmen, die ihr Geld nicht hinauswerfen, eine neue Filiale ein: modern, geschmackvoll, aber nicht allzu aufwendig. Und es wirkte tatsächlich normal, was jetzt geschah. Es war alles wie überall: wie der Pförtner sich nach meinem Anliegen erkundigte, erst widersprach, dann aber doch akzeptierte, wie er eine Weile herumtelefonierte, mich dann Platz zu nehmen bat, wie der Fahrstuhl hinter der blinkenden Aluminiumtür manchmal durch die Stockwerke klingelte und wie dann schließlich ein junger Mann kam. Ein junger Herr, muß man wohl sagen, mit all diesen gekonnten, freundlichen Gebärden junger Diplomaten. Sie sind auf der ganzen Welt gleichermaßen einladend und unverbindlich. Referentengebärden, Vorzimmerworte: Herr Gaus sei erfreut. Er bitte um etwas Geduld. Es sei noch der französische Botschafter bei ihm. Ob ich nicht im Vorzimmer Platz nehmen wolle.

Ich wollte. Ich saß eine Weile in einem jener vorzüglichen Ledersessel, die man in unseren besseren Kreisen jetzt überall schätzt. Sie sind ausschweifend und asketisch zugleich. Man versinkt in ihnen zu bequem und hat nach so tiefer Einladung alle Mühe, sich wieder emporzuschaffen. Der französische Botschafter, dachte ich, wer ist das? Der in Ost-Berlin auf jeden Fall: neue, ungewohnte Querverbindungen. Was geben sie her? Der Referent war aufgeräumt; Heiterkeit schien ihn zu beflügeln. Er präparierte Zeitungsausschnitte. Westpresse wurde sortiert und verschnitten. Ab und zu ließ er Bemerkungen fallen: wie angenehm es sei, mit der Diplomatennummer am Auto durch die DDR zu fahren, wie schnell man hier vom Haus aus mit aller Welt telefonieren könne. Auch mit dem Kurfürstendamm? fragte ich. Auch das funktioniere blitzschnell im Selbstwähldienst, wurde ich beschieden. Ja, eine Wohnung habe er auch schon hier in der Oststadt. Ich hätte nun gern erkundet, wie so etwas vonstatten geht: ganz konkret, ganz genau; aber ich ließ es. Heiße Eisen, verzwickte Probleme. An jeder Alltäglichkeit hängt hier Politik, zentnerschwer, massenhaft. Ich beschloß, nicht zu fragen. Man soll nicht an ganz frisch vernarbten Wunden herumfingern. Laß sein. Ich hörte von draußen den Straßenverkehr, die Tram quietschen, das Puffen und Tuckern der Autos hier; es ist viel lauter als bei uns. Welch eine Konstellation, ging es mir durch den Kopf. Du sitzt in der Bundesrepublik mitten im Osten. Ein verzwicktes Gelände: ein Sumpfgelände mit Entwässerungstendenzen. Jeder Schritt ist hier einstweilen ein Ritt über den Bodensee.

Dann war es schließlich soweit. Der französische Botschafter mußte sich durch eine andere Tür verdrückt haben. Ich bekam ihn nicht zu Gesicht. Günter Gaus saß in seinem großen Dienstzimmer hinter einem mächtigen Schreibtisch. Er erhob sich, er kam mir entgegen. Es war alles genau wie damals: Baden-Baden, Südwestfunk, das Zimmer des Programmdirektors, ein Gefühl kalter Herzlichkeit, herzlicher Kälte – kann man es so sagen? Seine Augen blicken hinter den scharfen Brillengläsern überscharf. Sie taxieren, kalkulieren blitzschnell; flinke, sehr wache Augen, die trotzdem leblos wirken. Wenn Fische lächeln könnten, würden sie es so ungefähr tun. Er lächelte. Äußerste Angespanntheit geht dabei von ihm aus. Ein Mann, der deutlich immer etwas »über« ist: überpräzis, ein klein wenig übertourt in der sonst sehr beherrschten Leistungsgebärde. Die lange eintrainierte Mechanik der Überkompensationen, schon zur zweiten Natur geworden und schwer zu unterscheiden im ersten Augenblick.

Ich war für Entspannung. Ich sagte also mein Sprüchlein, wie ich es mir vorgenommen hatte, und er lachte dazu auf seine Art. Ja, das sei selten, daß hier einer gar nichts wolle. Eben, sagte ich, ich will nur so riechen jetzt im ersten Augenblick, wo alles noch frisch ist. Wie überall in der DDR riecht es übrigens auch in unserer Vertretung ganz eindeutig nach Lysol, diesem Desinfektionsmittel, das von Magdeburg bis Wladiwostok den Warschauer Pakt fest zusammenhält, als Nasengefühl. Östliche Infektionsangst, sozialistische Reinlichkeit: die Allmacht der Putzfrauen, auch hier.

Es wurde eine kurze, denkwürdige Stunde, die wir dann zusammensaßen, Tee tranken, herumphilosophierten – ach, unbeschreiblich. Ich immer mit meiner Unbefangenheit, mit meiner naiven Tour, die nicht ganz glaubwürdige Unschuld vom Lande, Deutschland, meine ich. Wie geht es denn jetzt und was machen Sie so? Hier läuft sich so etwas schnell fest. Ich spürte: Hier ist nichts ungezwungen. Hier ist alles Kalkül und Köpfchen, obwohl er sich so leger und locker gibt. Das Unnatürliche muß hier als zweite Natur geübt werden, natürlich. Eine vertrackte Situation. Ich möchte in seiner Haut nicht stecken. Wieviel Diplomatie, Raffinesse, Schlauheit nach allen Richtungen ist notwendig? Ich meine, die deutsch-deutschen Gehversuche, die ersten Schritte auf spiegelblankem Parkett. Wie setzt man, so nah und so fremd, das Bein? Wie spricht denn ein Deutscher-West amtlich mit einem Deutschen-Ost? Es gibt noch kein Protokoll zwischen beiden Staaten. Alles ist Neuland, Versuch; man kann auch ausgleiten dabei. Jeder Tag ist für mich hier Premiere, sagte er, und ich dachte: Das klingt nicht schlecht, wie eine Überschrift. Er spricht immer sehr reif, druckreif, meine ich.

Immerhin, unser Mann in Ost-Berlin: Mindestens verbal ist er den Dialektikern hier gewachsen. Er kann feinste Begriffe noch etwas feiner aufspalten, geradezu delikat wie Zungenwurst. Er kann rasiermesserscharf formulieren und tat es dann auch, als er einen längeren Exkurs über die theokratischen Strukturen im Sozialismus begann. Wie diese kommunistischen Staaten, die sich als klassenlos verstehen, ganz neue Hierarchien hervorgebracht hätten, die man eben kennen müsse: Riten und Ränge, die uns fremd sind. Er sprach von den Verkrampfungen, der Starrheit, der Rechtwinkligkeit dieser Republik. Er sagte: Lockerungsübungen, Entkrampfungsversuche, gelegentlich auch mal zusammen ein Bier trinken jenseits der großen Szene. Und ich dachte: Bei Gott, da haben sich zwei gefunden. Die wollen beide ganz nach oben.

Was war noch? Ich hatte ihn einmal im Spaß, nur aus Provokationslust »Herr Botschafter« tituliert, und er hatte sich plötzlich straff aufgerichtet und streng gesagt: Also das muß ich zurückweisen, mein Bester. Und hatte dann etwas leiser hinzugefügt: Und damit ist es zurückgewiesen. Ist das klar? Also weiter. Ich hatte einmal etwas von Brandt und Schmidt fallenlassen, kam damit aber nicht an. Er schwieg. Dafür kamen wir dann auf Deutschland zu sprechen. Ein weites Feld, ein schönes Land, ein ernstes Thema und bitte: Wo wäre es angebrachter als hier? Wir kamen also ins Tiefere und Grundsätzliche. Wissen Sie, sagte er, ich lerne es erst jetzt richtig kennen, hier. Naumburg zum Beispiel, Bezirk Halle. Ich kannte es nicht. Ich war betroffen, fast gerührt, als ich dort zum erstenmal vor dem Dom stand. Soviel deutsche Vergangenheit, die schläft. O ja, erwiderte ich. Da kann ich Ihnen noch ganz andere Reisetips geben. Fahren Sie nach Quedlinburg, eine verzauberte Stadt, ein deutscher Traum. Wer kennt ihn bei uns? Ich empfehle auch Wittenberg, die Lutherstadt, auch noch Bezirk Halle. Sie werden staunen. Ich schrieb darüber. Ich schrieb: Das Rom der Protestanten, ein kleiner deutscher Vatikan. Man kann sich wirklich manchmal die Frage vorlegen: Wo liegt eigentlich Deutschland, heute?

Gottlob klingelte da das Telefon. Gottlob war unserem philosophischen Teestündchen damit ein jähes Ende bereitet. Themen dieser Art und auf diesem Grund, der zwar bundesrepublikanisch, aber nicht exterritorial ist, also wieder sehr verzwickt, können eigentlich nur in Tiefsinn und Trivialitäten enden. Mein Fall ist das nicht: deutsche Nabelschau. Sie blieb uns erspart. Und es war wieder mein Stück Frivolität und Zynismus, daß ich, während Gaus jetzt telefonierte, im geheimen dachte: Es wird doch nicht der englische Botschafter sein, der jetzt kommt? Welch eine subtile Nebenregierung. Was sind wir doch wieder fein raus, auf unsere Art. Zweimal Deutschland. Der König ist tot, es lebe der König – nicht wahr? Es waren ziemlich unkeusche Gedanken; ich weiß. Ich wiederhole: Ich dachte das nur – im Hinterkopf.

Ich ging. Es war naß und feucht draußen; es war dunkel geworden. Die Nacht fiel ein, jetzt um halb sechs. Die Friedrichstraße zurück: der verrostete Zeiger – er schien mir jetzt in der Dunkelheit nicht mehr tot. Er zeigte, er redete, er leuchtete mir heim. Es ist schon ein komisches Gefühl, mit solchen Eindrücken im Kopf dann plötzlich wieder die Grenzkontrollen der DDR zu durchlaufen. Was da alles hochkommt, für unsereinen. Ich sagte ja: Lauter Vergangenheit, also Kindheit, Jugend, meine Zeit, verlorene Zeit, die hier steht, abrufbereit, für mich. Das war nämlich einmal unsere Hauptstadt. Ich darf es doch sagen. Des Reiches Mitte. Es ist nicht zu leugnen: Hier stieg ich aus, hier stieg ich ein – S-Bahnhof Friedrichstraße, ein junger Student, der etwas lernen wollte, nicht für die Schule, fürs Leben, wie sich versteht. Jetzt deutsche Grenze. Ja, die Spree fließt immer noch durch Berlin. Nur hier ist sie deutsche Grenze, die Spree. Wie soll man das je verstehen?

Ich weiß, daß ich dann schließlich oben in der S-Bahn saß. Für mich ist die Berliner S-Bahn ein mythologisches Thema. Was da alles mitfährt an Zeitgeschichte. Wir fuhren noch nicht. Die Züge, die in den Westen rollen, müssen auf einem Sonderbahnsteig eine Weile warten, bis sie grünes Licht bekommen für den Westen. Ich sah zum Fenster hinaus: Werbeflächen, Plakate, Bahnhofsreklame. Bei uns wirbt da meistens ein Reisebüro oder eine Zigarettenfirma. Ich sah ein Porträt, einen mächtigen Schädel, eine Ikone, ein Kultbild Berlin-Mitte. Darunter stand groß, damit es auch jeder verstünde: »W. I. Lenin – Begründer der ruhmreichen Sowjetunion«. Welch ein Staat, ging es mir durch den Kopf. Welch ein Krampf! Lockerungsübungen, Entkrampfungsversuche, gelegentlich mal zusammen ein Bier trinken jenseits der großen Szene – das wird ein langer, schwieriger, mühseliger Prozeß.

Doch da fuhr der Zug ab. Ich sah West-Berlin wieder, sein Licht, seinen schönen Glitzerschein. Und wie es bei mir immer ist, wenn ich aus dem Osten komme – ich spürte Erleichterung, Heimat, man kann auch sagen: Identität. Ich dachte: Du kannst weg. Die müssen bleiben in ihrem Weißen Haus, Berlin-Mitte, Hannoversche Straße. Die richtige Straße für mich, hatte Gaus einmal zwischen zwei Zigarettenzügen in seiner überpräzisen Art gesagt. Sie wissen doch: Ich bin ein Welfe.

Bayreuther Szene

Zu Gast bei Richard Wagner

Die Ausgangslage

Eigentlich liegt mir so etwas nicht. Vielleicht ist es gut, das im voraus zu sagen. Es war mir fremd, ziemlich fern. Es war für mich eher komisch. Hörte ich recht? Sagen Sie das im Ernst: Bayreuth? Ausgerechnet ich? Welch eine skurrile Idee, so am Telefon, vormittags. Da habt ihr nun wirklich den Bock zum Gärtner bestellt. Noch schlechter kann man das Stück nicht besetzen. Es entstand Stille, Nachdenklichkeit, Ratlosigkeit, verlegenes Räuspern auf beiden Seiten. Ich unterbrach dann das Schweigen nach einer Weile. Ob es mein ausgeprägter Sinn für das Paradoxe war, diese Feinschmeckerlust an der frivolen Herausforderung? Warum eigentlich nicht, nicht wahr? Dachte ich, sagte ich, fühlte ich und war schon gefangen von dieser Idee. Das kann schon sehr komisch werden, wenn diese Welten zusammenstoßen: Bayreuth und ich. Wie Feuer und Wasser – ich könnte da löschen. Das wär' einmal etwas anderes, Neues. Nicht dieses Gemurmel der Fachleute, das im August die Spalten unserer Feuilletons füllt. Ich überschlage das. Ich könnte vielleicht etwas Heiteres, etwas Boshaft-Genaues, schöne Zersetzung mit Zeitkritik beisteuern. Also, abgemacht: Ich fahre. Das wird lustig werden. Ich bin ziemlich sicher.

Heute, hinterher, frage ich mich, woher eigentlich soviel Sicherheit, soviel Abwehr und ironische Distanz bei mir kommt. Bei mir und all den anderen in Deutschland. Die sichersten Urteile sind doch immer wieder unsere Vorurteile. An sie sollte man sich halten. Man fühlt sich in ihnen wie in Abrahams Schoß, so zu Hause, geborgen, gut bestätigt, eben ganz sicher. Man weiß alles haargenau, wenn man es nicht zu genau weiß. Das macht uns stark im Urteil, und natürlich: Mein Urteil in Sachen Wagner war stark und sicher. Es war blanke Verneinung. Es war mehr: ein Reizwort, das Widerstand auslöste, beinah Affekt. Es brachte ziemlich alles in Bewegung, was ich verabscheue. Das Wort Richard Wagner löste bei mir aus – ich assoziiere jetzt einfach, um meine Ausgangslage zu verdeutlichen –: Sumpf, Morast, dampfende deutsche Tiefe, Gewaber im Schlamm der Geschichte. Waffengeklirr, Kriegsgeschrei, Walkürengeheul mit mythischem Glanz. Man nennt das die Frühstunde des deutschen Faschismus. Das Wort Richard Wagner löst weiter aus: ein Gefühl der Endlosigkeit. Der Mann wird ja nie fertig. Das dauert ja ewig – alles. Jedes Gefühl eine Stunde. Man rutscht immer auf seinem Sitz, ungeduldig, setzt sich so hin und so hin und fragt sich etwas nervös: Wann wird denn dieser Amfortas endlich aufhören, seine Leiden zu beschreiben? Wir wissen's doch nun, und übrigens: Wie kann ein todkranker Mann so laut singen? Sterbende verenden still. Zum Schluß ist uns nicht nach Gesang zumute.

Ich will sagen: Die Oper überhaupt war mir zuwider, nicht nur die von Wagner. Uns ist nicht nach Singen zumute, uns Heutigen, meine ich immer. Wir röcheln und radebrechen eher mit Beckett, Ioneso. Die Welt ist ein Rumpfkabinett, ziemlich leer. Was soll das heute: »Rechts begrenzt ein Tannenwald die Szene. Links der Eingang einer Felshöhle, die einen natürlichen Saal bildet: darüber steigt der Fels zu seiner höchsten Spitze auf. Gerhilde, Ortlinde, Waltraute und Schwertleite haben sich auf der Felsenspitze, an und über der Höhle, gelagert; sie sind in voller Waffenrüstung.« So etwas ist unmöglich heute: Mummenschanz; alles Theater.

Es ist möglich, daß bei mir noch etwas anderes, Tieferes hinzukommt. Kindheitsgeschichten, also Frühfixierungen. So etwas hält lange an. Mama war sehr musikalisch. Sie war eine Sängerin, sozusagen, aber nur privat und zu Hause. Sie hatte sich in ihrer Jugend als Opernsängerin ausbilden lassen, es dann aber doch nicht geschafft auf der Bühne. Gleichwohl übte und präparierte sie sich immer wieder, manchmal mit einem Korrepetitor an der Seite, der sie am Flügel begleitete. Sie sang ihre Arien immer im Eßzimmer, während draußen in der Küche das Essen dampfte und manchmal überzukochen begann. Mama hatte eine tiefe und glücklose Liebe zur Rolle der Kundry erfaßt und erfüllte unser Haus dann mit schrillen Schreien und gellenden Lauten zur Mittagszeit, die offenbar Kunst waren, von uns Kindern aber eher als Weinkrämpfe und böse Exaltationen der Mutter verstanden wurden. Das machte Angst. Papa kam nach

Hause. Er war immer gutgläubig und hoffnungsfroh, ein schmackhaftes Essen, eine fleißige Frau, fröhliche Kinder, mit einem Wort: Familienglück vorzufinden, aber die Rolle der Kundry hatte alles verdorben. Wagner lähmte das Leben, lag wie eine drohende Wolke im Zimmer. Der Kohl schmeckte verbrannt, die Soße war mißlungen, das Fleisch zu zäh. Meine Mutter saß, irgendwie größer geworden, noch atemlos und geschlagen von Kundrys wilder Verzweiflung, am Eßtisch und versuchte in die kleine Welt unserer Familie wieder zurückzufinden, indem sie etwas abwesend Kartoffeln verteilte.

Parsifal in Berlin-Eichkamp – mit einem Wort: Man hat mir Richard Wagner sehr früh und gründlich ausgetrieben, wie später auch Goethe und Schiller im Unterricht. Ich will von dem, was danach noch mit Wagner und Hitler geschah, nicht reden. Das Dritte Reich war ja ein Bühnenweihfestspiel, sozusagen. Ich will nur festhalten: Die Ausgangslage war für mich klar – blanke Verneinung. Ich war ziemlich sicher.

Annäherungen

Und dann doch losfahren. Nun versuch es. Nimm ihn von der heiteren Seite, deinen Wagner-Komplex. Es ist schön, aufzubrechen, Ende Juli im Sonnenschein. Ich liebe die Landschaft, die spätestens bei Würzburg beginnt. Die sanften Hügel, die Weinberge, die Kornfelder, die jetzt schon gelb und vollreif sind, diese kleinere, bescheidenere Welt der Franken, die unsereiner meistens durchrast auf der Autobahn, zwischen Frankfurt und München kreuzend. Laß dir Zeit, übereile nichts, stimme dich ein. Ich las das Schild Pommersfelden. Ich ging von der Autobahn. Die Welt schlug hinter mir zu. Stille empfing mich. Ich fuhr durch Wiesen, Felder und ließ den Wagen ganz langsam rollen. Das Autodach offen, das Fenster herunter. Warme, weiche Luft streichelte mich. Man sagt immer, es gibt keine Sommer mehr heute, so richtig wie in der Kindheit. So ein Sommertag war. Ein Kindertraum der Natur, die nur flirrt und flimmert, vor sich hin döst, trotzdem zu Abenteuern verlockt. Ganz Franken ist wohl im Grunde ein Kinder-Idyll, ein Traum von der vorindustriellen Rechtschaffenheit des Menschengeschlechtes. Der Bauer führt hier noch seinen Pflug, schwarzweiße Kühe stehen auf grünen Wiesen, manchmal Schlösser, Burgen,

Bürgerhäuser dazwischen. Eine Welt, die uns wie die Mutter schmeichelt und sagt: Es ist alles heil, mein Kind. Die Welt ist intakt.

Schloß Pommersfelden steht plötzlich, wie aus Kartoffeläckern hervorwachsend, vor einem: eine gelbbraune Wucht, eine Residenz des Barocks. Halb Wiener Hofburg, halb Schloß Versailles, natürlich bescheidener, niedriger in den Maßen, aber für Frankens Kleingeratenheit doch kolossal. Ich ging durch den Schloßhof. Ich war verblüfft. Solche Höfe haben immer etwas von barocker Umarmung mit welkem Rosenduft von Rabatten. Touristen standen herum, auf eine Führung wartend. Eine vornehme Familie fiel auf. Der Vater im schwarzen Abendanzug, die Mutter im hellgrauen Seidenkleid, zwei Söhne, die fast wie Zwillinge wirkten, vielleicht Anfang Zwanzig. Auch sie in sehr feinen Abendanzügen. Ein perfekter Familiensalon im Hintergrund: ein schwarzer Mercedes. Sind die aus Bayreuth rübergekommen? dachte ich. Ist da heute spielfreier Tag? Erholt man sich so von Wagner?

Die Schloßführung: Sie ist auf der ganzen Welt gleich. Ob man sie in Krakau, Prag, in Leningrad oder Würzburg durchmacht, ein Barockschloß ist haargenau wie das andere. Man wird immer von einer Frau, die die mächtigen Türschlüssel etwas zu krampfhaft befingert beim Herzählen aller Zahlen, durch Marmorsäle, durch Gemäldegalerien, Schlafkabinette, Umkleidezimmer, Musikzimmer und festliche Speisesäle geführt. Man soll immer staunen. Im Schlafkabinett ist regelmäßig das Prunkbett des Fürsten zu bewundern, das, tief dunkelrot und von kostbaren Baldachinen geschützt, nur ahnen läßt, was da alles getrieben wurde, früher einmal. Aber vielleicht war es gar nicht so schlimm, dachte ich. Der Fürst schlief immer im Sitzen, erklärte die Dame, um seine Perücke zu schonen. Na bitte! Ich lächelte milde. Es ist übrigens hinzuzufügen, daß Schloß Pommersfelden für Liebhaber klassischer Malerei sehr sehenswert ist. Von Rubens bis Rembrandt und Tizian sind alle Meister mit kleinen Stücken vertreten. Das Schloß ist heute noch in Familienbesitz. Dem Grafen gehören noch vierzehn andere Landsitze, so erfuhr man. Ich frage die Dame mit Schlüsselbund: Warum kann man das nicht enteignen? Ich schlage Verstaatlichung vor.

Es war gegen sechs Uhr am Nachmittag, als ich dann in Bayreuth eintraf. Ich war nicht mehr auf die Autobahn gegangen. Ich war durch die Fränkische Schweiz gefahren. Täler, Burgen, kleine Felsgebirge. Es geht rauf und runter. Man rollt immer durch Grün, das saftig und frisch ist. Man fährt durch Dörfer und Städtchen, die, tief versunken, in ihre eigene Vergangenheit fromm verhakt, still vor sich hin dämmern. Ein tiefer Traum deutscher Romantik ist das Land, und wenn man mit solchen Bildern im Rücken endlich in Bayreuth einfährt, ist man eigentlich enttäuscht, zunächst und als Fremder. Es ist nicht Fisch und nicht Fleisch. Es ist nicht klein mehr, aber auch nicht groß, nur weit. Es ist noch alt, stellenweise, aber dann auch wieder modern, manchmal ziemlich übertrieben; etwa das neue Rathaus. Bayreuth macht zunächst ratlos.

Zwischen Hauptbahnhof, Luitpoldplatz und Maxstraße weiß man nie so recht: Soll das nun München sein in Kleinausgabe oder Pottenstein als Prachtband? Wurde die Stadt durch Wagner nicht etwas verwirrt und betrunken gemacht? Ist sie nicht aus ihrem historischen Gleichgewicht gerissen? Man sieht Schaufensterpassagen, deren Modernität vom Kurfürstendamm in Berlin nicht zu unterscheiden ist, und gleich daneben bröckelt aschgrau der Sandstein fränkischer Provinz. Eine Weltstadt der Musik für vier Wochen ist Bayreuth. Was außerdem? Was danach? Ich sage nun nicht: Ein Bierfaß wie Kulmbach zum Beispiel. Ich weiß es ja nicht. Ich habe es nie erlebt. Gottlob blieb mir Bayreuth an einem diesigen, kalten Novemberabend erspart. Ich spürte das Zwitterhafte der Stadt, schon beim Einfahren. Nicht Fisch, nicht Fleisch. Nennt man das nicht fad?

Und wie es immer ist, wenn man mit Vorurteilen gut vorprogrammiert kommt, fand ich auch reiche Bestätigung, zunächst. Die Richard-Wagner-Gemeinde traf ein. Man sah Abendtoiletten, vornehme Pelzroben sehr vereinzelt über Zebrastreifen balancieren. Im Speisesaal des Hotels war alles festlich gerichtet, aber nichts klappte mehr. Die Kellnerinnen liefen wie aufgeregte Hühner zwischen den Tischreihen der wartenden Gäste umher, flatterten hilflos von Tisch zu Tisch, mit nichts in der Hand als der verzweifelten Zusicherung, man möge sich doch gedulden, es sei alles etwas durcheinander, es sei nämlich Festspielzeit; die Küche total überlastet. Es dauerte eine Stunde, bis mein Süppchen geschöpft werden konnte. Es dauerte eine weitere Stunde, bis mein Schnitzel bestellt werden konnte, dann wieder vergessen wurde, dann neu bestellt werden durfte. Es war beinah kalt und schon Mitternacht, als es dann kam, und ich reagierte natürlich höhnisch: So hab' ich es mir doch gedacht. Ich sagte: Seit hundert Jahren ist das bekannt hier am

Ort. Das wissen Sie doch alles haargenau vorher. Warum seid ihr trotzdem so hilflos am Premierentag?

Die Richard-Wagner-Gemeinde; ich weiß nicht, ob es ein Zufall war: Hier im Hotel-Restaurant sah sie genau so aus, wie ich sie mir vorgestellt hatte. Unternehmergesichter Mitte Fünfzig, richtige Herren, richtige Damen. Führungskräfte – sagt man nicht so? Diese etwas leeren und doch repräsentativen Gesichter der Oberschicht, die in Gelsenkirchen eine Filiale der Commerzbank leitet, dem Tennisklub in Baden-Baden vorsteht oder in Hamburg Bananenfrachter laufen läßt nach Rio. Etwas Ledernes, altdeutsch Gegerbtes mit viel Sinn für das Höhere war zu vermerken. Machtgeschützte Innerlichkeit nennt man das. Man erkannte sich wieder, begrüßte sich fröhlich und etwas zu laut. Man kannte sich von den letzten Jahren. Tische wurden zusammengeschoben, Trinksprüche gewagt. Ältere Damen in altdeutschen Miederkleidern begrüßten sich, küßten sich innig, aber nicht zu innig, lagen sich in den Armen mit Goldgeschmeide. Rheingold, dachte ich. Das ist doch alles Rhein-Ruhr-Industrie. Sind Sie auch wieder hier, Frau Doktor? Nein, wie schön, Herr Professor, nach drei Jahren wieder am Ball. Bitte, dachte ich: Genau dein Alptraum – die Wagner-Gemeinde, gehobenes ADAC-Publikum, Mercedes-Benz-Klasse. Unzerbrechlich wie Plexiglas.

Der Festspielhügel

Heute, hinterher, rückblickend auf diese zehn Tage Neubayreuth, frage ich mich natürlich: Womit begann dann der Prozeß der Revision, der jetzt zu referieren wäre? Womit begann er denn, ganz persönlich bei dir? Es wäre natürlich hochwillkommen in meiner Branche, nun so weiterzuflirten, alle Klischees zu reproduzieren, die jetzt erwartet werden. Nur – so war es nicht. Spaßmacher haben es immer leicht. Es war viel schwieriger. Es war eher enttäuschend, zum Festspielhügel fahrend.

Es begann an der Bahnunterführung Tunnelstraße regelmäßig mit einem Stau. Die Rotampeln schalten hier im Wagnertempo, also sehr langsam, dann aber blitzartig. Man kommt meistens nicht hinüber. Die Autos zittern und giften vor sich hin. Man schwitzt. »Zum Festspielhaus rechts abbiegen«, steht geschrieben. Versuch es! Damen in glitzernden Gewändern überholen einen in energischem Walkürenschritt. Weißhaarige Greise trippeln hinterher. Man hört die Lackschuhe knarren. Dann der Hauptbahnhof, dann der Güterbahnhof, links an der Hauptpost vorbei Und die städtische Müllabfuhr? denkt man. Ich kann nicht sagen, daß die Anfahrt zum Festspielhügel erhebend sei. Der Anfang ist pure Verladestation. Kunstfracht wird hier befördert. Fahnen, wie von der Bahnhofsmission gehißt, säumen die Straße lustlos. Polizisten regeln einen Autostrom, der im Augenblick nur in ihrem Kopf existiert.

Dann hebt sich die Straße langsam, Grün beginnt, eine Parkanlage: Es taucht zum erstenmal das Festspielhaus auf, das man kennt oder auch nicht kennt. Jedermann weiß, daß es eine Kuriosität, ein Unikum, eigentlich ein Monstrum ist oder doch wenigstens so scheint, zunächst. Es sieht wie eine Altberliner Bahnhofshalle aus, S-Bahn-Station Gesundbrunnen etwa. Ein preußisch-roter Klinkerbau mit Fachwerkstreben: Architektur der Gründerjahre; ihre zusammengestückelte Konzeptionslosigkeit ist überwältigend. Seit hundert Jahren hat man immer rangebaut, was noch fehlte. Das ist die berühmte Scheune, hinter der tatsächlich Wiesen und Felder beginnen. Man lächelt etwas verlegen. Das also ist die Gralsburg, der Tempel der Erlösung? Deshalb fuhrst du her?

Große Auffahrt ist vor den Portalen in Gang: große Oper für zehn Minuten, Einzug der Gäste auf der Wartburg. Sehr viel anders wird das nachher im *»Tannhäuser«* auch nicht sein. Schwere Mercedes gleiten heran, öffnen sich lautlos. Eine Dame wechselt in letzter Sekunde, schon halb ausgestiegen, die Schuhe. Sie legt feinste Silbersandaletten an. Eine Nerzstola wird ihr von innen gereicht. Autos aus Hamburg, Hannover, München, Stuttgart, Berlin, Frankfurt, Nürnberg – man hat den Eindruck, daß jede Stadt der Bundesrepublik über etwa zwanzig profunde Wagnerkenner verfügt, die ihrerseits wieder über profunde Mercedes verfügen. Sie treffen sich jetzt zum Jahreskongreß. Bei den Herren herrscht festliches Schwarz, bei den Damen strahlendes Weiß vor, obwohl es auch umgekehrt geht: die weiße Smokingjacke zum schwarzen Abendkleid. Trotzdem wirkt die Szene nicht glanzvoll, eher fatal und verlegen machend; sie ist total überbelichtet. Falsches Licht über allem: Mittagssonne, Julihitze. Große Gesellschaft braucht das Zwielicht, Dämmerung, die Nacht.

Diese Auffahrt, wenigstens an den ersten Premierentagen, ist auch für die Bayreuther ein Stück: ihr Stück, ihre lokale Freilichtoper, der sie aufmerksam beiwohnen. In bunten Sommerkleidern, in Jeans und sehr hemdsärmlig stehen sie dichtgedrängt hinter der Kette der Polizisten, suchen und sehen, staunen und warten geduldig, wer wo wie kommt. Die KDF-Gemeinde beäugt kritisch die Wagner-Gemeinde: Was trägt man jetzt in den Metropolen der Welt? Was ist denn jetzt Mode hinter den Bergen?

Plötzlich geht leichte Unruhe, Erregung stillen Entzückens durch die KDF-Gemeinde. Gesichter, die strahlen. Ein schwerer Herr steigt aus einer schwarzen Karosse. Die KDF-Gemeinde klatscht. Das Klatschen springt nur sehr zaghaft über zur Wagner-Gemeinde. Es ist Franz-Josef Strauß, der, schwermütig lächelnd und mit der betonten Behendheit der Dicken sich hochschafft und dem Volk dankt mit süßsaurem Lächeln und einigen Autogrammen. Der Mann ist tatsächlich beliebt hier. Ich sehe es mit grenzenlosem Erstaunen. Ich kenne ihn nur unter Buhrufen und kleinstem Lebensmittelbeschuß: Frankfurter Szene, Bayreuther Szene – Deutschland.

Es gibt Kuriositäten am Ort, die unsereiner erst lernen muß, Fremdworte, die ich nicht kannte, bisher. Ich hatte ein seltsames Wort in der Stadt gehört. Es lief als frohes Gerücht, als Hoffnung, als stolze Verheißung von Mund zu Mund, vorwiegend Frauenmund. Es fraß sich schließlich wie eine Feuersbrunst bis zum Hügel hoch. Das Wort hieß Begum, und ich dachte: Was ist das? Ist das eine Sängerin, eine Süßspeise, ein Schiff, das mit Gästen angelegt hat, ein Elefantenmädchen im Bayreuther Zoo? So lernt man doch immer noch etwas zu in seinen Jahren. Die Begum ist die ungekrönte Königin von Bayreuth. Wenn es heutzutage Heiligenverehrung noch glaubwürdig gibt, so wird sie dieser Dame hier gezollt. Es ist eine lebende Figur aus dem Raritätenkabinett unserer Regenbogenpresse: wonach deutsche Frauenherzen lechzen. Die Begum soll eine Prinzessin sein, die Witwe des Aga Khan. Mich läßt das kalt. Es handelt sich um eine ganz aparte, fast resolute Frau Mitte Sechzig, an der kaum etwas auffallen würde, wenn sie nicht einem hellgelben Mercedes 600 entstiege, wenn nicht Klatschen, ehrfürchtiger Abstand, Kniefall der Herzen rundum entstünde: Die Begum ist da. Sie ist tatsächlich wieder gekommen! Welch ein Glück für die Welt und Bayreuth! Das Spiel kann beginnen.

Dann hört man zum erstenmal den Trompetenstoß vom Königsbau. Die Gemeinde wird langsam gebeten. Der Ritus wird dreimal geübt, jedesmal mit einer Verdopplung des Leitmotivs.

Immer noch stehen junge Männer in schwarzen Anzügen herum, halten ein Schild in der Hand: Siegfried gesucht! Tausche Walküre gegen Tannhäuser! Seit November sind die Eintrittskarten ausverkauft; gleichwohl gibt es manchmal Glücksfälle. Es muß zur Ehre Bayreuths gesagt werden, daß mit den Kostbarkeiten der Karten kein Schwarzhandel betrieben wird. Kein Hotelportier bietet einem hier, wie etwa in Salzburg, Eintrittskarten unter der Hand mit Raritätenaufschlag an. Bayreuth ist grundsolide, und wer im letzten Dezember siebenundsiebzig Mark für eine Karte bezahlte, wird auch beim dritten Trompetenstoß mit seiner Karte nicht mehr als siebenundsiebzig Mark einhandeln. Was ist der Festspielhügel? Ein Galaempfang in fränkischer Kleinfußligkeit.

Dann geht man hinein. Man wundert sich über das Gebälk, das rohe Holz, die biedere Schreinerkultur, die die sehr exklusive Gemeinde im Inneren des Hauses empfängt. Verblüffend unfestlich ist alles. Das Foyer, wenn man so enge Gänge überhaupt Foyer nennen soll, erinnert an eine Sauna, eine neu eröffnete Badeanstalt, das Richtfest für ein Wohnhaus: Holz, Holz, überall rohe Holzkultur. Mädchen in weiß-blauen Kleidern stehen an den Türen, Hostessen, die wie aus dem Münchner Olympiagelände entliehen wirken. Sie passen eigentlich nicht zum Stil von Bayreuth. Man sollte sie abschaffen – die Hostessen-Uniformen, meine ich, nicht die Mädchen. Dann verstummt die Welt. Dann versinkt die Welt. Dann beginnt ein anderes Reich, eine andere Zeit, ein anderer Raum. Was?

Klingsors Reich

Auf den ersten Blick wirkt der Zuschauerraum komisch. Ich möchte den Eindruck perfekte Häßlichkeit nennen. Als Fremder fühlt man sich zunächst an eine Gasanstalt, einen Bahnhofwartesaal zweiter Klasse kurz vor der Jahrhundertwende erinnert: die Welt der Dampfmaschinen. Das Eisengestänge, der Stuck und die falsche Säulenpracht aus den Gründerjahren. An der Decke zieht sich in ausgeblichenem Graugrün ein Muster, das offenbar eine Muschel im Jugendstil sein soll. Die Sitze sind eng, hölzern hart und bemerkenswert unbequem. Jeder Zuchthausinsasse sitzt heute in Deutschland bequemer. Die Besucher müssen stehen, bis auch der letzte seinen Platz gefunden hat.

Von den Wänden leuchten weiße Kugeln, wie man sie noch in Badezimmern und WCs benutzt. Drei Minuten vor Beginn wird der Strom herabgesetzt. Die Badezimmerkugeln werfen ein fahles, aschgraues Licht über die Festversammlung. Die Türen werden verschlossen. Der Laden wird dichtgemacht. Jetzt kommt niemand mehr raus oder rein. Das Gemurmel verstummt. Es wird still und ganz dunkel. Was passiert eigentlich jetzt, wenn einer ohnmächtig wird? dachte ich. Muß ein Herzinfarkt bis zum Ende des Aufzugs warten?

Ich habe diese Prozedur zehn Tage mitgemacht. Es gab keinen Herzinfarkt, niemand wurde ohnmächtig. Von den *Meistersingern* bis zur *Götterdämmerung* immer getreulich gesessen und zugehört: sechs Stunden pro Tag. Das sind immerhin gut vierzig Wagnerstunden. Ein ganz klein wenig also kenne ich schon die Szene Bayreuths, und was ich jetzt sage, sage ich also nicht nur von ungefähr, nur aus ironischer Distanz oder Schreiber-Routine. Ich sage es sehr bewußt. Ich sage es also: Jetzt beginnt ein Wunder. Ich wiederhole den Satz, denn er enthält alles, was zu sagen ist. Sehr viel mehr habe ich aus Bayreuth nicht mitgebracht. Es beginnt jetzt ein Wunder. Das Wunder heißt Wagner, heißt die Welt, in Musik gesetzt, das Leben als Rausch, als Klang, als ganz raffinierter Rhythmus. Das Orchester setzt ein, der Vorhang geht auf, und wie es immer bei wirklichen Wundern ist, ist etwas verwandelt – in mir und der Welt. Es ist alles ganz anders, als ich dachte, mich erinnerte, zu wissen meinte. Das ist nicht dieser dröhnende und wabernde Germanenfürst, den ich immer verabscheute, dieses Reichsparteitag-Getöse. Das ist ein unglaublich sensibler und raffinierter Artist, der da musiziert. Das ist ein Zauberer und Allesbetörer. Das ist große Dekadenz: Zartheit und Wucht des Zerfalls. Also für so etwas habe ich schon einen Riecher.

Das Wunder ist zunächst akustischer Art. Plötzlich versteht man diesen wunderlichen Holzkult. Das ganze Haus ist wie ein altes Instrument gebaut, ist wie ein Cello oder eine Stradivari-Geige. Es spielt mit – welch ein Klang. Knappertsbusch hat die Akustik des Festspielhauses das achte Weltwunder genannt; so ist es. Auf ziemlich rätselhafte Weise ist in diesem Raum, in dem jetzt fast zweitausend Menschen sitzen, jeder Ton überall immer vollkommen rein zu hören, ganz ohne technische Verstärker natürlich. Das Schweigen ist überwältigend. Niemand hustet. Niemand räuspert sich. Keiner kommt auf die klassische Abonnenten-Idee, jetzt ein Stück Schokolade aus knisterndem

Silberpapier zu lösen. Die Leute sind wie gebannt, also weggewischt. Unsere Welt ist verloschen. Eine andere Zeit beginnt: Klingsors Zeit.

Nein, ich will hier nicht aus dem Saulus einen Paulus machen. Ich will nicht sagen, aus dem Protest gegen Wagner wurde plötzlich gläubige Anhängerschaft, obwohl es das ja oft gab in Wagners Wirkungsgeschichte. Ich bin auch jetzt kein Wagnerianer, kein Mitglied seiner Gemeinde geworden. Ich bin auch kein Fachmann. Im Grunde verstehe ich von Musik nicht viel, nicht mehr, als ein interessierter Laie mit offenen Ohren eben hören kann. Ich habe Angst, mich in das Fachgemurmel der professionellen Schreiber zu mischen. Nach Shakespeare ist über keinen Dramatiker der Welt so viel geschrieben worden wie über Wagner. Hier gibt es gar nichts hinzuzufügen. Das nicht. Ich kann nur andeuten, wie und warum auch ich langsam gefangen, getroffen, überzeugt, ja bezaubert wurde. Ja, ja, bezaubert – ich weiß, was ich sage. Es ist Magie, die betrieben wird, also ganz tiefe Verwandlung. Ich kann also nur die Revision eines Vorurteils andeuten: wie das Kartenhaus meiner Sicherheit über Wagner langsam zusammenfiel, Stück für Stück. Also Spötterdämmerung.

Ich begriff das zum Beispiel: Die Deutschtümelei, diese dräuende Mythologie der Germanen ist nichts als Vorwand und Folie, reiner Firnis. Man kann das mühelos abkratzen. Es ist schwer, beim Lesen der Textbücher kein Wagnergegner zu werden. Als Sprachwerke sind sie ein Greuel. Es ist aber nur das Skelett des Ganzen. Und wer würde nicht das Skelett eines Menschen abscheulich finden? Gerippe sind immer erschreckend. Das Wort war ihm nichts als Vehikel für seine Musik. Diese monströsen und kolossalen Heldenlegenden nichts als Anlaß, um dramatische Szenen zu entwickeln. Hinter so abscheulichen Namen wie Wotan, Fricka, Brünnhilde, Sieglinde verbergen sich im Grunde sehr intime und ziemlich gewagte Familiengeschichten, die man beinah obszön nennen müßte. Das ist alles viel brüchiger und poröser, als es tut. Das ist Dekadenz und feiner Verfall: Wälsungenblut. Nicht umsonst war Thomas Mann fasziniert.

Schraub die altertümelnden Götternamen ab, und die »Walküre« ist eine sehr laszive und brisante Familiengeschichte: reiner Anarchismus. Ich vermute, sie würde wegen Verherrlichung sexueller Perversionen heute kaum die Bundesprüfstelle für jugendgefährdende Schriften passieren. Da lernt also ein Fremder eine verheiratete Frau kennen und geht mit ihr schlafen. Gleich in der ersten Nacht wird ganz große Liebe daraus. Die Frau ist übrigens seine Schwester, wie sich herausstellt, schlimmer noch: Es handelt sich bei beiden um Zwillinge, die diese Blutsnähe beinah zum Glühen bringt – vor Liebe. Der Sachverhalt kommt zu Ohren der Eltern. Die Mutter, Fricka genannt, ist natürlich empört und will die Weltordnung wiederhergestellt wissen durch ernstes Vaterwort und Strafe. Der Vater aber findet den Beischlaf der Kinder nicht schlimm. Er sympathisiert, scheint auch eigene Inzestwünsche nicht gerade zu unterdrücken. Er unterhält zu einer seiner neun Töchter ein Verhältnis, das man mindestens als unschicklich bezeichnen muß. Fast eine halbe Stunde braucht er auf der Bühne, um sich aus ihrer Umarmung zu lösen. Die Liebe der Geschwister ist übrigens gesegnet: Kein Kretin, kein Schwachsinniger mit Schiefmaul oder Hasenscharte entsteht – ein Jüngling, der Siegfried heißt. Sein Tod wird später einmal die alte Herrschaft zerbrechen, die Götter vernichten. Ein gefährlicher und anarchistischer Stoff also. Wagner ist revolutionär.

Ich begriff weiter: Das alles ist nur in Musik, mit Musik, für Musik gedacht, und diese Musik ist gar nicht dröhnend, monströs und herrschsüchtig. Sie ist reine Verführung, unglaublich geschmeidig und vielgestaltig, reich und raffiniert in den Mitteln, zärtlich und wild, daß man nur sagen kann: Der Raum des Menschen, unser Leben ist hier dargestellt. Es ist im Grunde ein Kosmos menschlicher Leidenschaften: Alles, was zwischen Liebe und Tod, Hoffnung und Haß, Glück und Verzweiflung für uns erlebbar ist, ist hier musikalische Szene geworden, ist in der Verzauberung vollkommener Klänge Kunst geworden. Wie zärtlich, wie weich, wie anschmiegsam, beinah volksliedhaft das kommen kann, etwa in der Szene, wo Siegmund und Sieglinde sich zu erkennen beginnen: Winterstürme wichen dem Wonnemond, aber auch wie leidenschaftlich dramatisch, mit welcher Wucht die Erkenntnis des Tabubruchs vermittelt wird, wie die Schwester in den Bruder glühend versinkt vor Glück. Diese Musik ist unglaublich erotisch. Sie ist eigentlich ein immerwährender Liebesakt. Kommt daher ihr Reiz, ihr Sog, ihre ganze offenkundige Verführungskraft? Ist Wagner ein Fest des entfesselnden Eros?

Und wo immer Eros ist, ist auch Thanatos: Liebe und Tod sind sich nahe. Der ganze »Ring« ist eine einzige Feier des Untergangs. Hier will etwas in Liebe und Tod sich auflösen. O schöner Niedergang. Karajan soll gesagt haben: Wenn man diese Musik wirklich so spielen könnte, wie Wagner sie hörte, müßte man sie verbieten – von Staats wegen. Sie sprengt die Welt. Sie ist glühender Untergang. Und ich füge hinzu: Das ist die Aufgabe der Kunst. Das ist eben ihre Funktion. Kunst ist gefährlich. In ihr glimmt immer der Funken der Anarchie. Kunst ist Revolte.

Geregelte Verhältnisse

Man kann fragen: Was kostet solche Erfahrung? Was ist der Preis für den Zauber? Was geht auch verloren – an Wirklichkeit? Metamorphosen des Ichs: Man wird sensibilisiert, vertieft, verinnerlicht – ja, ja, das wird man in Bayreuth. Das Festspiel ist eine Kur für Ohren. Man bekommt ein neues Gehör geschenkt, und das macht einen merkwürdig allergisch gegen die Geräusche der Welt, die es auch noch gibt, leider. Man ist wie neugeboren, feinnerviger, empfindlicher geworden in den Gehörgängen, und wenn man dann nach der Aufführung wieder im Auto sitzt und wie gewohnt nach dem Anlassen des Motors das Autoradio einstellen möchte – das sind so automatische Reflexe, fast wie beim Zigarettenanzünden –, da spürt man: Das geht nicht mehr. Es ist unmöglich, jetzt Nachrichten, Tanzmusik, Kommentare entgegenzunehmen. Du bist aus der Welt herausgeschleudert. Wohin eigentlich? Das wirkt jetzt alles unglaublich banal und flach, wie Blechgeschepper, was aus dem Radio kommt. Die Welt geht zwar weiter. Aber man sagt immer: Nun stell bloß das Zeug ab. Ich kann es nicht hören. Ich kann überhaupt nichts mehr hören – von draußen. Ich höre nur Wagner noch. Ich bin von Kopf bis Fuß auf den »Ring« eingestellt. Ich lebe zwischen lauter Leitmotiven. Was meinst du: Ob morgen der Siegfried die Brünnhilde verlassen wird? Dem Mann ist ja alles zuzutrauen. Wie fandest du übrigens den Cox? Ich hatte mir Siegfried schmaler, strahlender, eben sieghafter vorgestellt. Ob Windgassen früher nicht doch besser war, sozusagen vitaler, blühender in den Obertönen?

An solchen Problemen, Aspekten und Wertverschiebungen erkennt man, daß die Kur anschlägt. Die Medizin beginnt zu wirken. Der Zaubertrunk zeigt Resultate: sehr ernsthafte Akzentverschiebungen. Das, was man heute gern Gesellschaft nennt und was uns so rasend beschäftigt und in Atem hält, um sie zu verändern, diese Gesellschaft – es verblaßt, wird merkwürdig schemenhaft, unwichtig. Sie ist natürlich noch da, aber doch nur wie eine Mondlandschaft, die fahl und bleich und nur indirekt von der Sonne des Meisters Geisterlicht empfängt. Nur die Kunst ist Realität. Politik ist vordergründiger Schein, das öde Geklapper schlechter Komparsen und Maulhelden, die immer dasselbe schreien. Immer noch kauft man sich Zeitungen des Morgens, die *Frankenpost* hier, die *Süddeutsche,* die *Frankfurter Allgemeine* und die *Welt,* aber man ertappt sich dabei, daß man sofort das Feuilleton aufschlägt und fragt: Steht da etwas über Bayreuth? Was meint denn Joachim Kaiser zum »*Parsifal*«? Er schien mir in der Pause immer so mißgelaunt – im Vorübergehen. Hat er etwas gegen Eugen Jochum?

Gewinn und Verlust, Schrumpfung und Zuwachs: Weltmetamorphosen, die Wagner erzeugt, immer noch. Ein anderes Leben entsteht, ein neuer Tag, ein anderer Takt. Er fordert Tribut. Es ist durchaus ein Full-time-Job, ein ernsthafter Festspielteilnehmer zu sein. Man hat zu tun, um über die Runden zu kommen. Man hat höllisch zu rudern, um über das wogende Meer eines Stücks rechtzeitig zum Ufer des nächsten Stücks zu kommen. Also Zeitprobleme, Tageseinteilung, strenger Ritus des Festspielgasts. Man lebt in geregelten Verhältnissen. Es ist wie beim Roulett zum Schluß: Nichts geht mehr. Es dreht sich alles im Kreis um den Meister. Die Welt ist ein »*Ring*«, und du sitzt da drin: schon ziemlich verwagnert.

Das Tagespensum sieht so aus: Um neun Uhr aufstehen, halb zehn Frühstück. Beim Frühstück ist Theaterbericht, also Kritik, Lob oder Tadel der gestrigen Aufführung im Kreis der anderen, ganz unvermeidlich. Präzise Kurzrezensionen sind erwünscht. Ich, der ich morgens eher müde bis maulfaul bin, bin genötigt, mich begeistert oder gedämpft über die »*Meistersinger*«-Inszenierung zu äußern. Immer wollen die Leute wissen, wie der Ridderbusch, Theo Adam, der Kollo, die Bode denn nun eigentlich waren, gestern abend. Mich setzt das in Verlegenheit. Ach, schon sehr gut, sage ich, ganz vorzüglich, obwohl immerhin, nicht wahr? Sie verstehen, was ich meine? Ich bin natürlich ein völliges Greenhorn, ein Newcomer, ein richtiges Dummerchen hier in Bayreuth. Ich lebe unter lauter Fachleuten, so merke ich jetzt. Alle sind unheimlich beschlagen. Mir scheinen sie so kenntnisreich, hochinformiert und nur auf Detailfragen versessen. Ein Kongreß der Musikwissenschaftler ist Bayreuth.

Ich fühle mich wie ein Buschneger im Kybernetikerkreis. Was die alles wissen? Es geht nicht um Wagner oder Stücke von ihm. Es geht um ganz subtile Regiedifferenzen. Sie interessieren sich nicht für Beckmesser und seine Problematik, die ich gar nicht komisch, eher tragisch finde. Fast ein Shylock, fast unspielbar heute, dachte ich. Sie fragen nur, wie Klaus Hirte denn disponiert war im zweiten Akt, dritte Szene, und ziehen dann lange Vergleiche, wie sich im Laufe ihres Lebens die Interpretation der Beckmesserrolle gewandelt habe. Eigentlich war früher doch alles besser. Frau Dr. jur., die mich betreut, sagt morgens schon beim Kaffee-Einschenken: Eugen Fuchs, dreiunddreißig – das war Klasse. Das waren noch Stimmen damals. Die gibt es heute nicht mehr. Sie vergleicht Kunz mit Bitterauf, kommt dann auf Schmidt-Walter zu sprechen, während ich mir ein Käsebrot richte. Erinnerung einer Stadt, Gedächtnis von Bayreuth: alles Theatergeschichten.

Vormittags Erkundungen, Gänge, Stadtbesuche, aber nicht zu lang. Man muß scharf disponieren. Von elf bis halb eins ist lokaler Freiraum gegeben, nicht mehr. Man geht durch die Stadt, sieht wieder ihre sonderliche Mischung aus Supermodern und Altfränkisch, denkt wieder: Verrutscht. Dieser Wagner hat die Stadt aus dem Takt gebracht. Ganz Bayreuth ist jetzt mit ihm gepflastert und ausgeklebt. Die Commerzbank bietet die Sänger von heute abend als Aktienpaket feil. Der Juwelier schmückt sein Fenster mit »Rheingold«. Er hat einer sehr resoluten Sängerin aus Pappe erlesenen Schmuck angelegt. Die Buchhandlungen sind auf Wagner spezialisiert. Außer ihm scheint es keine Literatur zu geben, höchstens noch Wanderkarten, Ortsführer, Bayreuth-Breviere. Man fährt auf einen Sprung in die Eremitage. Aber das ist alles zu weitläufig. Es lenkt ab. Man geht kurz ins Neue Schloß, besucht das markgräfliche Opernhaus. Einen Augenblick ist man entzückt über seine prachtvolle Barockschönheit. Daß es solche Perlen in der Provinz gibt, denkt man. Das gibt es vielleicht noch zwei- oder dreimal auf der ganzen Welt und dämmert hier rum, etwas verstaubt schon, die Pracht. Aber was hat es mit Wagner zu tun? Du wirst doch nicht etwa vom Thema abkommen? Doch, doch, das hat schon, registriert man nicht ohne Aufatmen. Hier fing doch die ganze Geschichte an. Wagner wäre wohl nie nach Bayreuth gezogen, wenn Hans Richter, sein erster Kapellmeister, ihn nicht auf dieses Knusperhäuschen des Spätbarocks hingewiesen hätte. Spätbarock, das klingt wie Spätkapitalismus, nicht wahr? Wie spät ist es denn? Man blickt nach der Uhr. Natürlich war es für Wagner dann doch nicht passend. Das versteht sich. Man repetiert noch rasch die drei Essentials des Meisters, seine Festspielhaus-Forderungen. Man sagt: Riga, also versenkter Orchesterraum, amphitheatralischer Zuschauerraum, vollkommene Verdunklung. Bitte, bin ich nicht gut? Komm, komm; rasch, rasch. Es ist halb eins. Wir müssen essen.

Also Mittagessen. Die feineren, opulenteren Häuser habe ich mir längst abgewöhnt. Es dauert zu lange, ist viel zu umständlich. Verwagnert sein heißt auf Gasthöfe, Kneipen, kleinere Wirtschaften zurückgreifen. Rasch, rasch, heißt die Parole. Es droht »Parsifal«. Nur schnell den Schoppen Frankenwein, die Knödelsuppe, das Kaßler oder den Sauerbraten. Um vier geht es weiter, und ehrlich: Ich habe das Textbuch überhaupt nicht gelesen. Ich saß gestern die halbe Nacht mit Hans Mayer zusammen, der mir unglaublich kluge Deutungen anbot – bei schlechter Zwiebelsuppe, die sauer war. Der Mann hat einen Scharfsinn, der mich bestürzt. Er kann alles druckreif und vollkommen durchformuliert interpretieren. Er schiebt etwas entrüstet die Zwiebelsuppe von sich weg und fragt sehr artig: Wie lang hätten Sie jetzt gern die »Ring«-Deutung? Zehn Minuten, eine halbe Stunde, zwei Stunden? Dann reden ganze Bücher aus ihm: bestürzend. Ich frage mich: Wie sind solche Geister privat? Etwa beim Strümpfeanziehen oder Zähneputzen? Ein Deutscher, ein Jude und auch noch Marxist. Das ist wie mit Adorno oder Ernst Bloch. Erst die sind die wahren Gralshüter. Ob links oder rechts: Politisch ist Wagner nicht beizukommen. Er ist ein Mythos, der immer neu ausgelegt wird. Das verspätete mich gestern abend. Ich war todmüde ins Bett gesunken.

Von halb zwei bis halb drei kann sich der Gast kurzen Entspannungen hingeben. Ich nicht. Ich muß das Textbuch nachlesen. Irgendwie weiß man natürlich, was kommen wird, aber eben das nützt nichts. Wenn der Vorhang aufgeht, muß man präzis wissen, was nun in Gang kommt. Wörter sind nur gelegentlich zu verstehen, Sätze so gut wie nie. Sie versinken wie Kieselsteine im Meer der Klänge. Die Texte sind das Skelett. Ohne das Skelett zerfällt alles zu einem konfusen Gefühlshaufen. Also merke genau: »Gurnemanz (rüstig greisenhaft) und zwei Knappen (von zartem Jünglingsalter) sind schlafend unter einem Baume gelagert. Von der linken Seite, wie von der Gralsburg her, ertönt der feierliche Morgenweckruf der Posaunen. Gurnemanz, erwachend und die Knaben rüttelnd: He! Ho!

Waldhüter ihr, – Schlafhüter mitsammen, – so wacht doch mindest am Morgen. Die beiden Knappen springen auf.« Na bitte, jetzt weiß ich's.

Spätestens um halb drei muß man auch aufspringen. Ankleideriten. Ob man das Hemd von gestern noch einmal? Ob man heute nicht doch eine ernstere Krawatte wählen sollte? Keine Oper, ein Bühnenweihfestspiel steht heute an. Merkwürdigerweise wird gar nichts über die Bayreuther Kleiderordnung publiziert. Ich bedaure das. Ich Greenhorn hatte tatsächlich meinen Smoking zu Hause gelassen, der ohnehin immer nutzlos im Kleiderschrank hängt. Hier wäre er vonnöten. Alle Protestwellen, Sexrevolutionen und fröhliche Emanzipationsbewegungen unseres jüngsten Jahrzehnts haben nichts an der Tatsache verändert, daß man das Festspielhaus nur in klassischer Abendtoilette betritt: großbürgerlich, nicht spätbürgerlich. Niemand schreibt's vor, niemand wird abgewiesen an der Tür. Es versteht sich von selbst, daß man nicht im Straßenanzug kommt. Selbst Zwanzigjährige kommen im Smoking, allerdings auf letzten Stand gebracht, also sehr modisch geputzt und mit feinsten Spitzen garniert. Es ist ja auch dieses Vorurteil zu revidieren, daß Bayreuth eine Sache der Älteren sei, ein Kult der Väter. Jugend ist hier genauso vertreten. Nachwuchsprobleme sind nicht zu sehen.

Weiter: Was wäre noch zu revidieren? Ich meine, das Gerücht, daß das Absitzen der Stücke, des »Rings« etwa, Strapazen des Körpers seien. Nur Ignoranten können das verbreiten. Es ist so organisiert: Ein Aufzug dauert im Schnitt etwa eine Stunde und zwanzig Minuten. Das ist nicht zuviel, nicht wahr? Das kann man schon aushalten. Für den Beifall sind anschließend zehn Extraminuten vorsorglich einkalkuliert. Erst danach beginnt die Pause, die eigentlich keine Pause ist, sondern ein ausgewachsenes Freilichtstück, das das Publikum spielt. Man ergeht sich im Grünen; man sitzt in den Parkanlagen; man erquickt sich in dem Restaurationstrakt, wo für teures Geld bemerkenswert schlechte Speisen gereicht werden, meist im Self-Service-Prinzip. Ich rate von größerem Verzehr ab. Man sollte sich lieber auf den nächsten Aufzug präparieren. Was geschieht da? Man muß es wortwörtlich wissen. Also? Dann hört man vom Königsbau wieder Trompetenstöße. Dann wandert man wieder hinein. Auch der zweite Aufzug ist nicht viel länger als eins zwanzig. Zehn Applausminuten sind hinzuzurechnen. Jetzt ist es schon halb acht, wenn man heraustritt. Dämmerung,

Abendlicht sinkt langsam nieder. Erst jetzt wird die Szene schön. Erst im Hereinbrechen der Dunkelheit, im ersten Glitzerschein der Laternen kommen die großen Abendkleider der Damen zur Geltung. Festlichkeit, Glanz und Verführung sind nur im Dunkeln möglich. Dann wieder Trompetenrufe gegen halb neun: Der dritte Aufzug beginnt. Er ist wegen der aristotelischen Regel: Untergang des Helden im letzten Akt, etwas länger anzusetzen; sagen wir eins dreißig. So kurz vor zweiundzwanzig Uhr ist alles vorbei. Man ist nicht übermüdet.

Qualvoll fand ich nur die Applausorgien, vor allem die ganz zum Schluß. Kaum ist der letzte Ton im Orchester verklungen – und man kennt dieses raffinierte Verschweben und Versinken der Leitmotive bei Wagner, die wie in einer Wellenbewegung noch einmal zart aufklingen im letzten Geigenstrich, dann verhauchen, verschweben in einer Stille, die hörbar ist –, also kaum ist dieser ganz tiefe Raum des Schweigens erzeugt, bricht ein Orkan los, ein Höllenspektakel. Ein Volk explodiert. Ein rasendes Gedröhn, Gedonner, Gerumpel setzt ein. Ach, meine Ohren! Immerhin habe ich die Schlacht um Cassino mitgemacht: 43. Ich wage den Satz: Im Festspielhaus dröhnt es schrecklicher als die größte Materialschlacht, die ich erlebte. Man nennt das auch Beifall, merkwürdigerweise. Zum Schluß muß man mit dreißig Minuten Beifall rechnen, Buhrufe inklusive. Ich mußte mich vorsichtig freikämpfen, wie in Kriegstagen.

Seitensprünge

Sicher würde auch das ins Klischee passen zu sagen: Spielfreier Tag. Gott sei Dank etwas Luft. Endlich einen Tag nichts von Brünnhilde, von Fricka und Wotan hören, keine Liebeslust, keine Sterbenswonne, nichts da von Tragik, von Tod und rauschhaftem Untergang. Die Wonnen der Gewöhnlichkeit wieder: Eis lutschen, Socken kaufen, ins Grüne fahren. Also nichts als weg.

Wenn ich ehrlich bin, muß ich einräumen: Solche Reflexe haben sich nicht eingestellt bei mir. Es war nicht Wagner, der mich wegtrieb – eher Bayreuth. Die Stadt ist mir etwas zu routiniert im Gewerbe. Sie ist sehr groß im Nehmen. Darf ich es sagen? Vielleicht war es mein Pech, mein Greenhornschicksal. Ich habe in diesen zehn Tagen nicht ein einziges Mal mit Kultur und Genuß vorzüglich gegessen, obwohl die Preise sehr wohl das erwarten lassen. Am erheiterndsten war es im Hotel Fantasia, wo Wagner einmal gewohnt haben soll. Es schreckte alles wie aus tiefstem Schlaf auf, als wir kamen, und war wie am Anfang: Nichts klappte mehr. In der Stadt hat man immer den Eindruck: Die Preise werden einfach verdoppelt für Festspieltage. So ernährt die Kunst doch die Leute. Ich rate zu Seitensprüngen. Warum drängt ihr euch dauernd so in der Stadt, deren Festspielfieber so förderlich nicht ist dem Geist des Gastes? Ich rate also zu Seitensprüngen aufs Land, zum Fichtelgebirge zum Beispiel. Seit je machen hier die Berliner Urlaub, und wo Berliner sind, meine ich, ist man nie schlecht beraten. Berliner lassen sich nicht leicht übers Ohr hauen. Am Fichtelsee ist es, als wenn sie alles aus Berlin mitgebracht hätten: Föhren, Fichten, viel Sand. Das lauwarme Wasser des Fichtelsees liegt still und schlapp wie in Berlin-Hundekehle. Man meint sie zu riechen: Mark Brandenburg. Ich liebe das.

Ich will etwas über Wunsiedel sagen. Ich war Jean Paul auf der Spur. Es ist bedrückend zu sehen, wie der Ruhm des Dichters in Bayreuth im Schatten Wagners dahinsiecht, ziemlich verkümmert. Immerhin hat Jean Paul die letzten zwanzig Jahre seines Lebens hier in Bayreuth gelebt, gearbeitet, ist dort gestorben, begraben und war unser größter Erzähler damals. Natürlich wirft sein Werk nicht viel ab für das Fremdengewerbe, höchstens den Namen für die Buchhandlung, die Apotheke. Mir war das zuwenig. Bayreuth geht überhaupt etwas lieblos um mit seinen Söhnen, so schien mir. Daß Max Stirner hier geboren wurde, aufwuchs, kann man in jedem Lexikon der Philosophie nachlesen. Die Stadt hält es kaum der Rede wert.

»Ich bin gern in dir geboren, kleine, aber gute, lichte Stadt.« Wenn man von der Luisenburg herunterkommt, liegt Wunsiedel da wie ein Vers aus Volksliedzeit, in Felder, in Wiesen, in sanfte grüne Hügel gebettet. Eine kleine, überschaubare, geordnete Welt mit spitzwinkligen Dächern, alten Stadtmauern, Kirchen und vielen Brunnen, die rauschen; es sollen zwanzig sein. Ich weiß auch nicht, woran es lag. Ich bin ja nicht gerade ein deutscher Kleinstädter. Ich war betroffen von der Stille, dem Frieden, all der Geschichte, die einen empfing. Deutschland, das warst du einmal? Das war einmal dein Herz, das die Welt bezauberte? Das ist doch immer noch das Bild, das überall in der Welt hochkommt, wenn man das Wort Deutschland sagt: ein Giebelhaus, eine Barockkirche, ein Marktplatz mit Kopfsteinpflaster, das Denkmal des Dichters, der hier Jean Paul heißt – Enge, die noch nicht Vermassung und Gewühl, sondern Vertrautheit, Nachbarschaft, eine Art von Geborgenheit bedeutet. Ich möchte in solchen Idyllen heute nicht leben. Sie sind wie stehengebliebene Uhren. Eine andere Zeit ist abzulesen.

Wir saßen eine Weile im Hof des Fichtelgebirgsmuseums. Wenn hier die Tür ins Schloß fällt, ist es wiederum, als wenn ein Jahrhundert von einem abfiele. Die Zeit steht still. Nichts ist wichtig, fast wie in einem Klosterhof. Sonne lag über den Pflastersteinen. Ein Brunnen, über dem sich ein Neptun sieghaft und etwas barock rekelte, wohlbeleibt. Hatte er dahinter die Wäsche zum Trocknen aufgehängt? Ein weißblaues Grenzschild lehnte an der Steinwand und kündete ebenso festlich wie drohend an: »Königreich Bayern«. Sie betreten den demokratischen Sektor, dachte ich. Eine Katze schlich blinzelnd herum, ein Spitzweg-Bild, und merkwürdig: Ich war getroffen, bezaubert. Laß uns hierbleiben, sagte ich. Hier sitzen und gar nichts tun, nur vor sich hin dösen, nur diese Stille hören, den Schlaf der Zeit, das Rauschen der Tiefe, den Traum von gestern. Hat er uns gar nichts zu sagen?

Wir sind alle so unheimlich progressiv, heutzutage. Es geht ständig vorwärts mit uns. Aber was geht dabei auch verloren? Ich glaube, die Kraft der Stille, die Sprache des Schweigens, der Schlaf, der uns schöpferisch macht. Die Phantasie geht verloren. Mein Gott, wenn ich daran denke, wie sich jetzt auf den Autobahnen überall die Urlauberströme stauen und leicht zerquetschen, wie jeder haargenau weiß in dieser perfekten Industriegesellschaft, was und wohin er will: mindestens nach Spanien, aber eigentlich noch weiter, und hier ist es friedlich und still, nur schön; kein Mensch kommt hierher, ein Ferienidyll, an dem alle vorbeirasen. Das Glück ist in uns selber zu suchen. Man sollte wieder Jean Paul lesen, nicht wahr?

Tatsächlich wirft ein Schriftstellerleben nicht sehr viel ab für Touristik. Das Jean-Paul-Zimmer oben im zweiten Stock ist in seiner Enge und biederen Bürgerlichkeit schon typisch für die Lage des Dichters damals, aber wenn man ehrlich ist, muß man sagen: So oder ähnlich waren viele Bürgerzimmer um 1800. Ein Tisch, zwei Stühle, ein paar Bilder an der Wand. Was diesen Mann beflügelte, was seine Phantasie antrieb, was ihm all diese kauzigen, skurrilen Geschichten zuspielte, ist hier nicht zu fassen. Poesie ist wie ein Traum, der durch Zimmer geht. Man muß sich später an Texte halten.

Trotzdem, wir blieben dem Fall auf der Spur. Es gibt am Rande Bayreuths noch ein anderes Jean-Paul-Zimmer, das wir rückkehrend nach langem Suchen und Fragen fanden. Das Haus trägt den kauzigen Namen Rollwenzelei und steht an einer etwas gefährlichen Straßenecke. Wir klingelten. Eine ältere Frau öffnete, zeigte sich etwas erstaunt und freundlich angetan von unserem abseitigen Interesse. Die Rollwenzelei ist heute ein Privathaus, das oben im ersten Stock das Arbeitszimmer des Dichters bewahrt, so gut es geht auf privater Basis. Warum mischt die Stadt hier nicht mit? fragte ich. Immerhin ging Jean Paul aus der Innenstadt, wo er wohnte, jeden Tag hier raus, um zu schreiben. Seine späten Bücher entstanden alle hier.

Die Frau holte das Gästebuch. Es waren drei Folianten, die bis in die Mitte des vorigen Jahrhunderts zurückreichten. Sie sind selber eine Kostbarkeit, die immerhin hundert Jahre poetischer Pilgerschaft zu Jean Paul beurkunden. So etwas liegt hier rum, zerfleddert. Wie akkurat und streng dagegen alles im Wagner-Museum präsentiert wird. Ein Stiefsohn der Stadt ist der Dichter. Die Frau blätterte in den Folianten. Es knisterte wie Pergament. Bitte, Bruckner, Anton Bruckner, sagte sie. Sie schlug dann nach hinten, suchte, strich mit dem Finger über eine Unterschrift. Bitte, er war auch hier, sagte sie. Man sah die ganz schräg liegende, wahnsinnig verdrückte, verkritzelte Unterschrift, die ich hinreichend kenne aus anderen Dokumenten: Adolf Hitler. Ich blätterte weiter, sah dies und das, blieb bei der Jahrhundertwende hängen, fand eine große, altmodisch anmutende Schrift mit hohen Bögen und Schleifen. Es war Genugtuung und Befriedigung in mir, als ich las: »Vergessen Dich die Deutschen heut? Du bist der Meister von Bayreuth!« Darunter stand: 7. August 1902, Alfred Kerr. Ich will es mir aufschreiben, sagte ich. Das ist ein kleines Fundstück für Kerr-Philologen. Ein neuer, unbekannter Vers von ihm: Kritik und Poesie. Ich schrieb: Vergessen dich die Deutschen heut? Du bist der Meister von Bayreuth!

Spötterdämmerung

Zum Schluß sollen nur Erinnerungen sein. Das Spiel ist aus, der Vorhang zu. Ich bin zu Hause, also Ausgangslage. Ich will wieder assoziieren. Ich will wieder hochkommen lassen, was sich bei mir einstellt beim Wort Richard Wagner. Was ist es? Ich sage das Wort Bayreuth, ich schließe die Augen. Merkwürdig: Zunächst kommt ein Szenenbild hoch – die Weltscheibe, unvergeßlich. Es ist dieser neue, abstrakte, unendlich vereinfachte Inszenierungsstil von Neubayreuth, in dem der ganze *Ring* gespielt wird, beinah oratorisch. Das historische Mobiliar ist weg. Die Szene ist vollkommen leer, eine abstrakte Fläche im Kosmos, die mich fast an Fernsehbilder von Mondlandungen erinnerte. So verloren, so allein und beängstigt von Leere. Die Leere ist aber gebrochen. Die Scheibe besteht nämlich aus zwei Scheiben, die, etwas nach unten gewinkelt, so schräg miteinander verkantet sind, daß zwei Welthälften entstehen, die miteinander handeln, im Kampf liegen. Ich sah ein Bild der Welt, also eine Metapher für Existenz, die ich akzeptieren kann. Sie erinnert an Skandinavien, an die Weite, Endlosigkeit, Einsamkeit der Fjorde.

Dann das Geheimnis der Lichtregie: wie sie mit nichts als Lichteffekten das ganze Spektrum aufleuchten lassen, wie die Dämmerung einfällt, die Nacht aufsteigt, wie Feuer ausbricht, die Welt in Flammen und Glut aufleuchtet und dann versinkt. Man kann natürlich sagen: Reiner Mythos, nichts als Theater. Was soll das im industriellen Zeitalter? Ich bin nicht mehr so sicher, so schnell bei der Hand mit Antworten. Ich weiß nur: Mit Urschlamm und Morast hat es nichts zu tun. Solange wir nicht zu Automaten und glatten Robotern erstarren wollen, muß es diese Dimension auch geben. Es gibt eine Tiefe des Menschen, die man nicht verschütten sollte. Im *Ring* ist sie aufgebrochen.

Was kommt jetzt weiter beim Wort Wagner? Musik natürlich, Klänge, Töne, Rhythmen, dieser große und doch verhaltene Bayreuther Klang, den man nicht mehr vergessen kann, hat man ihn einmal gehört. Er kommt schwebend und zart, wie verdeckt aus dem Orchestergraben, wird erst zur Bühne geworfen, vermischt sich dort mit den Stimmen der Sänger und strömt dann ein in den Saal wie ein Zauber, ein Rauschmittel, ein Strom, der fließt und anschwillt, der schwelgt und spielt, Musik der Wellen, *Rheingold*-Klänge, dann wieder absinkt, verlorengeht in der Tiefe. Es ist gar nicht zu hören; es ist das Nichts zu hören und wie sich daraus wieder ein rauschhaftes Drama von Liebe und Untergang aufbaut, musikalisch. Großes Finale: Feuerzauber, Götterdämmerung. Brünnhilde springt in den brennenden Scheiterhaufen. »Selig grüßt dich dein Weib!« Sie wird mit Siegfried vermählt im Tod. Noch einmal zieht dieses sehnsüchtige, strömende »*Rheingold*«-Motiv durch den Saal. Ach, es ist fast kitschig schön in seiner süßen Melodik und fällt dann in einer tosenden Schlußapotheose ganz hart zusammen. Das Spiel ist aus.

Man kann natürlich wieder sagen: Na, du hast dich ja ganz schön verändert. Was ist denn aus dir geworden? Du bist ja ein Schwärmer und Schwelger in lauter Gefühlen geworden. Zehn Tage Bayreuth haben dich so heruntergebracht? Was soll ich nun sagen? Ich sage: Nein, nein, verändert direkt nicht, aber man müßte ein Stück Holz sein, wenn man hier nicht berührt, getroffen würde. Ja, ja, es laufen einem manchmal die berühmten Schauer den Rücken herunter, die heißen und auch die kalten. Ich halte das nicht für Epikureismus, also feile Genußhaltung. Das ist unsere Wirklichkeit. Das ist doch der Mensch in seiner Tiefe: Wir können so fühlen, so leiden, so lieben. Die Welt ist entzündet, sie brennt und sie stirbt. So etwas muß man erhalten, wenn die Welt human bleiben soll. Wir sind mehr als die Summe unserer sozialen Funktionen und Leistungen. Ich wiederhole: Es gibt eine Tiefe des Menschen, die man nicht verschütten sollte. Im »*Ring*« ist sie aufgebrochen.

Ich weiß, was nun noch alles zu sagen wäre, aber ich sage es nicht. Ich sage nichts über die Arbeit, den Fleiß, die Treue im Handwerk, die notwendig sind, um das über hundert Jahre lebendig zu halten. Kunst ist ja nichts als Handwerk – in Wirklichkeit. Bei Tag und bei Licht gesehen, stellt sich das Wunder Bayreuths als eine Summe unendlichen Trainings, immer neuer Übungen, immer härterer Exerzitien dar. Kunst fällt nicht vom Himmel. Sie wird von Menschen gemacht. Ich sah, wie sie um elf Uhr vormittags noch probten, was sie nachmittags spielen würden. Zum wievielten Mal? Ich sah Horst Stein mit seiner großen, vorgewölbten Kinderstirn kalt dirigieren, nur mit Klavierbegleitung. Irgend etwas mißfiel Wolfgang Wagner. Er fuhrwerkte sehr kraftvoll hinein in die Lanzenszene. Er kam dann herauf einen Augenblick, sagte in seiner fränkischen Deftigkeit: Wissen Sie, man muß die Mitwirkenden jetzt übertouren, richtig hochtrimmen, damit sie heute nachmittag schön elastisch und locker kommen.

Letzte Erinnerung, letztes Bild, Schlußszene Bayreuth. Ich bin nicht mehr hineingegangen in den letzten Aufzug von »*Siegfried*«. Bleib draußen, dachte ich, wenn das Stück läuft, auf Hochtouren. Wie sieht die Stadt aus? Bayreuth war sehr still, beinah ausgestorben. So muß es im Rest des Jahres sein, wenn keine Festspiele sind. Es fielen mir die vielen Parkplätze auf, die leer waren. Fränkische Friedlichkeit, Langeweile war zu spüren. Die Stadt schien in sich selbst zurückgesunken, sie war nicht sehr viel. Keine Festgäste, keine schweren Wagen, keine Begum war zu sehen. Zweitausend Menschen waren oben versammelt. Was machen die eigentlich? Was erleben sie in der Scheune?

Ich bin wieder hinaufgefahren. Ich habe mich auf die runde Mauer gesetzt, die den Festspielhügel abgrenzt gegen den Park. Ich ließ die Beine baumeln. Der Abend war eingefallen. Es strahlten die Lichter. Jetzt sah es festlich aus, selbst die Scheune. Es war kein Ton zu hören von dem, was mit Siegfried geschah im dritten Akt. Was geschieht da? Was erleben die Menschen drinnen? Wenn man so außen steht, einfach nur sitzt vor der ganzen Szene, weiß man es nicht mehr. Man ist ratlos. Es ist wie ein Irrlicht, eine Hoffnung, ein Stück Wahnsinn, das da versucht wird, immer wieder. Bayreuth ist nichts als eine Utopie für zweitausend Menschen. Die Welt wäre arm ohne solche Utopien.

Klassik und Tyrannis

Gestern in Griechenland

Vorzeichen

Das ist nun eine schwierige Sache. Wie soll man ihr beikommen? Es ist dunkel, es ist kalt, es ist Ende November, und ich soll jetzt etwas über Griechenland sagen. Was denn? Mir ist nicht danach zumute. Das Licht ist erloschen, Erinnerung verwischt, erkaltete Neugier, versackter Mythos. Die Zeit ist auf Trauer und Kampf eingestellt. Man schmeckt Blut überall in der Welt, und ich soll jetzt etwas über Griechenland sagen. Was denn? Athener Bilder: Ich sah im Fernsehen den Panzer. Er stand vor der Polytechnischen Hochschule. Er drehte sich langsam dem Tor zu und drückte dann sehr bedächtig, mit behutsamer Gewalt sozusagen, den hohen Eisenzaun ein. Ich sah das Gemäuer zerbrechen, wie sich das Gitterwerk des Zauns verbog, zerkrümmte und dann niedergewalzt wurde, auseinanderbrach und wie dieses Monstrum dann stehenblieb im Vorhof, beinah ratlos, und wie Soldaten das Gebäude stürmten. Ich frage zum drittenmal: Was denn? Was soll man denn sagen zu solchen Bildern?

Ich könnte natürlich sagen: Ja, da sind wir gewesen. Das war genau unsere Ecke. Welch ein Zufall, nicht wahr? Wir wohnten zunächst im Atlantic- und dann im Alfa-Hotel, mittlere, kleinere Häuser in der City, nicht der Rede wert, und jedesmal wenn wir zu unserem Auto wollten, das in der Großgarage ein paar Straßen weiter abgestellt war, mußten wir dort vorbei. »Polytechnikum«, steht in griechischen Lettern geschrieben. Lag etwas in der Luft? Hast du etwas bemerkt von dem, was dann kommen würde? Gab es keine Vorzeichen zu sehen?

Es war nirgends ein Zimmer zu haben in der Stadt. Alles überfüllt, ausverkauft und blockiert. Der erste Eindruck: Die Stadt ist ein gewaltiger und ziemlich häßlicher Wasserkopf. Sie erstickt an sich selbst. Sie wächst und wuchert wie ein Krebsgeschwür. Das Land hat immerhin die halbe Größe der Bundesrepublik. Es ist dreimal so groß wie die Schweiz; von den neun Millionen Griechen wohnen heute gut zwei Millionen in Groß-Athen, eine jähe Zusammenballung, die Chaosgefühle erzeugt. Die Stadt platzt aus allen Nähten. Sie lärmt, sie schimpft, sie bebt vor Bosheit und Aggressivität. Es grenzt ans Wunderbare, wenn es dem Fremden gelingt, sein Auto zwei oder drei Stunden ohne Beulen und Blechschäden durch die City zu steuern. Jeder kämpft hier gegen jeden. Jeder versucht hinter dem Steuerrad mit der Rücksichtslosigkeit, mit der Tücke und Schlauheit, die wohl levantinisch sein muß, sich ein paar Zentimeter Vorsprung zu erkämpfen. Ungeheure Busse schieben sich hautnah vorbei. Sie rollen wie Panzer. Sie schieben einen weg und klotzen sich durch die Autoherde, giftige, schwarze Dieselfahnen hinter sich lassend. Man kurbelt das Fenster zu. Man sagt: Das ist unerträglich – dieser Gestank, diese Vergiftung, dieses Chaos. Haben die hier noch nie etwas von Umweltverschmutzung gehört? Das soll Attikas Licht sein? Wo denn? Das soll die Geburtsstätte von Demokratie und Freiheit sein? Ich weiß nicht so recht. So hatte ich mir Pakistan vorgestellt.

Ich bin abgekommen. Ich wollte etwas von der Polytechnischen Hochschule sagen. Ich habe einmal in ihrem Hof gestanden, mehr aus Zufall und Mißverständnis. Ich wollte ins Archäologische Nationalmuseum, das auf diesem Boulevard des 28. Oktober gleich daneben liegt. Beide Gebäude sind leicht zu verwechseln für Fremde. Ein klassizistischer Prachtbau sieht in Athen wie der andere aus. Das meiste ist bayrischen Ursprungs, Münchner Architektur, 19. Jahrhundert. Ein Uniformierter trat an mich heran. Er fragte nach Absichten, Ausweisen, Anlässen. Sein Englisch knatterte; es kam in harten Stößen wie aus versteckten Maschinenpistolen mit Schalldämpfern. Ich wurde dann barsch des Geländes verwiesen. Ich sah hier im Hof, aber auch draußen vor dem Zaun Studenten stehen. Sie standen in Gruppen, die auffällig ruhig, bewegungslos, vollkommen still waren. Schweigen ist nicht gerade griechische Art. Stille ist nicht landesüblich. Was zieht sich zusammen in solchen Kreisen?

Weiter: Omonia-Platz, Platz der Einheit. Jeder Athenbesucher geht sofort dorthin, mit Recht, denn hier ist Athen wirklich, hier lebt die Stadt, hier quirlt alles. Der Syntagma-Platz, der Platz der Verfassung, das Gegenstück, ist viel weitläufiger, leerer, repräsentativer: das alte Schloß, Regierungsgebäude, die großen Hotels, die Reisebüros und Fluggesellschaften; Treffpunkt der Fremden. Die Einheimischen sind auf dem Omonia-Platz zu Hause. Ein glitzerndes, neonstrahlendes Viereck, ein etwas plumpes Quadrat, bei dem man nicht recht weiß, ob das schon Chicago oder noch Damaskus sein soll. Aus allen Bratstuben riecht man Levante, fettig und süß. An den großen Kiosken die Weltpresse; von der *Times* bis zur *Frankfurter Allgemeinen* ist alles zu haben. Lichtreklame perlt von den Hauswänden.

Man ist etwas verblüfft und entzückt, die Buchstaben Homers, Platons und Xenophons noch so quicklebendig zu finden. Das ist nun wirklich große Tradition, sagt man. Stell dir vor: Seit zweitausendvierhundert Jahren die gleiche Schrift! Und dann entziffert man. Man nimmt seine Reste aus Schulstunden zusammen. Da steht nun nichts mehr von kalos und agathos, von Aletheia und Logos; da steht: Philips, Siemens, Ernte 23. Auch Singers Nähmaschinen werden empfohlen. Die Sprache des Sokrates ist zur Industrie-Werbung geronnen. Man ist etwas geschmeichelt und heimisch berührt: Da läuft oben ein Lichtband in althellenischen Lettern; »Henninger Bier«, steht geschrieben. Wie gebildet, beinah philosophisch das aussieht: Der Henninger-Turm leuchtet weiß-rot genau wie zu Hause vor meinem Haus, Frankfurt-Sachsenhausen. Warum bin ich hierhergefahren?

Jeden Abend bis kurz vor Mitternacht findet auf dem Omonia-Platz ein panhellenischer Volkskongreß statt. Männer sind versammelt. Sie stehen zu Tausenden dicht gedrängt. Sie stehen in schwarzen Massen, ganz eng zusammengedrückt, Leib an Leib, so, als sei Platznot in Griechenland. Die Gesichter: hart, kantig, die Haut sonnengegerbt und verbrannt wie die griechischen Berge; verkarstete Gebirgszüge im Antlitz. Jede Nacht geht hier der Geist der Beredsamkeit um in den schwarzen Massen. Es wird nicht geredet in unserem Stil. Ein ungeheures Gebrabbel, Geschnatter, ein Raunzen und Schimpfen ist zu hören. Das Volk kocht. Man hört den Kongreß von weitem. Auch ein Blinder würde den Omonia-Platz nachts mühelos finden. Bitte, denkt unsereiner, wohlinformiert, gut vorprogrammiert, wieder ein Vorzeichen: Protest, das Volk kocht. Es ging aber nur um Fußball, wie wir später erfuhren. Es handelte sich um Sportkritik: Agora heute, eine immerwährende Institution in Athen. So kann man sich täuschen, als Anfänger.

Wir fuhren nach Kap Sunion. Auch das ist wie der Omonia-Platz eine Pflichtauflage für jeden Athenbesucher: Sunset Kap Sunion. Man fährt eine Stunde eine Küstenstraße entlang, die sich etwas großartig Attische Riviera nennt. Man kommt dann am südlichsten Zipfel Attikas an eine große Straßenschleife, wo lauter Touristenbusse stehen. Alle zusammen sehen sie aus wie ein D-Zug, lauter Pullmanwagen, die wohl entgleist sind. Und rechts daneben, von Stacheldrahtzäunen umgrenzt, der Poseidontempel, rotbraune Reste, ein paar Säulen, zwischen denen Hunderte von Touristen herumklettern, über Steinbrocken hüpfen, fotografieren, zum Meer hinausstarren und auf ein Naturschauspiel warten, das sie per Ticket gebucht hatten: Sunset Kap Sunion.

Das Schauspiel fand aber nicht statt diesen Abend. Der Himmel war matt und verhangen, das Licht diesig, neblig. Kein himmlischer Widerschein auf Poseidons ehrwürdigen Säulen; eher Oktober-, Novembergefühle. Zum Abschied erhob eine deutsche Reisegruppe ihre Stimme. Sie sang ein Lied, ungefragt, nur so aus deutscher Tiefe und Ergriffenheit. Ich glaube, sie sang: Kein schöner Land in dieser Zeit. Na bitte, dachte ich – früher Winckelmann, Hölderlin, Schliemann, jetzt Neckermann. Oder war das Touropa? Dies Band sitzt fest, seit zweihundert Jahren. Kein schöner Land in dieser Zeit. Ovale Gesichter versicherten das. Beim Singen sieht nämlich jeder Kopf aus fast wie ein Ei.

Also, was bleibt von den Vorzeichen? Der Fremde sah damals nur eins: An der Einfahrt zu jeder Ortschaft, im Zentrum jeden Orts, vor jeder Brücke, auf jeder Paßhöhe, mit einem Wort: überall im Land in Abständen von etwa drei bis fünf Kilometern hatte die Junta ein Revolutionsschild postiert. Es waren meist kleine, eher ärmlich wirkende Papptafeln, auf denen ein Soldat mit Stahlhelm und geschultertem Gewehr zu sehen war, zärtlich getragen von mächtigen Adlerschwingen, die rötlich leuchteten, offenbar brennen sollten. Darauf die Schrift: »21. April 67«. Die Schilder standen merkwürdig einsam und verloren herum. Ihre Grafik wirkte infantil, ihre Farben lustlos und verblichen. Das spürte man sofort: Da steht kein Volk hinter. Das ist nicht abgedeckt durch die Massen. Das ist Pappe, wirklich nur Pappe. Jede Coca-Cola-Reklame wirkt hier realer. Jedes Esso-Schild strahlt mehr Wirklichkeit aus.

Jetzt müßte etwas Erhabenes und Feierliches kommen. Ich weiß. Die Stimme müßte sich heben, sie müßte feinsinniger, gebildeter werden. Man müßte jetzt etwas von Pallas Athene, der Göttin Artemis, der Dame Nike erzählen. Man müßte die Architektur des Parthenon von der des Niketempels kenntnisreich unterscheiden. Man müßte erklären, warum die Propyläen so großartig wuchtig wirken, während doch das Erechtheion zahlreiche Stilbrüche zeigt. Wie groß, wie lang, wie hoch und warum und weshalb? Was müßte man nicht alles, nicht wahr? Schließlich ist die Akropolis nicht irgendwas; sie ist ein heiliger Bezirk, der Berg der Götter, Geburtsort unserer Kultur, das Licht des Abendlandes, sozusagen. So sah man das immer. Seit zweihundert Jahren ist der deutsche Geist so hochgepilgert. Das war die Sehnsucht des Bürgertums, Sehnsucht und Ziel jeder Griechenlandreise unserer Väter. Einmal vor dem Parthenon stehen, einmal die Korenhalle mit eigenen Augen erfassen, abtasten, was die Frauen da tragen seit über zweitausend Jahren: mythische Last, Qual und Erniedrigung durch Götterspruch, und wie dann aus dieser Sklavenkultur ganz oben diese weiße, steinerne Blüte entstand, eine herrliche Ästhetik auf Knochen – dorische Welt, Welt Gottfried Benns. Mir liegt das nicht. Für mich ist das tot. Ich sehe ganz andere Sachen hier oben.

Was ist die Akropolis heute? Ein kolossaler Steinbruch der Geschichte, eine gewaltige Schutthalde bester Marmore aus Restbeständen, die durch das weiße, gleißende Licht, durch die flirrende Hitze und den sehr blauen Himmel darüber immer noch fasziniert und in Bann schlägt. Man muß das einräumen. Merkwürdig, daß Glanzpunkte des Tourismus immer auch das einlösen, was man erwartet. Dreisternpunkte enttäuschen nie – auf der ganzen Welt. Die Niagarafälle sind wirklich ein tosendes Weltwunder, das beinah taub macht vor Wucht. San Francisco ist tatsächlich so schön, wie alle Welt sagt. Auch Rom enttäuscht nie. Oder? So, so ungefähr wie die Ruinenfelder Roms, nur gewaltiger, elementarer und zugleich subtiler muß man sich die Akropolis heute vorstellen. Ist das Vergangenheit, Geschichte, Zeit des Perikles und des Phidias, das Goldene Zeitalter, also der Genius des Ortes, von dem etwas blieb? Man sträubt sich dagegen und klettert doch seltsam beschwingt, etwas beflügelt und verzaubert über Felsbrocken, Geröll und viele Marmorstufen, die schief und krumm sind, dem Licht, der Sonne, einem strahlenden Himmel entgegen. Der heilige Boden ist hart und kantig, manchmal auch bösartig glatt und rutschig geworden im Laufe der Zeit. Am besten, man macht das barfuß. Auch Sandalen sind möglich. Auch Strümpfe, die rutschfest sind.

Jeden Morgen zieht hier ein gewaltiger Touristenstrom hoch – wir auch. Ob Junta, Volksfront oder bürgerlich: Es büßt nichts ein von seiner Anziehungskraft. Man nennt das die zeitlose Schönheit der Kunst bei uns und im Osten: unser nationales Kulturerbe. Es fiel mir auf, wie wenig Amerikaner hier waren. Macht sich der Dollarverfall bemerkbar? Man sagt immer, unsere Zeit heute sei bildungsfeindlich und geschichtsmüde. Ich kann das nicht bestätigen – hier oben. Mit einer Entschlossenheit, einem Eifer und Erlebnishunger, als wenn es um Fußballweltmeisterschaften ginge, pilgern die Massen empor. Sie stehen vor den Toren, den Säulen, setzen sich manchmal etwas erschöpft in eine schattige Ecke, lassen sich vorlesen aus klugen Büchern, stehen in dichten Trauben um eine Führerin, die auch alles weiß, und ziehen dann weiter, belehrt und bereichert. Was erleben sie? Was geht vor? Was geschieht in mir? Wo weht hier der Geist und wie, bitte?

Es ist viel deutsche Jugend zu sehen. Die Akropolis wimmelt von deutschen Pärchen, Grüppchen, Schulgruppen und kompletten Schulklassen. Zwanzigjährige Globetrotter, Studenten, Kunstschüler, Jungtouristen aus Freiburg, Stuttgart, Gelsenkirchen, die mit uralten VW-Bussen angereist kommen. Zwei traf ich, die tatsächlich mit ihren alten Mofas von Saloniki bis Athen vorgestoßen waren. Eine beachtliche Leistung. Sogar eine Gruppe von Radfahrern ist zu vermerken, noch beachtlicher. Ihre sonnenverbrannten, beinah schwarzen Beine fielen mir auf. Doch die waren aus Polen. Der bloße Gedanke Warschau–Athen und zurück per Fahrrad ist schweißtreibend.

Ist das also die schweigende Mehrheit? Jedenfalls täuscht man sich, wenn man Jugend immer mit Protest und Linksradikalismus identifiziert. Wenigstens in den Ferien sind sie ihren Vätern noch immer ähnlich: Mit imponierenden Bärten und sehr kurzen Hosen und einer Heiterkeit, die nicht angebracht ist, pilgern sie von Tempel zu Tempel und sind angetan, historisch. Man hört kaum Griechisch auf der Akropolis, eher Badisch, Bayrisch, Schwäbisch, Ruhrdeutsch, manchmal auch Berlinerisch. Immer noch diese Ehrfurcht vorm klassischen Altertum.

Man sollte es nicht für möglich halten. Ach, sagte ich öfters zu ihnen, ist das nicht schrecklich hier? Von Politik will ich nicht reden, aber all die Trümmer, nichts als Ruinen, von Stadt zu Stadt, alles kaputt! Erstaunen, Verwundern, Ratlosigkeit. Was ist das für ein komischer Vogel? Der will uns wohl auf den Arm nehmen. Die Gesichter der Zwanzigjährigen sind unschuldig. Immer wieder wird die Welt jung und ganz neu. Nichts wird tradiert. Wenn man älter ist, auch noch einen Krieg wie den letzten hinter sich hat, sieht man mit anderen Augen. Man wird dauernd erinnert und will es doch nicht. So sah einmal Deutschland aus, sagte ich: ein kolossales Fragment, ein Steinbruch wüster Geschichte. Wissen Sie gar nichts mehr davon? Mich erinnert die Akropolis entfernt an Berlin 45. So sah einmal unsere Reichshauptstadt aus, ganz am Ende.

Unvergeßlich der große Kehraus. Das Heiligtum schließt, die Götter müssen ruhen und werden gleich schlafen gehen. Der Laden wird also dichtgemacht. Jeden Abend, wenn sich die Sonne langsam senkt, setzt fröhliches Treiben ein. Menschenjagd beginnt. Die Wächter der Tempel werden plötzlich wach, unruhig und entfalten eine aggressive Kraft, die man ihrer langen Verdöstheit bisher nicht zugetraut hätte. Jeder Wächter hat jetzt eine Trillerpfeife im Mund, und innerhalb weniger Minuten geht es auf der Akropolis zu wie auf einem preußischen Kasernenhof. Menschen werden gescheucht. Aus allen Himmelsrichtungen hört man Pfiffe, Rufe, Flüche, barsche Kommandotöne. Es wird noch schriller gepfiffen. Es wird noch barscher kommandiert, und man sieht dann all die göttertrunkenen Touristen, die eben noch wie Gazellen kunstsinnig über Felsbrocken hüpften, wie eine etwas verschreckte und unwillige Schafsherde, die buckelt und buht und murrt, dem Ausgang zustreben. Die Herde muß raus, der große Abtrieb beginnt. Jetzt geht gar nichts mehr: gute Nacht.

Und immer ereignet sich in solchen kritischen Augenblicken am Eingang der Akropolis ein kleines Drama. Immer kommt gerade jetzt noch ein Taxi vorgefahren. Irgendeine Lady aus Toronto oder Texas entsteigt vornehm und etwas steifbeinig dem Wagen und will partout jetzt die Akropolis sehen, auf die sie vielleicht ein Leben lang gewartet hat. Wer weiß? Die Unglückliche ist immer auf Durchreise, nur für ein paar Stunden, zwischen zwei Flügen sozusagen, von Chicago kommend, nach Istanbul eilend, und kann es nicht fassen, daß ihr jetzt der Eintritt verwehrt wird bei so schönem Abendlicht. Herzzerreißende Szenen spielen sich ab: antike Tragödien privat. Verführerische Blicke und Dollarnoten werden geworfen. Die Feldwebel sind unerbittlich. Sie pfeifen noch schriller. Also nur einen Sehnsuchtsblick durch den Stacheldraht. Wenigstens die mächtigen Quader der Propyläen von fern erhaschen. Der große Abtrieb geht weiter – jetzt in die Stadt.

Und später dann, wenn man wieder ganz unten ist unter dem Volk, durch den Wirrwarr der Altstadt irrt, all den Fettgeruch einatmet, der aus den Küchen kommt, den Weihrauchgeruch dazu, der aus Kirchen dringt, dazwischen die Auspuffgase der Buspanzer schmeckt – dann ist man doch etwas verblüfft und ratlos. Man sagt: Weißt du, ich habe bisher nie an Däniken und seine merkwürdige Mythologie der Marsmenschen geglaubt. Aber wenn ich das jetzt hier sehe: das hier unten, das dort oben – es spricht manches dafür. Die Akropolis liegt jetzt da oben wie ein Wunder, ein Himmelsgeschenk. Da müssen Wesen aus anderen Planetensystemen einmal des Nachts nach Athen gekommen sein. Sie haben alles hurtig und schön in der Dunkelheit aufgebaut und sind dann rasch wieder abgeschwirrt noch vor Morgengrauen. In der Aufregung des Aufbruchs ging wohl auch manches kaputt, wurde umgeworfen. Ich will sagen: Das hat doch nichts mehr miteinander zu tun. Pallas Athene und Athen heute – das ist durch Sonnensysteme getrennt. Ob Däniken hier war? Hier kann einem eine solche abstruse Idee kommen.

Dichterabend

Versuch das mal. Versuche, so gegen acht des Abends in der Stadt ein Taxi zu kriegen. Nur Ruhe, nur nicht verzweifeln, Geduld, Geduld, bitte. Die Zeit ist ein Gummiband. Man kann sie beliebig strecken. Man kommt nie zu spät hierzulande. Man kommt immer richtig. Andere Länder, andere Sitten. Vom Hotel aus ein Taxi bestellen? Wo denkst du hin? Kein Mensch wird kommen. An der Rezeption einen Wagen verlangen? Wo denkst du hin? Der Portier wird nicht einmal den Kopf anheben. Er ist immer mit anderem befaßt: Papier. Du bist in Athen, und in Athen ist es anders. Anderswo ist es immer anders. Hier ist das so: Tausende von Taxis fahren die Straßen entlang. Es sind meist ältere, komische Karossen, ehrwürdige Veteranen oft. Immerhin, sie fahren. Sie fahren und stinken. Tausende von Taxis surren bald nach Einbruch der Dunkelheit durch die City. Der ganze Verkehr scheint nur aus Taxis zu bestehen. Athen ist am Abend sehr kontaktfroh und gesellig, die Tarife spottbillig, und deshalb sind alle Taxis zu dieser Zeit immer besetzt, stehen nirgends herum, winken nicht einmal ab, ziehen surrend und unbeirrbar weiter wie böse Insektenschwärme. Athen ist um acht Uhr abends ein Meer, das in Taxis ertrinkt und in das man gleichwohl nicht steigen kann.

Der Dichter: Er steht auf der Treppe. Er kommt uns entgegen. Er trägt ein graues Hirtenhemd, hochgeschlossen am Hals, schön bestickt, seidig glänzend. Eine bunte Kette über der Brust, was man sich unter griechischer Folklore vorstellt. Daß doch immer alles auch so ist, wie man es erwartet zu Hause. Es ist griechisch hier. Der Dichter lächelt, er strahlt, er ist reines Glück. Er breitet die Arme aus, er umarmt, drückt an die Brust und küßt dann wohl auch irgendwie, irgendwo in männlicher Zärtlichkeit: östlicher Bruderkuß. Welcome here, willkommen, ihr Freunde. Griechische Gastfreundlichkeit. Ich bin etwas perplex und beschämt. Ach, wir Germanen, wir Schrumpfköpfe der Menschlichkeit. Wir verklemmten Nordländer. Ich habe ihn einmal in Frankfurt kennengelernt, flüchtig, mehr nicht.

Und obwohl ich eigentlich nur mit einem kurzen Gespräch, mit kleinem Austausch bei Brezeln und Mandeln im engsten Familienkreis gerechnet hatte (ich hatte da angerufen, und er hatte gesagt: Ja, kommen Sie doch vorbei, vielleicht morgen abend. Ja, ist das recht?), sah ich jetzt, daß eine Party, ein kleiner Athener Empfang gerichtet war für die Fremden aus Deutschland. Wir sind wieder wer, immer noch, jedenfalls auf dem Balkan noch immer. War da noch anderes im Spiel? Es saß Athener Gesellschaft in den Salons. Die Wohnung des Dichters wirkte einladend, sehr kultiviert und geschmackvoll. Nicht gerade mein Stil. Ich würde ihn britisch, also altenglisch nennen. So sind auch die besseren Häuser in Hamburg gerichtet. Grün, Schwarz und Gold dominierten. Ein dunkles Goldlicht floß über braunsamtene Sessel. Soll man nun sagen: Bourgeoisie? Wann und wo ist der Geist fortschrittlich? Gebildete Welt jedenfalls, natürlich Elite: ein Rechtsanwalt, ein Professor, ein Mann vom Theater, ein Literaturagent, Journalisten nebst Damen, lauter Intellektuelle. Da war nichts mehr vom Gestank der Stadt. Da war kein Omonia-Platz mehr mit Geschnatter. Es gab auch keine Trillerpfeifen in diesen Salons. Der Geist war versammelt in lauter Einzelstücken, und ob nun bourgeois oder nicht: Jeder Intellektuelle hier ist links.

Gespräche, Austausch, erste Kontakte. Ah ja, Sie haben das gelesen? Sie kennen das von mir? Was macht denn der Hanser Verlag in München? Es war ein kaltes Büfett gerichtet, das jeden deutschen Verleger zur Buchmessenzeit beschämen müßte. Es war alles da: Lachs, Krebse, Braten, Würste und viele Käsesorten, die man bei uns französisch nennt. Dieselben Käse macht Griechenland. Ich war überrascht, daß jedes Mißtrauen, jede Vorsicht, jedes zaghafte Abtasten unter Fremden fehlte. Man kennt das, mindestens aus der Nazizeit: Was kann man sagen und wieviel? Und wo wird der Fremde plötzlich fremd, also bedenklich reagieren? Davon war nichts zu spüren. Man war aufgenommen in griechischer Herzlichkeit.

Es war sehr warm diesen Abend. Die Fenster standen offen, waren weit aufgesperrt zur Straße hin. Auch vor eingebauten Mikrophonen schien man damals keinen Respekt zu haben. Ach, sagte der Dichter, daß Sie hier sind, weiß ohnehin unsere Geheimpolizei. Und ich mußte an Biermann denken, in Ost-Berlin. Die wissen alles und werden nichts tun. Das ist unsere Lage: Beobachtungszustand. Der Dichter stieß an. Er trank auf Deutschland, auf die Dichtung und auch auf die Freiheit. Die Griechen lieben ja große Worte. Unsereiner ist eher ratlos bis verschüchtert.

Trotzdem: Ich bohrte, ich forschte, ich fragte. Ich werde es niemals lernen: diskrete Zwischentöne, all die Nuancen und feineren Raffinessen. Ich bin ein Preuße und kam mir vor wie in Berlin, Ost-Berlin, meine ich, Hauptstadt der DDR. Ich sang also mein altes Reiselied wieder: Was ist denn nun los bei euch? Wie ist denn die Lage wirklich? Das Schlimmste ist ja vorbei, sagten sie, das mit den Lagern, den Inseln der Verschleppten, den Gefolterten. Ansätze zu demokratischen Spielregeln sind in Sicht. Sie klappen nur nie, hierzulande. Außerdem nähert sich die Wirtschaft immer mehr chaotischen Zuständen. Sie werden es als Tourist nicht merken. Wir haben eine fieberhafte Inflation mit grotesken Versorgungslücken. Im Augenblick gibt es zum Beispiel bei uns kein Öl. Benzin oder Diesel? fragte ich neugierig. Ach, lachte der Dichter sehr fröhlich. Das haben wir noch. Olivenöl fehlt im Augenblick – in Griechenland. Auch Papier. Mein neues Buch soll gedruckt werden. Es ist alles da – nur Papier muß ich selbst beschaffen. Ich fahre morgen in die Provinz; vielleicht läßt sich da etwas auftreiben.

Und da ich das Gespräch noch weiter führen, auch noch Chile ins Spiel bringen wollte, wo damals eben der blutige Putsch gegen Allende im Gang war, geriet das Gespräch natürlich ins Weite. Weltpolitik kam ins Spiel. Ach, sagten die Athener, da hängt doch die CIA drin in beidem: Athen und Santiago. Ohne die USA wäre beides nicht möglich. Ich hörte zu, nahm auf, ich schwieg. In den Praktiken der Geheimdienste bin ich nicht so wohl informiert wie andere. Ich merkte nur, daß sich die Athener damals fest in der Hand der Amerikaner fühlten, ungefähr so, wie sich die Prager heute noch fest in der Hand der Russen fühlen. Der Unterschied, den ich wahrnahm, war nur ein psychologisches Element: die Tonlage. Prag und Athen – ganz sicher zwei Städte Europas in fremder Hand. Nur daß sie dies hier in Athen ganz offen sagten, durchaus ungeniert davon sprachen, beinah belustigt, nicht deprimiert und voll Trauer wirkten wie heute die Prager. Lachen und Weinen – sind solche Differenzen von Wichtigkeit? Zählen Gefühle politisch?

Das Licht von Mykenä

Das Haus liegt an einer Anhöhe. Es ist neu, hell, gastfreundlich. Es ist eine Xenia, La petite planète genannt. Zum erstenmal will sich so etwas wie Feriengefühl einstellen, also Entspannung, schöne, lockere Mischung aus Nichtstun und Neugier, Sichgehenlassen und Fremderwartung. Der Mensch braucht das. Auf jeden Fall ist der Griechenlandreisende glücklich zu preisen, der Athen hinter sich hat. Ein brodelnder, wütender Stinktopf ist die Stadt. Schon wenn man Richtung Piräus herausfährt, wenn sich die engen, verstopften Straßen der Altstadt langsam weiten, wenn es freier wird und sich schließlich zu einer Art Autobahn öffnet, Richtung Korinth, atmet man auf, merkt erst jetzt, wieviel Last auf einem lag. Man rückt etwas im Sessel, steckt sich was zu rauchen an, fährt sich über die Stirn, die Haare, als wenn man sich selber streicheln und ein klein wenig liebhaben wollte, und sagt: Ich glaube, jetzt fängt der schönere Teil an, hoffentlich.

Eine Weile sieht man noch Fabriken, Ölraffinerien, eine häßliche und bizarre Industrielandschaft vorbeifliegen, dann wird das weniger. Es fallen einem die braun-verkarsteten Bergzüge auf, die etwas Bedrohendes haben, leblos, gefährlich wirken wie

Vulkane. Es fallen dauernd Tankstellen auf: Esso, Fina, Aral und Shell, viel zuviel für das arme Land. Und plötzlich, man merkt es kaum, ein schmaler Einschnitt, sehr tief, eine ärmliche Brücke, ganz schmal. Weißt du, daß wir eben das Festland, den Kontinent verlassen haben, Europa persönlich? Das war der Kanal von Korinth. Griechenland klassisch: Wir sind auf dem Peloponnes, und wenn man von dieser einen Brücke absieht – wir sind jetzt auf einer Insel.

Mykenä ist eine alte Geschichte. Wie alt? Schon 3000 vor Christus soll hier. Was soll hier? Es soll der Hügel besiedelt worden sein. Danae soll hier den Perseus geboren haben, sehr viel später natürlich, der seinerseits die Burg von Mykenä gründete. Es folgte um 2000 vor Christus die Dynastie der Pelopiden. Was es mit denen auf sich hatte, ist mir entgangen. Immerhin sollen sie Mykenä zur Hauptstadt eines mächtigen Königreichs und damit zu seiner Blütezeit gebracht haben. Dann Atreus mit seinen beiden Söhnen: Agamemnon, der die Klytämnestra, und Menelaos, der die Helena heiratete, auch die Schöne genannt. Es wäre jetzt noch der Trojanische Krieg zu erwähnen, die Geschichte mit Orest und Elektra, schreckliche, blutige Familiengeschichten, die ich kennen sollte aus Kindheitstagen, aus Schulstunden, aus Hausaufgaben. Fünfundzwanzig Zeilen Homer waren immer zu präparieren, während draußen die Sonne schien und das Leben lockte. »Singe den Zorn, o Göttin, des Peleiaden Achilleus, ihn, der entbrannt...« Na, und so weiter. Auch das ist eine alte Geschichte. Wie alt?

Ich weiß eigentlich nichts von Homer und Mykenä mehr, nur daß mir das damals lästig war. Mit Antike und griechischer Mythologie wurden wir damals als Halbwüchsige ungefähr so überfüttert wie heute die Halbwüchsigen mit Soziologie und Gesellschaftskritik. Immerhin blieb mir unser Lehrer in Erinnerung. Er war ein dürres, faltiges, ziemlich vertrocknetes Männchen, das Doktor Focken hieß, das Wickelgamaschen, Schnürschuhe und ein Jackett ohne Revers trug, was damals gewagt wirkte. Er versuchte immer, uns die Abenteuer des Odysseus blutwarm ans Herz zu legen. Er blühte dabei auf, er deklamierte, ja sang die Verse, homerisches Feuer schlug in ihm kurzfristig hoch. Es schnaubten die Rosse und ihre Nüstern. Er putzte sich dann die Nase trompetend. Trotzdem ist das alles für mich Papier geblieben. Für mich war das ein komischer Lernstoff, der langweilig war, aber abgefragt wurde. Auch etwas Angst war also dabei: Examensangst, Versagensangst. Ich träume noch heute von ihr, manchmal.

Trotzdem, gleichwohl – etwas von Mykenä ist geblieben. Endlich blieb etwas haften – in mir. Die Größe und Gewalt dieser Landschaft. Man muß sie erhaben nennen. Man blickt weit ins Land auf der Terrasse der Xenia beim Frühstück. Die Zyklopenburg links, dann da vorne Argos und Nauplia, dahinter muß Epidauros liegen. Man spürt: Dies Land hat Kraft; mythischer Boden. Die Erde lebt hier aus ganz frühen Schichten. Die Geschichte mit Agamemnon und Klytämnestra ist tot, obwohl man die goldene Königsmaske, die Schliemann ausgrub, an allen Kiosken kaufen kann in Blech und obwohl das Grab der Klytämnestra immer noch zu sehen ist und offenliegt, weit aufgeschlagen wie ein Ehebett. Das Löwentor ist da und die Königsgräber. Das ist alles noch da und zu besichtigen, für mich aber tot. Etwas lebt. Was lebt, ist Gäa, die Erde, die Mutter, auch Natur genannt. Also Berge, Felsen, Steine, Himmel, Sterne. Ich möchte es das Licht von Mykenä nennen.

Das Licht hier hat viele Facetten. Mittags liegt es in einer harten, gleißenden Helligkeit über der Landschaft. Die Erde ist schneeweiß, wirkt wie mit Mehl bestäubt, ein überbelichtetes Foto. Die Sonne hat jetzt die Kraft von Höhensonnen. Sie sticht mit tausend Nadeln. Man hält soviel Hitze und Helligkeit nicht lange aus. Man zieht sich zurück, schließt die Läden, läßt Jalousien herunter, legt sich aufs Bett, dämmert vor sich hin: mediterrane Siesta, auch hier. Erst um vier Uhr nachmittags wird man hinausgehen. Drei Stunden später: Abendlicht. Die Sonne ist untergegangen, es fällt nun ein Licht vom Himmel, das man Ocker, also Tiefdunkelgelb bis Braun nennen muß. Archaische Farbe; Lehm oder Rost sind so getönt, und man wird es mir nicht glauben, wenn ich sage: So tiefe Erdtöne können leuchten. Vergangenheit, Geschichte wirft tiefes Licht zurück und läßt noch einmal die Erde mythisch aufleuchten, tief dunkelbraun und verrostet. Das Schweigen der Berge: etwas wie Ehrfurcht, mit Angst gemischt. Einsamkeit kann einen überfallen, wenn man jetzt die Straße von der Burg der Zyklopen zum Dorf hinabgeht. Wie klein man geworden ist, wie groß diese Welt: Wucht der Geschichte; so etwas mußte Mythen hervorbringen. Oben haben sich einige Touristen häuslich niedergelassen auf den Parkplätzen: eine Familie mit Wohnwagen aus Kanada mit Blick auf das Löwentor, ein Pärchen aus West-Berlin mit VW-Bus direkt vor dem Schatzhaus des Atreus. Die werden ganz nahe bei den Atriden schlafen. Feinschmecker der Geschichte nenne ich das.

Das schönste Licht hat Mykenä bei Nacht. Ich habe so etwas noch nie gesehen. Ich wußte nicht, daß das Schwarz der Nacht so tief und zugleich strahlend, so pechschwarz und doch funkelnd hell sein kann. Was wissen wir von den Farben der Nacht in unseren toten Städten aus Neonlicht? Ein Sternenstaub glüht jetzt am Himmel auf: eiskalte Blumen. Man sieht Firmament; man sieht eine Himmelskuppel über sich stehen und daß sie gewölbt ist und daß sie brennt. Ich kannte das nur aus Planetarien. Ich will sagen: Das All ist zu sehen oder der Kosmos, auch Schöpfung genannt, und daß wir mit unserem kleinen Planeten, Erde genannt, durch schwarze Nacht fliegen. Seit Jahrtausenden, ach, seit Millionen Jahren fliegen wir so, ob das nun Tag oder Nacht ist, in Wirklichkeit immer durch Nacht, durch das Nichts, auch das All genannt. Woher? Wohin? Was soll das Ganze? Kosmische Einsamkeit, eisige Größe – Gefrierpunkt aller Geschichte. Breite Lichtbänder ziehen durch die Nacht. Das müssen die Milchstraßen sein. Millionen von Sternen tief im Kosmos gerinnen zu einem Strom, der sich tatsächlich breit und sanft und milchig weiß durch das schwarze All zieht.

Es ist ja nicht gerade modern und schicklich, dies heute zu sagen, aber es muß doch gesagt sein, weil erst das zur Fülle des Menschseins führt: Es gibt Grenzsituationen. Es gibt numinose Schauer. Es gibt das Wissen, daß mehr ist als wir. Es gibt die Erfahrung des eigenen Nullpunkts und der Nichtigkeit alles Irdischen. Woher denn ich? Wohin denn ich? Und wozu das Ganze, bitte, das wir Welt nennen? Wozu all die Qualen, die Leiden und Kämpfe, unter denen sich Geschichte vollzieht? Ja, es will sich etwas Menschlichkeit durchsetzen in all dem Geziehe und Gezerre, in dem Geschlinger der Jahrtausende, das wir Geschichte nennen: von Atreus bis heute, von Agamemnon bis zu der Sehnsucht nach Freiheit neulich bei diesen Athener Intellektuellen. Ich bin kein Nihilist. Ich bin für den Fortschritt, die Freiheit. Trotzdem muß gesagt sein: Am Ende wird gar nichts sein. Nur das Nichts wird sein. Was denn sonst? Das schwarze Licht von Mykenä macht hellsichtig – für Augenblicke.

La petite planète – im Speisesaal wird das Abendessen serviert. Eine Brühe, Hammelfleisch, Tomatensalat mit Ziegenkäse darüber, ein Rosé dazu, der kein Retsina ist, aber doch geharzt schmeckt, zu fest und eintönig. Es fehlen alle Valeurs und Nuancen. Einfache, kräftige Landkost wird aufgetragen. Das Essen hierzulande ist passabel, aber wiederholt sich dauernd. Es ist immer überall dasselbe: fettes Schweinefleisch oder Hammel, Hühnchen oder Schaschlik. Mit Weiterungen hat der Hotelgast nicht zu rechnen, auch nicht in besten Häusern. Gourmets – das darf ich doch sagen – werden im Land der Hellenen schwerlich auf ihre Kosten kommen. Vom Hotelfrühstück will ich nicht reden.

Es ist still und leer. Wir sind die einzigen Gäste im Haus. Die Schritte des Kellners hallen auf dem Steinfußboden. Manchmal schlurft Madame vorbei. Madame ist die Besitzerin der Xenia. Sie ist sehr klein, sehr zart und scheu. Sie ist furchtbar verwachsen, wie ich jetzt sehe. Sie hat einen Buckel, der ihr etwas Verwunschenes und Gnomenhaftes gibt. Ein Zwerg, der bei der Burg der Atriden ein Gasthaus besitzt und es mit ungewöhnlicher Umsicht und Aufmerksamkeit leitet. Und auf ihrem mißhandelten und gequälten Körper sitzt ein Kopf, der unendlich kultiviert wirkt. Reste von Schönheit sind zu erkennen: aschblonde Haare mit Mittelscheitel, ihre großen, hellblauen Augen, die ängstliche Wachsamkeit und die Trauer aller Gequälten erkennen lassen. Etwas Flehendes endet auf Wimpern. Von weitem wirkt sie wie eine böse Märchenfigur und ist doch zart, ist einmal ein Mädchen gewesen, zur Liebe gemacht und gedacht für viel Zärtlichkeit. Madame ist eine Französin. Im Winter, wenn das Haus für ein paar Monate schließt, geht sie nach Paris. Was wird dort sein? Sie hat sich für immer nach Mykenä zurückgezogen, haust mutterseelenallein in diesem Gasthaus mit ein paar Angestellten. Sie schlurft durch die Gänge, sie kommt mit ihrem Krückstock langsam die Treppe heruntergetapst: nichts als Rückzug, Einsamkeit, Schicksal und Schmerz. Was ist der Mensch? Wozu das alles? Das schwarze Licht von Mykenä macht hellsichtig – für Augenblicke.

Sparta, spartanisch

Immer tritt auf solchen Reisen dann ein Tiefpunkt ein: Depressionen des Unterwegsseins, des Verlorenseins, Sinnlosigkeitsgefühle: einsteigen, aussteigen, ein neues Hotel suchen, wieder eine neue Stadt. Was soll das? Ist die Welt ein Zirkusstück? Kann man Völker besichtigen? Diesmal war es in Tripolis, einem Provinznest im tiefen Süden. Es stand wieder das Revolutionsschild draußen direkt vor unserem Balkon; um den Hauptplatz rotierte ein Kreiselverkehr, peloponnesisch: Eselskarren hinter großen amerikanischen Schlitten. Landarbeiter und Landlords in den Cafés. Orientalische Vorgefühle: eine schwer entwirrbare Mischung aus Beduinenzelten und Grandhotels, die Fürstensuiten versprechen, von außen. Ich möchte es feudale Armseligkeit nennen.

In der Hotelhalle hatte uns ein Herr angesprochen. Unser Deutschtum hatte ihn erfreut und gesprächig gemacht. Er suchte wohl Anschluß in den besseren Nato-Kreisen. In einem recht guten Englisch begann er von Berlin, dann von Breslau, dann von Gleiwitz zu schwärmen. O Gott – in Tripolis, peloponnesisch. Ich hatte nur müde abgewinkt, hatte etwas nervös gesagt: Sir, das ist längst passé. Schlesien ist nicht mehr Deutschland, leider. Und er: Das sei gar nicht passé. Wo denken Sie hin, mein Herr? Wir werden dafür noch kämpfen, nur Mut, ihr Deutschen! Er hatte uns dann eingeladen, nicht nur in seine Villa hier in Tripolis, auch auf die Bahamas, wo er eigentlich zu Hause sei. In diesem Augenblick sah ich draußen auf einem Straßenschild – die Hoteltür hatte sich eben geöffnet – die Lösung. »Sparta 63 km«, stand da geschrieben. Nein, nicht die Bahamas, sagte ich, danke schön; das machen wir morgen, das hat Perspektive, das ist doch ein Katzensprung. Sparta heißt unsere Losung.

Es strahlte die Sonne, es war heiß und hell, noch einmal ein strahlender südlicher Sommermorgen, als wir aufbrachen. Morgens ist man immer so zuversichtlich unterwegs, abends eher mißmutig. Es begann schön. Zunächst sind die Straßen, die aus den Städten herausführen, sehr breit und modern, aber dann verliert sich das meist allmählich. Die Bahnen werden enger, schmaler, die Asphaltierung wird rissig und brüchig und hört schließlich auf. Es geht in Serpentinen sehr hoch. Kahle Gebirgszüge, eine harte und wilde Berglandschaft; man muß sie heroisch nennen. Irgendwo sollen hier, etwas abseits vom Wege links und rechts, auch noch Heiligtümer, Tempel und Kultstätten minderer Berühmtheit liegen, Götter zweiter Klasse, Altäre zu herabgesetzten Preisen, bitte. Laß liegen, laß ruhen. Es ruft uns die Pflicht.

Wir rollten in einsamen Paßhöhen über Schotter und anderes Gestein. Die Berge wurden strenger und schweigsamer. Mondgebirge mögen so stumm und gewaltig sein. Was eben noch wenigstens mit gutem Willen als Straßentrasse zu deuten war, begann sich langsam in ein braunes, splittriges Nichts, in ein Felsengewirr aufzulösen. Man tuckert nur noch im Fußgängertempo vorsichtig an mächtigen Brocken vorbei und bleibt schließlich stehen, steigt aus und sagt: Ach, ist das schön. Das ist Griechenland, ganz archaisch. Entzücken und Ratlosigkeit in Steinbrüchen. Wunderschön, sagt man noch einmal. Nur – das kann doch unmöglich die Hauptstraße nach Sparta sein? Wir sind hingekommen, wir hatten uns nicht verirrt. Nur, für diese dreiundsechzig Kilometer haben wir fast einen Tag gebraucht. Auch damit muß man rechnen in Griechenland. Es wird viel Straßenbau betrieben, aber vieles bleibt eben auch liegen. Ein Rest von Abenteuer bleibt.

Zauber, Magie und Verheißung uralter Namen. Was sucht man dort? Von Sparta hatte ich einiges gehört in der Schule. Sparta war einmal wichtig in Deutschland: Lykurg und seine Gesetze, der Peloponnesische Krieg. Danach war Sparta mächtiger als Athen. Es war einmal ein perfekter Militärstaat, ein Überpotsdam, griechisch. Krieger und Heloten, preußischer Drill, ein reiner Männerstaat. Auch die Knabenliebe soll hier einmal institutionalisiert gewesen sein: jeder Offizier seinen Epheben, auch nachts. Was nichts taugte, rassisch, was zu schwach und zu mickrig wirkte bei der Geburt, wurde, kaum geboren, wieder dem Orkus anheimgestellt. Man warf die Babys eine Felsschlucht hinunter, die noch zu besichtigen ist. Von Leonidas hatte ich in der Schule gelernt, dem König von Sparta, der dann 480 vor Christus an den Thermopylen den Tod mit den Seinen fand. Wandrer, kommst du nach Sparta, verkündige dorten, du habest uns hier liegen sehn, wie das Gesetz es befahl. Auch das hatte uns Doktor Focken beigebracht. Der ganze Staat der Spartaner paßte damals zur Wehrertüchtigung: Berlin 37. Ich will sagen: Ich kam nicht ganz ungerüstet hierher: Sparta 73.

Es ist nichts mehr da, was war. Es ist alles weg und dahin: Tabula rasa. Es ist gar nichts zu sehen. Aus dem mächtigsten Stadtstaat der Hellenen ist ein kurioses Provinznest geworden, das Gelächter erweckt. Ach, diese großen Namen und wie sie dann enden. Karthago ist so vergangen. Es ist heute eine S-Bahn-Station im Verkehrsnetz von Tunis. Jericho ist so vergangen. Es ist heute ein Flüchtlingslager für Araber, unter israelischer Herrschaft. Über Theben, das ägyptische, nicht das griechische, hat sich Brecht schon geäußert. Der Wind wird wehen

... Ich meine, das sind noch anständige Tode. Am Ende wird gar nichts sein. Das Nichts wird sein: schwarzes Licht von Mykenä. Spartas Schicksal ist beklagenswerter. Es ist auf eine schamlose Weise neu erstanden. Der Ort heißt jetzt Sparti, hat zehntausend Einwohner und ist um die Mitte des vorigen Jahrhunderts neu gegründet worden, auch noch von König Otto, dem Bayern. Er hätte es besser ruhen lassen. Laßt doch die Geschichte ruhen. Was hin ist, ist hin, denn was jetzt Sparti heißt, wirkt eher obszön. Es ist nicht gewachsen, nur hingestellt wie eine Tankstelle in Texas. Schnurgerade Straßen, die sehr breit und im großen Boulevardstil ins Nichts verlaufen. Supermoderne Hotels, die leer stehen, immer auf Gäste warten, die nicht kommen. Eine Kulissen- und Attrappenstadt, die entfernt an Hollywood erinnert. Nichts als fauler Zauber, der vorne glänzt und flirrt, während dahinter schon wieder Termiten ihr Werk beginnen.

Das erste Haus sah strahlend aus wie ein Rivierahotel. Also das nehmen wir, sagte ich. Nur als wir dann oben waren in den Fluren, schlug uns ein beißender Ölgeruch entgegen. Alles war da, was ein Tourist heute will: Bad und WC, Radio und Aircondition; nur roch es penetrant nach Dieselöl. Es stank, als wenn sie das Haus mit Dieselöl geputzt hätten. Man bekam sofort Kopfschmerzen. Das zweite Haus war nicht modern. Es wirkte englisch. Britische Seriosität war zu vermuten. Wir sind dort geblieben. Ich begann mich nur am nächsten Morgen zu kratzen. Ich hatte an beiden Unterarmen merkwürdige Stiche und Schwellungen. Es war ein Jucken, das lustvoll befriedet sein wollte. Beide Arme sahen bald knallrot und vergiftet aus. Ist das nicht die Cholera? fragte ich besorgt. Fängt so nicht die Pest an? Die Sache war aber gutartig und wäre kaum der Erwähnung wert, wenn sie nicht eben mit Sparta verbunden wäre. Ich kannte solche Affären aus Rußland, Winter 42. Sie hat sich dann auch verloren – in Delphi und später.

Was bleibt von solchen Enttäuschungen? Dies, nur dies ist geblieben, bei mir wird nun Sparta lebenslänglich nur dieses eine Bild sein, Schlußfoto und etwas absurde Erinnerung: elf Uhr nachts. Wir sitzen auf dem Marktplatz in einem Straßencafé. Die griechischen Cafés sind mit Sitzgelegenheiten immer sehr einladend und reich bestückt. Hunderte von Tischen und Stühlen breiteten sich weit über den Platz. Es war leer. Junge Spartaner sahen neben uns, tranken ihren türkischen Kaffee, nippten an ihrem Uso herum, dem Pernod der Hellenen.

Langeweile, Provinzgeschmack, Müdigkeit war zu spüren, die ich tapfer bekämpfte mit Kratzen der Unterarme, zeitweilig. Und obwohl alles leer und schläfrig war, sah ich die Kellner beschäftigt, die Tische und Stühle geradezurücken. Drei Kellner benahmen sich wie vom Wahn befallen. Sie zelebrierten Riten. Sie liefen, als hetzte der Tod hinter ihnen her, dauernd durch die Reihen der Tische, rückten da etwas, zogen dort etwas zurück, gingen dann auf Abstand, um die ganze Linie zu prüfen, liefen wieder vor, zerrten da noch etwas an einem Tisch, setzten einen Stuhl wieder neu. Es war ein dauerndes Scheppern und Schieben, ein Haltungannehmen, Aufvordermannbringen – Zinnsoldatenspiele. Sie arbeiteten wie besessen bis Mitternacht. Es war eine fabelhafte Ordnung zum Schluß: Zapfenstreich. Jetzt müßte Leonidas kommen, die Parade abnehmen. Etwas ist also geblieben von Spartas Geist: Zum Schluß bleiben Zwangsneurosen.

Nachworte

Man kann sagen: Das war's also? Das war deine ganze Griechenlandreise? Mehr hast du nicht heimgebracht? Ist es nicht doch etwas wenig? Ich sage: Ja, das war's. Das war's ungefähr. Es war natürlich mehr, und jetzt, wo meine Sache dem Ende zugeht, fällt mir noch manches ein. Wenn es zu spät ist, kommt in der Erinnerung immer das Beste hoch: Die Katzen von Korinth, der Apollo von Delphi, der tote und der lebendige, die Busse von Epidauros, überhaupt diese Busgesellschaften, die dem Einzelreisenden das Leben zur Hölle machen in Griechenland. Man hockt draußen in Stille und sehr großer Einsamkeit. Irgendwann kommt dann immer ein Bus angefahren, hält genau hier und spuckt Touristen aus. Einmal waren es die vereinigten Putzfrauen des Ruhrgebiets, so schien es. Ganz Wanne-Eickel war da in älteren Damensemestern, wild entschlossen, den Mythos des Sisyphos vor Ort wahrzunehmen. Das war in Korinth, und jeder, der den siebenhundertsiebenundfünfzig Meter hohen, schwarzen Berg, Akrokorinth genannt, gesehen hat, kann sich nun plastisch vorstellen, was Sisyphos tatsächlich beschieden war: diesen Berg einen Felsbrocken hochrollen, lebenslänglich immer wieder hochrollen. Ein schrecklicher Fluch, der den Damen von einem Herrn erklärt wurde, der aussah und sprach wie ein katholischer Pfarrer a. D. Er las alles ab wie aus einem Meßbuch, psalmodierte und schien manchmal kleinere Segen zu geben. Wahrscheinlich hat der umgesattelt, dachte ich, wahrscheinlich ist das ein Emanzipierter, ein Kaplan, der jetzt mit Damen reist.

Weiter: die bildenden Künstler des Landes. Ich meine die, die das Erbe der Antike weitertragen. Sie sitzen in den Souvenirläden in stillen Ecken, haben eine frische, lehmgelbe Vase vor sich, haben ein Kunstbuch, ein archäologisches Prachtwerk vor sich aufgeschlagen und pinseln mit einer erstaunlichen Akribie und Kunstfertigkeit exakt die Motive auf die Vase zurück, die die Abbildung zeigt. Es handelt sich meist um gewagtere, frivole Szenen sodomitischer Art. Pans Freuden werden kopiert: alles präzis und exakt, richtig pornographisch, aber da das antik ist, ist es nicht pornographisch. Es ist Vasenkunst.

Die Künstler, wenn sie einen als Deutschen erkennen, sind hell entzückt. Sie wittern Geschäfte. Sie pochen auf Echtheit und Authentizität. Hier wird kein Bluff betrieben. Es ist alles beglaubigt, also aus erster, also aus deutscher Hand. Die Künstler schlagen die Titelseite der Prachtbände auf. Sie drehen ihren Pinsel um und fahren mit dem Stift stolz über die Verlagsangaben, und man liest dann so solide und ausgewiesene Verlagsnamen wie Ullstein-Propyläen oder Bruckmann. Man sagt heute gern, Bildbände seien sinnlos. Hier haben sie ihre Funktion. Immer noch reicht der deutsche Geist den Hellenen ihr Erbe zurück: Winckelmann, Schliemann; heute, auch schon gestorben, Ernst Buschor – *»Griechische Vasen*, R. Piper & Co. Verlag München 1969«, las ich nicht ohne Erstaunen in Olympias Hinterzimmern. Ich las: »Neuausgabe, durchgesehen und im Anhang überarbeitet von Martha Dumm.« Na, bitte! Immer noch west der deutsche Geist zwischen Kreta und Delphi.

Weiter. Ich könnte mit Aktuellerem, mit einem Hauch großer Gesellschaft aufwarten, zurückblickend und mich erinnernd, was alles noch fehlt. Damals speisten wir tatsächlich einmal mit Jacqueline und Onassis. Man wird es nicht glauben. Man wird es für Aufschneiderei, homerische Großmäuligkeit halten. Komisch, daß der immer genau das trifft, was läuft, im Augenblick. Aber ich sagte ja schon: Glanzpunkte des Tourismus lösen immer ein, was man erwartet. Damals lebte Onassis noch. Wir saßen im SPAP in Olympia, einem Dreisternhaus, und am Nachbartisch speisten die: der Poseidon nebst Gattin. Ich hatte es nicht recht mitbekommen. Es ging ein Raunen und Flüstern durch den Saal. Man sah Köpfe, die sich drehten, und Augen, die starrten. Es hat immer etwas Wunderbares an sich, wenn Geschöpfe der Regenbogenpresse plötzlich leibhaftig werden. So müssen früher Marienerscheinungen auf das Volk gewirkt haben: Lourdes oder Fatima? Das prominenteste Paar der westlichen Welt war hier zu kleinem Mittagsimbiß abgestiegen und saß neben uns. Die alten Götter, die neuen Götter. Was ist der Unterschied? Prominente essen nicht sehr viel anders als wir. Sie benehmen sich nur auffälliger, glücklicher, eben prominenter. Jacqueline sah damals, ganz aus der Nähe betrachtet, wie eine etwas verbrauchte, abgeschminkte Schauspielerin aus, die nicht mehr die Jüngste war. Ihre Züge wirkten gröber, gewöhnlicher als in den Illustrierten. Ihre Augen standen so weit auseinander, daß sie nicht als ein Paar wirkten, sondern als zwei Augen von zwei Zyklopen, die getrennt gucken. Der Mann an ihrer Seite konnte durchaus ihr Vater sein, immerhin der Reichste dieses armen Landes und, wie Steinreiche oft, ganz unauffällig, beinah schlampig gekleidet. Bei Onassis fiel auf, daß er vollkommen unauffällig war. So sieht ein mittelmäßiger Levantiner aus, der irgendwo zwischen Beirut und Gibraltar eine Provinzbank leitet: weißhaarig, faltig, schlitzohrig. Bei Milliardären privat hat man oft den Eindruck: Die können sich nichts leisten, die müssen mächtig sparen – faltige Jacken und ausgebeulte Hosen. Nur die Armut geht elegant. Nur die baumlangen Kerle an seiner Seite ließen etwas vermuten. Ob er Angst vor Entführungen hatte? Onassis gekidnappt – der Gedanke hatte damals verwirrende und ersprießliche Seiten.

Ja, in dieser Art könnte ich noch eine ganze Menge Nachworte sammeln. In dieser Preislage wäre manches noch feilzubieten, aber es bliebe sich ähnlich: die große Welt, mit der kleinen vermischt, vermischte Notizen von Odysseus bis Onassis. An mehr kommt man nicht ran. Mehr ist nicht auszumachen mit fremden Augen, und ich meine immer: Ein Schelm ist, wer mehr gibt, als er hat. Ich glaube, es ist so: Rechte Diktaturen lassen sich viel schwerer erkennen, ausmachen und entlarven als linke. Kommt man heute nach Albanien oder Rumänien, so ist Herrschaft überall klar auszumachen. Kommt man nach Prag, so sieht man die ganze Geschichte schon in den Gesichtern der Prager: Man sieht Melancholie und Erstarrung. Linke Diktaturen betreffen immer alle, sind sichtbar und bestimmen ganz ungeniert die Szene. Es stellt sich, rein politologisch gesehen, die Frage, ob es damit im strengen Wortsinn überhaupt

Diktaturen sind. Sind es nicht eher autoritäre und totale Befehlsgesellschaften? Kein Zuckerschlecken für die Betroffenen, das möchte ich festhalten. Für den Gefangenen macht es kaum einen Unterschied, ob sich sein Zellenschloß nun nach rechts oder links schließt. Gefangenschaft bleibt Gefangenschaft.

Rechte Diktaturen aber sind viel schwerer dingfest zu machen. Massiv betreffen sie immer nur Minderheiten, vielleicht drei oder vier Prozent. Minderheiten werden verboten, verfolgt, verhaftet, auch gefoltert. So war das in Hitlerdeutschland. So ist es in Spanien. Und ungefähr so, wenn auch nicht ganz so starr, war es in Griechenland. Ich will nicht sagen: Ich bin durch Griechenland gefahren, wie Thomas Wolfe 1936 durch Deutschland fuhr – überrascht und sehr angetan. So nicht. Ich will nur sagen: Mit eigenen Augen dingfest machen kann der Fremde nur wenig in Rechtsdiktaturen. Aber es gibt Konstellationen der Geschichte, die uns nicht fremd sein sollten. Es gibt Augenblicke hinterher, es gibt Bilanzsituationen, wenn der Spuk vorbei ist, da sind diese Minderheiten dann der bessere Teil der Nation. Sie sind das gute Gewissen gewesen – schon immer.

Schöner Anfang

Für mich war die Stadt zunächst ein Geräusch, ein Ton, der mich stutzig machte. Es lag ein helles Flirren und Singen in der Luft, silberne Sprachfetzen, fast wie Kinderstimmen. Ich stand auf dem Flughafen. Ich stand vor der Gepäckausgabe, dieser großen Drehscheibe, die halb gekippt, also schräg, langsam die Koffer abrutschen läßt auf ein Förderband: Baggage Claim, heißt das. Ich hatte noch das dunkle Dröhnen der Düsen im Ohr. Ich wußte doch, wie die Leute beim Abflug in New York gesprochen hatten: hart, rabiat, jedes Wort ein Stoß in den Leib. Amerikas Ton ist ziemlich brutal. Und hier, in San Francisco?

Es war ein zartes, verspieltes Wispern, das eine Oktave höher lag. Engelsstimmen, mit piepsenden Lauten dazwischen wie Chinesisch. Ping, Ping, Ping. Bringt das der Pazifik vom Fernen Osten herüber? Ist das schon Hawaii, Japan, China? Ich sah die Menschen in der Halle: kleiner, schmaler, zierlicher als in New York. Sie hatten die Grazie, die fast rituelle Höflichkeit von Asiaten. Sie lächelten, sie verbeugten sich tief bei der Begrüßung. Man spürt, wie das Keep-smiling Amerikas hier in ein anderes, fremderes Lächeln übergeht.

Dieses Kindliche und Verspielte, schwebende Leichtigkeit, eine Bewegung, ein Ton, eine Gebärde unamerikanischer Freude – ist das San Francisco? Die Straßen heben und senken sich dauernd in hohen, feierlichen Schwüngen. Die Straßen sind hier wie Meereswogen, die der Pazifik hineinschob in die Stadt. Man geht wie auf Wellen. Man wird von ihnen auf- und abgetragen und bekommt dieses Gefühl taumelnder, hüpfender Leichtigkeit wie im Wellenbad. Meeresfreuden, grundlose Heiterkeit. Man kennt sie vom Schwimmen. Und auf diesen Wellenstraßen, sozusagen als Schaumkrone, die Cable Cars. Man hat sie oft gesehen im Film, im Fernsehen.

Großer Auflauf am Union Square, San Franciscos Zentrum. Ich trete näher. Was ist das? Ein junger Mann Anfang Zwanzig, wahrscheinlich ein Mexikaner: schwarze Porzellanaugen, schwarzes Sombrerojäckchen, schwarze Hose, weißes Hemd, ein schwarzer Schlapphut auf dem Kopf. Aber nein: eben kein Mensch, eine Puppe, aus dem Schaufenster genommen. Er steht starr und steif da. Er ist vollkommen Abbild geworden. Das eine Bein etwas vorgesetzt, die Arme in die Hüften gestützt, steht er wie eine Wachsfigur auf dem Bürgersteig. Nicht einmal seine Augenlider zucken. Die Augen sind weit aufgerissen und blicken mit der starren Schönheit von Glasaugen ins Nichts. Mindestens nach zehn Minuten beginnt so etwas unheimlich zu werden. Es erinnert an Katatoniker, die so in psychiatrischen Anstalten stehen. Aber nein, erst jetzt wird es spukhaft: Es geht ein Zittern durch die Gestalt wie durch eine Drahtplastik. Sie beginnt sich in der Art von Robotern zu bewegen. Man kennt diese mechanischen, toten Bewegungen elektronischer Steuerung. Die Gestalt reißt ein Bein etwas vor, wirft den Kopf steil zurück, läßt die Arme schnarrend nach unten fallen. Man hört Eisen in ihr rasseln. Die Puppe setzt sich in Bewegung. Die Leute vor ihr spritzen auseinander: Spiele, die etwas Angst machen. Wie ein Prothesen-Mensch stakst jetzt die Puppe ab, verliert sich im Straßengewühl. Was war das?

»Ask for waterbed«, hatte in der Hotelrezeption auffordernd gestanden. Tatsächlich ist diese zärtliche Mode der Gesellschaft im Überfluß hier entstanden. Der Playboy-Club, Kult der Puritaner mit den Topless-Girls, ein steriler Kult der Voyeurs, und das Wasserbett sind hier zu Hause. Man sieht es überall in den Schaufenstern. Ich tat das. Ich fragte nach einem Wasserbett. Man ist doch neugierig auf Reisen. Wie schläft man hier? Es war wieder dieses Schweben und Schwingen, der sanfte Rhythmus der Straßen. Im Grunde ist es nichts als eine breite, etwa zehn Zentimeter hohe Plastikmatratze, grau, blaugrau in der Farbe, in der eben Wasser gluckert, das etwas angeheizt ist. Es ist exakt, als wenn man im Wasser läge, nur trocken. Alles gibt nach, folgt jeder Bewegung des Körpers mit zärtlicher Nachdenklichkeit. Jeder Druck, jede eigene Bewegung des Körpers kommt zwei- oder dreimal im Spiel der Wellen zurück. Darin liegt die Verführung. Schaukel-Affekte, sehr sinnlich natürlich.

Eine Spielerei, kann man sagen. Aber ist es nicht mehr? Schon

Freud betonte die Verwandtschaft von Wasser, Schlaf und Traum: lauter Muttersymbole, also tiefe Entspannungsmotive. Nach solchen Nächten ist nicht recht einzusehen, warum sich die Menschheit für alle Zeiten auf Roßhaar- oder Federkernmatratzen herumdrücken soll. Teurer ist das nicht in der Herstellung, nur freundlicher.

Spiele, die Lust, und andere, die Angst machen. Ein Riesenspielzeug ist die Golden Gate Bridge. Jeder kennt das, ein Name, Symbol, ein Film, ein Schlager aus den dreißiger Jahren: San Francisco, open your Golden Gate. Wir sangen das damals als Halbwüchsige in Berlin 37. Es war unter Hitler. Versuch das doch jetzt, dachte ich, hole es nach. Ich war also mit einem Taxi zur Golden Gate Bridge gefahren. Sie verbindet die Stadt, die eine Halbinsel ist, in einem kühnen und triumphierenden Schwung mit dem nördlichen Festland. Sie ist grandios; ich weiß, was ich sage. Amerikas Traum, strahlend und schön die Natur unterwerfen, zivilisieren; ein technischer Mythos der dreißiger Jahre. Wo ist das hin, der Traum?

Ich stieg aus, das Taxi wendete, fuhr zurück. Ich stand mutterseelenallein. Wie rüberkommen? Die Brücke erstreckt sich in rostbraunen und rötlichen Bogen etwa zwei Kilometer lang. Fünf Bahnen auf jeder Seite, also zehn Autoströme, die in endlosen Kolonnen hinüberziehen wie auf Schienen. Überall Ampeln, Signallichter, flutende Strömung, technische Kollektive, und nun also: ein Mensch dazwischen, ein einzelner, der über die Golden Gate Bridge zu gehen versucht. Ach, so etwas ist absurd zu Fuß. Man kann das nicht. Es sausen dauernd die Autokolonnen an mir vorbei. Ein winziger, schmaler Bürgersteig, auf dem ich mich vorkämpfe. Schwindelgefühle überfallen einen. Ganz in der Tiefe unten das Wasser, hellblau, türkisgrün in den Farben, darüber ein Himmel, auch hellblau, sauber und blank wie aus Kunststoff. Es fließt alles zusammen zu einem ozeanischen Wogen in Blau. Es überfallen einen Höhenräusche und Tiefenschwindel: ganz leichte Vernichtungsgefühle. Laß dich doch fallen, versinken. Wo ist denn hier oben, wo unten? Es fließt alles, es strömt. Wohin eigentlich?

Und schließlich die Hotels dieser Stadt: San Franciscos Riesenspielzeuge für Touristen. So etwas sah ich noch nie. Das sind keine Hotels in unserem Sinne: Gaststättengewerbe. Das Mark Hopkins oder das Fairmonte sind Kathedralen, gotisch, Burgen, romanisch, historische Stadtsysteme; tausend bis zweitausend Zimmer hat jedes Haus. Und wenn man es betritt, das

Fairmonte zum Beispiel, und man hat noch einen Rest von Neugier, von Naivität, von dieser altmodischen Tugend des Staunens in sich, man verschließt also nicht die Augen, man sagt nicht gleich: Imperialismusarchitektur, die Tempel der Ausbeutung, was man doch sagen müßte – man geht einfach durch und läßt sich anmuten: ungeheuerlich. Ja, ein Feenberg, ein Zauberberg ist das Fairmonte. Es ist eine Orgie in Kitsch, die so überwältigend ist, daß man in die Knie geht und sagt: Schön ist das schon, soviel Häßlichkeit. Ich sah so etwas noch nie auf der Welt.

Also, man geht in die Halle, und die Halle des Fairmonte, die riesig, die endlos ist, in der man ziellos laufen kann wie in einer Stadt, ist wie eine Operninszenierung, wie ein Bühnenaufzug Richard Wagners: vierter Akt, wo die Tragödie endet. Alles düster, bräunlich im Ton, überladen, prunkvoll gebläht. Die Halle ist eine kühne Neuschöpfung aus Mittelalter, Louvre und Jugendstilvilla – gleich wird Parsifal eintreten, mit Trompetenstößen. Herrliche Marmortreppen, schwere Kristallüster, die dunkelrot brennen, holzverkleidete Wände. Gobelins, Teppiche, große Ölgemälde an den Wänden. Schabracken, Girlanden, brokatener Faltenwurf an den Fenstern. Man versinkt in Teppichen. Man hat wieder dieses Gefühl des Schwebens und Schwingens. Alte, weißhaarige Damen in Sesseln, Mumien des Kapitals. Wer wird sie abholen? Solche Häuser haben etwas von Ausklang, von rauschender Schluß-Apotheose wie das Finale einer Tschaikowskij-Symphonie. Sie sind wie Dinosaurier, die nur noch sterben können vor Größe und Pracht. Es sind Totenspiele. Aber schön sind sie doch – Endspiele.

Stiller Campus Berkeley

In der Sprache der Ämter heißt das schlicht: University of California, Berkeley. Aber ist es das in Wirklichkeit? Es ist wieder unwirklich. Man reibt sich die Augen, fragt: Träumst du das nicht? Es ist wieder wie das Fairmonte: eine Oper, nur jetzt von Gluck; ein Reigen seliger Geister, Orpheusmusik, Tanz der Befreiten. Sie wandeln unter Platanen. Es ist September, aber kein Hauch von Herbst. Es ist hell, das Klima humaner und erlöster Natur, das wir alle einmal für die verklärte Schöpfung erwarten dürfen: schön, immer gutes Wetter. Das Semester wird gleich beginnen. Sie treffen jetzt ein auf dem Campus von Berkeley, die Kinder Amerikas, Blumenkinder; bourgeoise Elite, kann man auch sagen.

Kalifornien, das weiß ich inzwischen, ist die Provinz der Welt, die technisch am höchsten entwickelt wurde. Es gibt keine Gegend auf dieser Erdkugel, die mit ihm vergleichbar wäre. Kalifornien erstickt im Reichtum, im Wohlstand, in der letzten Mode der technischen Zivilisation, und das bedeutet, daß die Kinder der Reichen, die sich hier versammeln, in den Urzustand atavistischer Paradieswesen zurückgekehrt sind: schöne Gegenzivilisation, ja, durchaus, eine Art von Protest. Kaliforniens Protest: Erde, Natur, Sand, Nacktheit, barfüßig. Hochartifizielle Armut, Elend, kunstvoll ins ausgeruhte Gesicht geschrieben. Sie liegen alle plan auf der Erde. Adam und Eva, sie strecken sich, streicheln den Boden, der hier Asphalt ist. Sie haben die Grazie, die Lässigkeit schöner und sehr kultivierter Tiere. Paradiesische Wesen: wie sie da quer auf den Gehwegen liegen, schlafen, in Gruppen zusammenhocken. Einer hat eine Gitarre im Arm. Er zupft, und die anderen fangen an zu singen. Einer hat eine afrikanische Trommel zwischen den Beinen. Mit den Händen schlägt er scharfe Rhythmen. Die anderen fallen ein, zucken mit, schlagen mit den Händen, mit Coca-Cola-Büchsen mit. Sie sind wie in Trance.

Berkeleys Studenten, Amerikas Jugendkultur – das Wichtigste scheint, barfuß zu sein. Hier trägt keiner Schuhe und Strümpfe. Die Mädchen sind groß, sehr schlank und halbnackt. Topless, sagt man wohl. Die Jungen sind so arm, daß sie nur Jeans tragen, sehr kunstvoll zerlumpt und zerfleddert, ein Goldkettchen, ein Kreuz um den Hals. Und dort, wo ein gewaltiger Bart mit einer schwarzen Haarmähne im Afro-Look zusammengewachsen ist, das muß der Kopf sein. Oder? Im Liegen ist das nicht genau zu erkennen. Die Haare wirken wie Schamhaare. Und paradiesisch ist auch die Eintracht, der Friede aller Farben. Das Lamm liegt neben dem Löwen: weiße und schwarze, braune und gelbe Leiber. Sie liegen und strecken sich, fassen sich an, spielen miteinander. Der Campus kennt keine Rassengrenzen.

Das war einmal das Zentrum des Aufstands. Die Universität Berkeley war vor zehn Jahren der Ausgangspunkt jener Studentenbewegung, die durch die halbe Welt lief. Ein sehr kultivierter und luxuriöser Protest, man sieht es. Hier wurde das Modell einer befreiten, neuen Gesellschaft gedacht. Repressionsfrei, sagt man wohl. Berkeley war einmal das Mekka aller intellektuellen Revolutionäre. Und jetzt? Was ist? Sie liegen lang. Die Revolution ist vergessen. Theatergruppen, Independent Film Cinemas, Underground-Kunst, Seminare mit kritischer Sozialanalyse, das gibt es. Ich sah das in Berkeley an Anschlagsäulen. Das geistige Angebot dieser Universitätsstadt erinnert an München-Schwabing, was immerhin etwas besagen will, wenn man bedenkt, wie arm der Geist dran ist in Amerika. Ich gehe durch die Gebäude der Universität: Die Bibliotheken, die Vorlesungssäle, die Räume der Seminare, die Zimmer der Professoren und Assistenten – alles offen. In Kalifornien steht immer alles offen. Meist lädt ein Schild noch ein: »You are welcome here!« Ich hatte mir das von Deutschland her aggressiv, wütend vorgestellt. Man kennt von unseren Universitäten die neue Kunst, ein analer Protest, der auch an antiautoritäre Kindergärten erinnert: bunte und wütende Aggression – bemalte Wände, verschmierte Fenster, die Kunst der Parolen. Nichts da in Berkeley. Die Häuser der Universität wirken vornehm still wie richtige höhere Lehranstalten. Sie strahlen die kalte und steife Würde britischer Colleges aus. Ein Schweigen, das feierlich wirkt.

Ich sah auch keine Hippies in San Francisco. Ich erwartete sie immer, aber traf sie nicht mehr. Sie haben sich verlaufen ins Ländliche, Friedliche, Idyllische: Westlich von Eden, heißt jetzt die Parole; also Landkommunen. Ich sah viele Hermann-Hesse-Leser im Bus, in der Subway, in Cafés. Sie lasen *The Steppenwolf*«. Ich sah ein paar Slogans am Strand von San Francisco, Fisherman's Wharf: Gay Power. Die Homosexuellen dort formieren, emanzipieren sich, das schon. Aber sonst? In Kalifornien ist es still geworden. Jesus-People, ja. Darüber wird noch zu reden sein.

Las Vegas – ein Wüstentraum

Jetzt schon Nevada. Die Wüste brennt, sie kocht. Es sind vierundvierzig Grad draußen, im Bus ist es angenehm kühl. Die Erde, die Steine, die Felsen, gelb, braun, grau. Es ist, als wenn man durch die Sinaiwüste führe: Sand, Sand, nichts als Wüstensand, der in zart geschwungenen Wellenbänken daliegt wie Mondstaub, der glüht. Und dann kommt Las Vegas. Von weitem sieht es wie eine Buden- und Barackenstadt aus, sehr enttäuschend. Keine Wolkenkratzer, keine Skyline, niedrige, billige Flachbauten, grell und schreiend bunt in den Farben. Das wirkt nun wirklich wie eine Goldgräberstadt. Las Vegas hat etwas Ordinäres und Raffiniertes zugleich. Die Stadt ist einfach so hingepappt in die Wüste, ein Lager lang unterdrückter Leidenschaften; hier hinter dem Mond, in der Wüste sind sie erlaubt: hochkonzentriert. Also ein Konzentrationslager der Lust ist Las Vegas. Puritaner, die sündigen, sind schrecklich. Sie sind so entschlossen. An sich ist das Glücksspiel in Amerika verboten, aber hier, wo es erlaubt ist, wird es zur Pflicht, radikal. Las Vegas ist wie ein Bordell. Hier ist nun nichts als Unzucht erlaubt auf den Zimmern: spielen, spielen, spielen, richtig unzüchtig. In Las Vegas stehen überall Spielautomaten, selbst an der Tankstelle, selbst in der Damenboutique, natürlich auch in der Herrentoilette.

Überraschende Wendung: Die Bretterbudenstadt ist luxuriös. Das Hotel Stardust sieht von außen wie eine riesige Pappschachtel aus, so flach und billig – innen ist es von einem Luxus, der schmeicheln, betören, verführen soll: Bleib hier. Die Hotelzimmer sind kleine Fürstensuiten, sehr groß, sehr geräumig. Langhaarige grüne Noppenteppiche, zottige Waschbärenfelle darüber. Hier also kommen sie her, die Kinder des Kapitalismus, die harten Geschäftsmänner aus Los Angeles oder Chicago, die alten, reichen Witwen aus Hollywood, der Farmer aus Texas – für ein Wochenende. Freude, Spiel, Lust soll das sein. Ich weiß nicht so recht.

Zunächst ist man verwirrt und verblüfft, schon durch die Größe der Häuser. Tausend Zimmer sind hier normal für ein Hotel. Erst bei tausend Zimmern rentiert sich das Ganze. Die Zimmer sind, gemessen an ihrer Ausstattung, nicht einmal teuer. Sie kosten dasselbe wie ein Zimmer im Frankfurter Hof oder im Intercontinental. Einmal im Leben kann man sich das auch als deutscher Tourist leisten. Das Raffinement dieser Häuser: Sie sollen die Welt draußen vergessen machen. Der Gast ist ein Gefangener des Spiels. Es gibt nur winzige Ausgänge, zwei oder drei schäbige Drehtüren, nach denen man sich durchfragen muß: wie Dienstbotenausgänge. Man soll ja nicht weg und könnte es kaum: Vor der Tür beginnt die Wüste. Glutheiße Luft schlägt einem entgegen. Es gibt keine Fenster, keine Uhren in Las Vegas' Hotels. Noch um fünf Uhr morgens soll der Gast nicht ahnen, daß wieder ein neuer Tag, vielleicht ein böser Montag, heraufdämmern könnte. Und schließlich die Spielsäle, die Kasinos. Das sind nicht eigene, getrennte Häuser wie bei uns. Sie sind ins Haus eingearbeitet, gehören zum Hotelbetrieb, sind also mittendrin. Man kann die Spielsäle nicht vermeiden. Die Hotelrezeption geht direkt ins Kasino über. Die Speisesäle, Restaurants, Bars sind versteckt über das Haus verteilt, so daß man, begierig auf etwas Essen, etwas Trinken, zunächst einmal die Kasinos durchstreifen muß. Geheime Verführer kann man das nicht mehr nennen. Sie sind offen.

Widerstand hat also keinen Sinn. Am besten, man spielt das Stück mit für ein Wochenende, man läßt sich mittragen von den Massen, die durch die Säle wogen, lustlos. Freude ist nicht zu spüren. Es ist ein gequältes Zeremoniell, dem sich Tausende unterwerfen: obere Mittelklasse, die sich die nationale Pflicht, happy zu sein, erfolgreich, ganz normal und jetzt eben glücklich zu sein, in Las Vegas vorspielt. Ich weiß nicht so recht. Wie sollen Automaten uns glücklich machen? Da stehen diese Wunderkästen, Slot Machines genannt, die die Stadt in Atem halten, lauter flinke Geldeintreiber. Im Grunde sind es die simplen, stumpfsinnigen Spielautomaten, die auch bei uns in jeder Bierkneipe stehen, nur luxuriöser in der Ausstattung. Sie funkeln und sprühen und ziehen den Leuten das Geld aus der Tasche. Einarmige Banditen, könnte man sagen: Rechts ist immer ein schwerer Griff, den man runterziehen muß; dann rollen die Kugeln. Eigentlich sind sie bescheiden. Schon für fünf Cent fangen sie an zu spucken. Es wird mit Fünf-, Zehn- und Fünfundzwanzig-Cent-Stücken gespielt, und das Ganze wäre keine amerikanische Szene, wenn nicht das Massenhafte, das quantitativ ins Absurde Gesteigerte hinzutreten würde. Stell dir das vor: nicht drei oder vier solcher Automaten, sondern tausend oder zweitausend in einem Raum – welch ein Spektakel, eine absurde und komische Szene kollektiver Massenerkrankung. Sie hat etwas Obszönes. Was ist Masse? Wenn ein Liebespaar am Strand liegt, so ist das normal und richtig. Auch wenn zehn oder zwanzig daliegen. Aber wenn zehntausend oder hunderttausend Liebespaare daliegen und alle dasselbe machen, so bekommt es etwas von Komik und Entwürdigung zugleich. Es bekommt Insektenstruktur. Der Mensch möchte er selbst, ein einzelner sein. Amerika ist eine Massengesellschaft. Das ist immer noch ein Schock für uns.

Es herrschen ältere, hochgeschmückte Damen vor, die massenhaft versuchen, den Automaten ihr kleines Glück zu entlokken. Sie haben Pappbecher, randvoll mit Münzen gefüllt, neben sich stehen. Sie werfen massenweise Münzen hinein: zwanzig, dreißig, vierzig Münzen hintereinander – tick, tick, tick, geht es überall. Sie reißen den rechten Griff herunter, und manchmal kommt Glück heraus, unten. Es prasseln hundert Fünf-Cent-Stücke in endloser Folge. Es geht immer weiter, es hört nicht auf, das Glück. Ein riesiger Berg ist jetzt zusammen. Die Frauen greifen nach neuen Pappbechern, die leer sind. Sie scheffeln und kippen die Münzen hinein, pfundweise, und füttern schon wieder den einarmigen Mann, den Banditen, der jetzt aber spröde und geizig ist. Er gibt nichts mehr her. Ist er impotent?

Um Mitternacht dann die Show. Sie gehört hier dazu, ist auch im Hotel wie die Kasinos. Sie ist auch inklusiv. Ich sage das nur nebenbei, und natürlich würde ich nun gern hinzufügen: Wie banal, wie oberflächlich, wie exzentrisch – eine Show in Las Vegas. Das macht man doch nicht als Deutscher. Ich kann das nicht. Ich muß bei der Wahrheit bleiben. Ich fand sie sehr gut. Gekonnt, sagt man wohl. Wie sie eine Show durchziehen: kurz, knapp, nur fünfzig Minuten das Ganze, denn die Leute sollen ja spielen, die Automaten bedienen – das ist sehr raffiniert. Wie da ein farbiges Mädchen tanzt, sich wendet, sich biegt, sich auszieht und preisgibt, wie da ein Popstar mit seiner Band plötzlich singt, röhrt, brüllt, die Leute für drei Minuten in kalte Ekstasen versetzt, dann schreit, dann zusammensinkt und im tosenden Tusch seiner Band zuckend untergeht, halb Orgasmus, halb Tod, und wie es dann still wird im Saal, totenstill, bis der Applaus aufrauscht, aber jetzt kommt schon die nächste Nummer: eine Motorrad-Gang – das ist sehr raffiniert. In Las Vegas verstehen sie etwas von ihrem Job. No business is like show business.

Flagstaff oder Die Ernüchterung

Jetzt Arizona, also ein neuer Staat, eine andere Welt: Hochgebirge. Flagstaff liegt zweitausendeinhundert Meter hoch. Die Luft ist dünn und klar. Die Sonne sticht. Ihre Strahlen sind wie Stecknadeln. Man steigt aus, ist einen Augenblick froh über das kühle, reine Gebirgsklima, und während man herumgeht, sich die Beine vertritt, spürt man plötzlich, wie die Sonne auf einen einsticht, wie das Licht schmerzen kann: die Kraft von Höhensonnen. Man springt in den Schatten.

Flagstaff ist eine Paßhöhe zum Grand Canyon, ein Durchgangslager für Bergfreunde, eine Art Höhenkurort, könnte man sagen, doch sollte man alle europäischen Vorstellungen zu Hause lassen. Nichts da von Engadin. Flagstaff ist im Grunde eine einzige Tankstelle, die sich am Highway drei oder vier Kilometer entlangzieht: Motels, Schnellrestaurants, Drive-in-Banken, Drive-in-Shops, Wohnwagen-Siedlungen, Supermärkte, dann neue Tankstellen, neue Motels – eine einzige Kulisse der Motorisierung, eine Welt auf Rädern. Hidden Village hieß mein Motel. Das Mädchen an der Rezeption zögerte einen Augenblick, schätzte mich kritisch ein, sagte dann nur: Zehn Dollar der Herr, im voraus bitte. Mir war das einerlei. Ich knallte die Dollar hin, sie knallte den Schlüssel hin. You are welcome, schrie sie mir nach. Wenn Sie abreisen, lassen Sie den Schlüssel im Zimmer. Knallen Sie die Tür einfach zu.

Ein Wochenende in Flagstaff. Ich blieb dann drei Tage. Ich kam zur Besinnung, zur Ruhe, zum erstenmal. Es trat eine Art von Ernüchterung ein. Was war gewesen? Ich war zwei Wochen durch Kalifornien gefahren. Es war wie eine Droge, ein Rausch, eine Euphorie des Unterwegsseins gewesen, Krankheit der Fremde. Kalifornien ist eigentlich zuviel, zu groß, zu verrückt für unsereinen. Man erträgt es nicht. Es ist wie ein Hasch-Trip: Es macht die Augen glänzen, es läßt einen Farben, Formen, Figuren sehen, die vielleicht gar nicht da sind. Man hatte das nicht erwartet: soviel Licht der Westküste. Man spürte manchmal etwas Hitze im Gesicht, eine Rötung der Wangen, die ungewöhnlich war. Man war immer in Erregung und Bewegung gewesen. Die Küste, Namen am Pacific: Big Sur, Carmel, Santa Barbara. Und dann das, was man das Los Angeles County nennt: The Standard Metropolitan Area Los Angeles–Long Beach – ein endloses Territorium, eine Super–Riviera, zart und gewaltig zugleich. Dann war Los Angeles selber gekommen, keine Stadt eigentlich, ein urbanisiertes Land. Ich war nicht erschreckt. Ich war fasziniert von dieser phantastischen Wirklichkeit technischer Träume: Straßen, Brücken, Tunnels, Highways, alles ins Endlose gesteigert, alles hundertfach, tausendfach. Die Stadt macht einen schwindlig vor Perfektion. Sie funktioniert ausgezeichnet. Ich sah eine so entwickelte Zivilisation noch nie. Dann die stillen Regionen mitten darin: Hollywood zum Beispiel, ein winziger Stadtteil von Los Angeles. Es ist eigentlich enttäuschend und der berühmte Sunset-Boulevard kein Mythos der Flimmerstadt, eine Main-road, eine Hauptstraße, ab und zu von Filmateliers, ab und zu von Bars und Night-Clubs gesäumt. Dann Beverly Hills, wieder ein anderer Stadtteil, die Villenkolonie all der Filmstars, die nicht mehr sind. The former house of Clark Gable, the former house of Spencer Tracy, sagte der Busdriver ehrfürchtig. In Wirklichkeit wohnt heute in dieser Kulissenstadt von gestern gehobenes Bürgertum: Ärzte, Juristen, Fabrikanten haben sich angesiedelt. Dann Disneyland in Anaheim, wieder ein Stadtteil von Los Angeles im Süden. Ich war verblüfft, wie anders, als wir erwarten, wie schön Disneyland ist. Man läuft einen ganzen Tag durch das Ausstellungsgelände, ist erst empört über den hohen Eintritt: zehn Dollar, ist etwas mißtrauisch, etwas abweisend, will das doch gar nicht, aber dann geht man doch mit und erlebt eine Exposition von Kulturgeschichte, die vorbildlich ist, auch sehr pädagogisch. Und wenn man dann die ersten Raddampfer majestätisch und komisch über den Mississippi, der auch nachgebaut ist, ziehen sieht, und man geht durch New Orleans, das auch maßstabgerecht präsentiert ist, und man sieht in einem französischen Café die erste Jazzband in gelben Fräcken musizieren, dann ist man drin, kann, will nicht mehr zurück. Man denkt: Schön ist das schon. Ich hatte mir doch vorgenommen, Disneyland abscheulich zu finden. Man hat doch seine Grundsätze als Europäer. Leider ist es sehr schön.

Die Abende von LosAngeles, drei oder vier Abende. Ich war immer zu Joyce Greenwood gegangen in die Hotelbar. Joyce war sicher schon Anfang Fünfzig. Sie saß in einem strahlenden Silberkleid in der Bar an einem Flügel, der sich langsam im Kreis drehte, und sang Songs dazu, Schlager von vorgestern, die komisch wirkten in ihrer veralteten US-Fröhlichkeit. Joyce sang mit der maskenhaften, verzweifelten Lustigkeit alternder Frauen, die um ihr Ende wissen, es aber nicht wahrhaben wollen, jetzt. Mit ihren langen, feingliedrigen Fingern griff sie resolut in die Tasten, als wenn sie noch einmal den Kontinent, seine dumme Kaufmannsfröhlichkeit in Schwung bringen wollte. Sich langsam drehend, gab sie sich von allen Seiten preis: ihren abgemagerten Hals, der vorne Falten warf, ihre scharfe Nase, die männlich wirkte, ihren Nacken, immer noch makellos. Im Rhythmus der Songs warf sie den Kopf immer wieder hoch, wie ein Pferd, das nicht straucheln will: weiterlaufen, weiterleben, weitersingen. Everybody now! rief sie manchmal, mit einem Refrain ansetzend; aber es sang niemand mit. Sie war von eiserner Fröhlichkeit. Es wirkte eher traurig, wie ihr manchmal ein

Gast, wenn sie sich gerade vorbeidrehte, eine Dollarnote zusteckte. Ein paar Kaufleute aus Kanada, ein Holzfabrikant aus Australien, vierschrötige Burschen, die rund im Kreis darum hockten. Joyce lächelte dann jedesmal, sie verneigte sich leise im Rhythmus der Melodie, gab auch einmal einen schmalen Handkuß zum besten. Sicher hat sie einen schwerkranken Mann zu Hause, dachte ich. Sicher steckt da der Tod schon in beiden. Das war Los Angeles.

Also? Ich liege in meinem Zimmer: Hidden Village Motel, Flagstaff, Arizona. Hier kommen die Windjacken, die Lumberjacks her. Ich sah das schon bei der Einfahrt auf großen Reklamebildern. Ich spüre, wie alles Erinnerung, Vergangenheit wird, die Zeit verrinnt. Es ist vorbei der Rausch des Westens. Die Droge läßt nach. Etwas wie Kater, wie Ernüchterung greift Platz. Paß auf, jetzt kommt die Wirklichkeit. Flagstaff ist eine Paßhöhe. Was kommt danach? Was ist denn die Wirklichkeit dieses Landes?

Als die Sonne versunken war, ging ich durch den Ort. Flagstaff aber ist kein Ort, es ist eine Ansammlung von Dienstleistungsgewerbe für Touristen – abscheulich. Ein Wald von Schildern, der flimmert, zuckt und tanzt, eine wirre, betäubende Lichtreklame schon jetzt in der Dämmerung. Im Grunde wird immer dasselbe angeboten: Gas, Öl, Benzin, Autowäsche, Food, Übernachtungen. Flagstaff ist ein Supermarkt für Passanten, der den Fremden betäubt und niederschlägt, ihn in die immerwährende Konsumentenhaltung zwingt, ein Boxkampf des Verbrauchs. Jeder verbraucht jeden. Ich bin ja kein gläubiger Kommunist, aber diese Orgie kapitalistischer Verwertungsdynamik ist auch mir zuviel. Ich bin ja kein fröhlicher Humanist, aber daß Menschen nur dadurch zusammenhängen, daß sie sich gegenseitig rücksichtslos verbrauchen, ist auch mir zuwenig. Kommt jetzt die Ernüchterung? Bist du raus aus dem Traum des Westens? Hörst du endlich auf mit diesem Ah und Oh: wie groß, wie reich, wie schön? Wie ist denn Amerika wirklich?

Ich ging in ein Restaurant. Wieder diese Las-Vegas-Erfahrung: Bruchbuden von außen – drinnen bietet sich eine Eleganz, eine Behaglichkeit an, die verblüfft. Alles in schwarzem Leder, sehr kultiviert, sehr gelackt, Politur einer Zivilisation, die besticht. Die Vornehmheit dieser Gaststätten ist immer am Grad ihrer Dunkelheit zu erkennen. Dort, wo nur noch ganz wenige Kerzen einen trüben Schimmer, eine dunkle Ahnung verbreiten, ist es am feinsten. Amerika ist ein Land im Licht. Nur die Dunkelheit kennt noch Nuancen. Es saßen nun zum erstenmal normale Amerikaner neben mir, Mittelwesten, obere Mittelklasse, was so herumfährt in seinem Ford, seinem Plymouth am Wochenende. Es saßen lauter Touristen da, sauber, adrett, starr in den Bewegungen, merkwürdig maskenhaft in der Art ihrer Glücklichkeit. Die Frauen wirkten ungeheuer fraulich, die Männer männlich wie Supermänner. Man spürte die Härte sozial streng eintrainierter Rollen und wie das Stück gespielt werden muß: strahlend und doch steif, frei und doch unter schweren Zwängen.

Ich aß mein Steak. Ich sah diese Szene: Touristen, happy wie Schaufensterpuppen. Ich mußte plötzlich an Hitchcock denken. Ich dachte: Das hast du doch alles schon einmal gesehen in Hitchcocks Filmen, im Film »Die Vögel« zum Beispiel. Das ist doch sein Thema: dieses blanke, glatte Hochglanzamerika, das streng rituell funktioniert, und wie diese glänzende Oberfläche dann langsam rissig und brüchig wird, wie erste Zeichen des Unheils sich melden, wie plötzlich die Angst einbricht, das Chaos hochkommt und wie dieses Kartenhaus der Konvention versinkt, im Wasser, im Feuer, im Tod. Flagstaff ist eigentlich ein Film von Hitchcock. Ich zahlte, ich ging nach Hause.

Ich fühlte mich plötzlich verloren, verkatert: Entziehungssymptome. Ich stellte den Fernseher an, Trost und Freund aller Einsamen, eine Art Mutterersatz in Amerika. Damals war gerade eine Entführung mit Geiselnahme gewesen. Channel 13 brachte einen Bericht darüber. Es wurde fast zwei Stunden über die Rolle der Polizei diskutiert. Sie machen das sehr gut im amerikanischen Fernsehen, viel couragierter und improvisierter als bei uns, in der Kritik rücksichtslos. Ausgewogenheit ist nicht ihr höchster Leitsatz. Wenigstens Channel 13 macht einen sehr engagierten Journalismus. Too much violence now, sagte Channel 13. Es herrscht zuviel Gewalttätigkeit jetzt. Flagstaff aber war still. Es war Nacht. Der komische Kurort ging schlafen. An den Nachbartüren des Motels hörte ich die Leute kommen, ihr Auto zuschlagen, die Tür ihres Appartements aufschließen, das Licht anzünden, den Fernseher einstellen. Überall sagten die Apparate in dieser Nacht: Too much violence now.

Amarillo oder No left turn

Die Stadt liegt in Texas. Die Stadt hat hundertvierzigtausend Einwohner und ist genau das, was man sich unter einer amerikanischen Provinzstadt vorstellt: schlimm, kann man nur sagen, unbeschreiblich. Und es wäre über Amarillo natürlich kein Wort zu verlieren, wenn es nicht Hunderte solcher Provinzstädte in Amerika gäbe, wenn nicht mindestens zwei Drittel des Landes eigentlich Amarillo heißen müßten. Ich kannte das nicht. Ich hatte davon nur gehört, nicht von Amarillo, der Name ist auswechselbar. Ich hatte nur gehört: Gehen Sie einmal in ein Provinznest nach Texas. Erst da sind Sie in Amerika. Ich tat das.

Also wieder aus dem Bus steigen, wieder ein Hitzeschlag draußen. Diesmal keine harte, stechende Höhensonne, sondern Schwüle, Feuchtigkeit, drückendes Subtropenklima. Tiefer Süden, nach Mexiko ist es nicht weit. Und man nimmt wieder seine Sachen, sucht sich sein Motel. Das ist kein Problem. Fast an jeder zweiten Ecke steht so ein Flachbau. Man gibt sein Geld, man nimmt seinen Schlüssel, man schließt die Appartementtür auf: Es ist immer sauber und perfekt. Man stellt die Air-condition, den Fernseher an. Man greift nach der runden Pappschüssel, die auf dem Tisch steht, geht draußen zum Eisspender, schüttet sich die Schüssel randvoll mit Eiswürfeln und trinkt dann einen Schluck, wäscht sich etwas, Riten der Zivilisation. Man ruht sich aus, liegt auf dem Bett, hört eine Weile aus dem Living-room dem Fernseher zu, der gerade Cornflakes empfiehlt, denkt: Amarillo, muß das denn sein?

Es ist eigentlich nicht möglich, die monströse Zusammengewürfeltheit solcher Orte zu beschreiben. Zwei oder drei Hauptstraßen, gelb, bräunlich, schwarz, alles wüst ineinandergeschoben, miteinander verkeilt, Dreck auf den Straßen, ein wilder Westen des Städtebaues. Am Anfang weiß man nicht, wohin man nun gehen soll, denn es gibt kein Zentrum. Wo immer man hinsieht auf beiden Straßenseiten: Werkstätten, Warenhäuser, Wohnsilos, die in ihrer vollkommenen Ungegliedertheit ein Gefühl der Trostlosigkeit, der Verödung verbreiten. Es ist auch gleichgültig, wohin man geht – immer dasselbe: Zuerst kommt eine Tankstelle, daneben ein kantiger, fünfstöckiger Würfel, offenbar das Druckhaus der Ortszeitung, denn hinter den schmutzigen Fenstern sieht man Setzer an ihren Maschinen, dann kommen Bretterbuden, ein paar Bars, vor denen Farbige stehen, dann ein bunter Prachtbau, das Aquarium der Stadt, dann schließt sich ein freies Gelände an, auf dem Wohnwagen zum Verkauf stehen: mächtige, große Kästen, komplette Mobile-homes, dann kommt eine Synagoge, dann eine Bank, darauf ein Funeral-home. Das Beerdigungsinstitut hat eine festliche Fassade, es sieht einladend wie ein diskretes Gästehaus aus. Dann kommt eine Maschinenfabrik, dann ein Warenhaus, dann eine Kirche, altdeutsche Gotik, dann wieder ein Motel, wieder eine Tankstelle – so ist die Stadt.

Ich saß schließlich bei Woolworth in der Cafeteria. Man ist froh, der brütenden Hitze entronnen zu sein. Das Hemd beginnt zu kleben unter den Armen, die Füße beginnen zu brennen, ein dummes und leeres Gefühl im Kopf. In der Treibhausluft Amarillos ist Woolworth eine Erfrischung. Es ist kühl und leer hier. Man rutscht auf den Hocker, richtet sich auf, sagt: Menü drei, schon knallt einem die Serviererin das Besteck hin, das Glas mit dem Eiswasser, die Teller. Es hat etwas vom Rhythmus der Automaten, wie sie bedienen – überall. Technische Fixigkeit: Die Bewegungen haben die kurze, harte Schlagkraft von Maschinen; wum, wum, wum, schon steht alles da, präzis und perfekt. Roboter können nicht schneller arbeiten. Nennt man das nicht Leistungsgesellschaft?

Und es geschah nun in Amarillo nichts, was eigentlich erwähnenswert wäre, außer eben diesem Nichts. Es war ein Werktag. Abends, als es kühler geworden war, ging ich in die andere Richtung. Die Stadt hatte sich belebt. Sie wachte jetzt auf. Aber wie. Ich war wohl zu weit gelaufen, ich war in die Vorstadt geraten: entsetzlich. Amarillo war jetzt auf der Straße. Trauer an allen Hauswänden, Zeitungen, Coca-Cola-Büchsen, Pappbecher auf den Bürgersteigen. Junge Farbige, die vor Hauseingängen stehen, an Schaufenstern vorbeigehen. Sie haben den federnden, stolzen Gang junger Afrikaner und wirken doch wie Gefangene, Gefangene eines Systems, das sie unten hält. Daran ist gar nicht zu zweifeln. Black ist nicht nur beautiful, es ist zunächst einmal poor. Und nun hausen sie in diesen Slums, in diesen Vorstädten oder in den großen Städten auch in den Citys, die von den Weißen immer mehr entvölkert werden, wo Schwarze nachziehen, riesige, schwarze Wohnsilos, Türme der Unmenschlichkeit, Zehntausende in jeder Stadt, die nur farbig, also arm sind. Unterprivilegiert, sagt man wohl. Sie bilden diese Klumpen passiver, leidender Kraft, die nur hinnehmen, plötzlich aber aufzucken, irgendeinen irren Akt des Widerstandes

versuchen. Vielleicht war es nur die Hitze, die Zusammenge-
pferchtheit in diesen Slums, ein letzter Tropfen, der überlief:
plötzlich diese wilde, sinnlose Aggression, ein Zucken aus der
Tiefe, ein Versuch, auszubrechen aus dieser Monotonie. Viele
sind arbeitslos, viele leben von der Wohlfahrt, zusammenge-
preßt in diesen Kasernen des Elends, hoffnungslos und, weil
hoffnungslos, süchtig. Die Negerslums sind natürlich die Zen-
tren des Rauschmittelkonsums. Wie denn nicht? Wie soll man
denn sonst der Erniedrigung, schwarz, also arm zu sein, entgehen, wenigstens für Stunden? Man muß diese traurigen, glasigen
Augen junger Männer sehen, die da auf Treppen, an Feuerleitern, auf Wasserhydranten hocken, gefangene Kraft, Melancholie, die Verwüstungen der Sucht im Gesicht, traurige,
kranke Kinder Afrikas, gebrochene Schönheit, die nun häßlich
wird. Das ist kein privates Versagen. Es wird produziert von
Gesellschaft. Es ist schlimm, in Amerika arm zu sein. Es
ist schlimm, hier ein Neger zu sein. Wer beides zugleich
ist, ist in einer schrecklichen Lage. Die Rassenfrage, das ist
sicher, ist hier eine Klassenfrage. Black ist zunächst einmal
poor.

Amarillo – ich bin noch nicht am Ende, ich bin noch nicht
ganz fertig mit diesem Ort, dieser Sache mittendrin. Man spürt
überall diese Öde, diese Hoffnungslosigkeit, auch den Protest,
aber es stellt sich zur Situation keine Alternative dar. Die Klas-
sengegensätze sind ganz offenbar, aber die Antworten, die wir
zu geben gewohnt sind, greifen hier nicht. Die Krankheit liegt
offen, aber unsere Rezepte sind keine Medizin am Ort. Soll man
hier sagen: KP, wie ich es vielleicht in Neapel oder Madrid
sagen würde – ich arbeite hier mit der KP zusammen, weil sie
die einzige Kraft zur Veränderung ist am Ort? Hier geht das
nicht, hier paßt das nicht. Es gibt keinen Kommunismus, keinen
Ansatz von Sozialismus, nicht einmal eine Partei der Arbeit in
Amerika. So etwas hat hier keine Chance: No left turn. Diese
Gesellschaft, nicht nur die in Texas, wird eher in Chaos und
Anarchie aufgehen, in diesem flammenden Angstfinale der
Hitchcock-Filme, als daß sie sich an die Zügel einer kommunistischen Partei legen ließe. Dazu ist dieser Kontinent immer
noch zu lebendig, zu reich – sagen wir es nur ehrlich: zu frei-
heitsdurstig. Hier bricht etwas auf. Hier will etwas voran auf
dem Zifferblatt der Geschichte, aber es ist keine Kraft zu sehen,
die das könnte, politisch. Es gibt keine Alternative, die wirklich
potent wäre. Überall auf den Hauptstraßen steht: No left turn!

Und eben das macht die Melancholie, die Verödung hier aus. Amarillo ist einfach traurig.

Chicago ist schön

Es geht weiter: Amarillo, Oklahoma City, St. Louis. Nach St. Louis kam dann Chicago, und ich war wieder high, fast wie in San Francisco. Man ist hin- und hergerissen in Amerika. So einfach ist das nicht mit dem Urteil: Amerika schön, Amerika schrecklich, Amerika reich, Amerika arm. Wir wissen genau Bescheid. Nur – ist das die Wirklichkeit? Ich meinte zum Beispiel, über Chicago Bescheid zu wissen. Man hat dieses wüste Wort im Ohr: die Gangster von Chicago, die Mafia, die Schlachthöfe; Frankfurt ist Klein-Chicago, sagt man. Ach, wenn's doch nur wäre! Chicago ist eine Verbrecherstadt, Blut und Banken. Und was war? Die Stadt strahlte, sie leuchtete, sie war weiß, sie war wunderschön. Sie war an diesem September-tag von einem hellen, flirrenden Licht umflossen, das an Venedig erinnerte: silbrig und blau. Der Michigansee ist wie das Mittelmeer. Die Stadt liegt am Meer sozusagen. Sie ist von viel Wasser durchbrochen – der Chicago River –, hat viele Brücken und eine endlose Strandpromenade, die schöner ist als die von Venedig: The Beautiful Lake Shore Drive. Warum sagte uns das niemand zuvor? Ich stieg aus dem Bus, stand plötzlich mitten in der City am Civil Center and Plaza. Ich sah die große, bräunliche Eisenplastik, an der Kinder spielten, ein Werk, ein Geschenk Picassos. Ich spürte sofort: Vergiß alles, was du mitbrachtest. Forget it! Mach die Augen weit auf. Laß es dir zeigen. Die Stadt hat etwas zu sagen.

Und ich weiß nun nicht, ob es nur daran lag, daß die Sonne schien, daß dieses weiße, mediterrane Licht vom Michigansee kam, oder daran, daß ich eben aus der Provinz kam: Amarillo, Oklahoma, St. Louis, daß ich also wieder Weltstadt spürte, diese wilde, reißende Kraft großer Städte, die so belebt. Ich war wie verzaubert. Es mag ja alles ganz anders sein – mir war Chicago der Traum von der Stadt: so gewaltig, so groß, so stolz, so phantastisch gebaut. Ich sagte wieder: Ah und oh, wie groß, wie kühn, wie schön. Amerika ist immer anders. Es war wieder wie in San Francisco, aber anders. Chicago ist keine Spielstadt für große Kinder. Seine Szene ist von einer feierlichen und doch ernsten Heiterkeit erfüllt, die zwischen der Leichtigkeit San Franciscos und der Brutalität New Yorks genau die Mitte hält. Die Stadt ist vor hundert Jahren verbrannt, in Schutt und Asche aufgegangen, und das bedeutet, daß sie hier eine City aufbauen konnten, die modern, kühn in der Planung ist. Eine phantastische Spielwiese, ein kühnes Experimentierfeld für Architekten ist die Stadt, also ein Fest für Augen, die so etwas sehen können.

Ich ging durch die City. Ich ging immer wieder wie eben Touristen los: am Nachmittag, am Abend, am nächsten Tag, in der nächsten Nacht. Das Gefühl, in ein Pandämonium, in eine Zauberlandschaft urbaner Zukunftsvisionen geraten zu sein, ließ nicht nach. Es wuchs von Viertel zu Viertel. Ich reckte den Kopf hoch, versuchte, ganz nach oben zu blicken. Man kriegt Genickstarre allmählich. Das sind nicht einfach Wolkenkratzer in Chicago. Sie sind verrückte und kühne Fluchtlinien der Höhe, Türme der Phantasie, hauchdünne, zarte Zahnstocher. Das wird doch nicht abbrechen, denkt man, hochblickend. Die beiden Marina-Hochhäuser am Chicago River zum Beispiel, zwei kreisrunde, hohe Zylinder, die eigentlich im Wasser stehen. Bis zum fünfzehnten Stock nur Großgaragen, darüber dann die Appartements, noch einmal fünfzig Stock. Türme wie Bienenwaben. Man blickt hinauf, prüft das Ganze eine Weile mit dem Auge, sagt: Schön ist das schon. Ich hatte mir doch vorgenommen, Chicago entsetzlich zu finden. Leider ist es sehr schön.

Ich ging durch die Michigan Avenue. Es begleitet einen eine Weile der puderweiße Zuckerturm des Wrigley-Hauses, eine Phantasie amerikanischen Hochstalinismus, könnte man sagen, so prunkhaft umständlich und gedrechselt ist das Haus. Da haben wir alle mitgebaut, Kaugummi kauend. Wrigley's Chewing Gum hat hier seine Zentrale. Und schräg gegenüber der Mammutbau der *Chicago Tribune*. In der feierlich-strengen Empfangshalle unten sind in goldenen Lettern die Sprüche des klassischen Liberalismus in Stein gehauen, die einmal das Glaubensbekenntnis der Gründergeneration waren. Wir lesen heute solche Konfessionen der Pressemoral mit gemischten Gefühlen. Wir sind in ein anderes Reflexionsstadium getreten. Voltaire zum Beispiel: Ich kann Ihre Meinung nicht teilen, aber ich werde, so lange ich lebe, immer dafür kämpfen, daß Sie ... Na, und so weiter. Immerhin, die Presse ist nicht das Schlechteste in den Staaten. Die Wochenend-Ausgabe der *Chicago-Tribune* ist ein Koloß. Sie wiegt mehr als ein Kilo.

Weiter unten wird die Michigan Avenue zu einer Straße des Reichtums, der Eleganz, die man anstößig finden müßte, wäre es nicht eine exakte Wiederholung Europas, seiner Glanzpunkte. Das erinnert nicht mehr an Amerika, sondern an Mailand, rund um den Dom, an London, Bond Street, an den Boulevard Haussmann in Paris: Europas schönste Verschwendung. Keine Tankstellen, keine Motels, nichts da von Supermarkt. Chicago ist feinstes Europa hier: kostbare Antiquitätengeschäfte, Juwelierläden, raffinierte Mode-Boutiquen, kultivierte Buchhandlungen. In den Nebenstraßen englische Pubs, französische Brasserien, ein Cineasten-Kino, das sozusagen lebenslänglich »Tod in Venedig« spielt. Europa als Bühne. Ob man hier leben könnte?

Zwei Bilder zum Schluß: Erinnerungen an Chicago, die bleiben werden. Man sieht so etwas naiv, erstaunt und weiß doch zugleich: Das wird bleiben. Das sind die Gebärden der Stadt. Halt sie fest. Es war zehn Uhr abends. Ich stand am Chicago River, einem Fluß, der sich kanalartig durch die Stadt schlängelt, ein Fluß übrigens, der rückwärts fließt, also nicht in den Michigansee, sondern aus ihm heraus. Doch nicht das war das Bleibende. Ich war eben über die große Brücke gegangen, die leer wirkte. Ein Polizist hatte mich schon gewarnt, zurückhalten wollen, doch ich kam durch. Ich sah plötzlich Polizeiwagen auffahren. Es war, als wenn bei uns die Feuerwehr kommt: Unruhe, Erwartung, Sensation in der Luft. Rotlichter, Blaulichter, das Heulen und Jaulen der Sirenen. Es war ein ungeheures Spektakel plötzlich. Von überall fuhren Polizeiwagen an. Die Polizisten sprangen ab, sperrten die Straße, den Brückenverkehr, schoben große Eisengestelle quer, die am Rand standen: Scheinwerferbatterien. Sie flammten in einem gleißenden, grellen Licht auf: weiß, rot, blau wie bei einer Filmaufnahme. Die Brücke lag jetzt in einem gleißenden Flammenmeer: Feuerwerkfeste. Langer Rückstau auf beiden Straßenseiten, Hupkonzerte.

Und dann hob sich plötzlich die Brücke. Erst jetzt sah ich, daß es in dieser technischen Zukunftswelt eine ganz altmodische Zugbrücke war. Die beiden Flügel hoben sich langsam nach oben. Sie spreizten sich, stellten sich steil auf, und da, wo ich eben noch gegangen war, war nun nichts, nichts als Wasser. Die berühmte Michigan Avenue war weggezaubert. Es kam ein weißer Dampfer den Chicago River empor. Er sah wie ein fröhliches Geisterschiff aus in der Nacht. Man sah junge Menschen an der Reling stehen. Man hörte eine Jazzband in der Kajüte spielen. Und dann zog dieses Schiff sehr langsam über die Michigan Avenue, die es nun nicht mehr gab. Ein Schiff wird kommen, das bringt dir den einen. Ach, es war wie eine perfekte Schlagermelodie, so schön. Es war ein Schauspiel von raffinierter und aufwendiger Scheindramatik. Diese Lichterflut in der Nacht, dieses Geheul der Sirenen überall und wie dann der Dampfer über die Straße zog und sich im flimmernden Labyrinth der City direkt bei den beiden Marina-Wohntürmen verlor und wie die beiden Brückenflügel sich langsam wieder senkten, das Licht erlosch, das Sirenengeheul verstummte und der Verkehr wieder zu fließen begann – eine amerikanische Szene, dachte ich, ein Theaterstück, gut inszeniert. Eine extravertierte Nation ist Amerika. Es war fast so raffiniert und gekonnt wie in Las Vegas. Alles ist hier eigentlich Show, also Selbstdarstellung. No business is like show business.

Das andere Bild am nächsten Abend, nicht weit von dem stolzen Ungetüm der First National City Bank. Türme der Bürokratie, die nachts leuchten. Ich hatte mich an einem Zeitungskiosk mit deutscher Presse versorgt. Ich hatte endlich einmal einen Kiosk mit internationaler Presse gefunden. Seit Los Angeles zum erstenmal. Es ist schwer, fast unmöglich, etwa im mittleren Westen Europas Presse zu finden. Im Grunde gibt es Europa nicht in Amerika, nur an den Küsten, aber nicht im Land. Ich saß auf einer Bank mitten im Bankenviertel, das hell strahlte. Nach vier Wochen las ich zum erstenmal wieder den *Spiegel*, die *Zeit*, die *Welt*, was wir so lesen. Europas Ereignisse und Probleme schienen mir etwas fern gerückt, nicht sehr zentral. Ich war neugierig. Es war neun Uhr abends. Die City leer.

Plötzlich sah ich junge Leute kommen, fünf oder sechs Burschen. Sie kamen über den Platz gelaufen. Sie stürmten direkt auf mich zu. Blitzschnell ging es mir durch den Kopf: Jetzt passiert's. Jetzt kommt der Überfall endlich, auf den du schon immer gewartet hast, nicht wahr? Man ist gut vorprogrammiert. Man hatte mir schon in Deutschland gesagt: Amerika ist ein Land des Verbrechens. Jeder wird dort überfallen, eine Dschungelgesellschaft, das nackte Antlitz des Kapitalismus. Ich dachte also: Am besten, du gibst dein Geld gleich her. Es hat keinen Sinn, Widerstand zu leisten. Ich griff nach meiner Geldbörse, aber dann sah ich, daß einer von ihnen, der zuletzt kam, ein großes Holzkreuz schleppte. Er schien etwas zu hinken. Das Kreuz stand plötzlich wie ein Mahnmal ernster Mission vor mir aufgerichtet. Ich sah, daß es rohes Holz war, Fichtenholz, kaum abgeschält. Die Burschen hatten strenge, bleiche Gesichter. Sie standen vor mir und riefen: Sir, Jesus loves you! Jesus is your Lord, really! Jesus comes to you now! Sie gaben mir kleine Missionsblättchen. Ich las: One-way – die Einbahnstraße zu Christus. Eine Verkehrsregel, ganz klar. Sie reichten mir die Hände, wie segnend. Das alles geschah mit der Fixigkeit des amerikanischen Service, fast so schnell, so hart wie in Amarillo bei Woolworth: wum, wum, wum. Ich war missioniert. Sie verschwanden blitzschnell im Dunkeln. Das Holzkreuz humpelte nach. Ich war noch etwas verschreckt, auch erstaunt. Sie sahen wie Zeugen Jehovas, wie sehr ernste Bibelforscher aus: bleich, sehr überzeugt. Also Jesus-People. Sie holten mich auf einer Bank in Chicago ein.

New York – die offene Bühne

Ja, wenn man das so macht, was ich machte: immer nur fahren, immer weiterfahren, immer unterwegs sein quer durch die Staaten, wenn man das fast fünftausend Kilometer lang durchhält – irgendwann kommt man dann tatsächlich eines Tages in New York an. Man fühlt sich wie der verlorene Sohn: erschöpft und doch glücklich. From coast to coast, Odyssee eines Kontinents, endlich East Side. Du bist wieder im Osten, in der Stadt deines Anfangs, eine Art Vaterhaus. Wenn man aus St. Louis oder Cleveland kommt, hat man das Gefühl: New York ist zu Hause. Bilanz? Erste Bilanz? Im Grunde zählen doch nur New York und drei, vier Städte an beiden Küsten: ja, und dann noch Chicago, deine Neuerwerbung. Der Rest ist schrecklich: dumme Provinz. Es ist ein Glück, wieder auf der 42. Straße zu stehen: schöne, schlimme Manhattan-Szene. Sie ist wie ein zarter Elektroschock. Man spürt die Kraft, die Energie, das rasende Tempo, mit dem hier gelebt wird. Es reißt dich hoch. Sie sind alle so fix, so energiegeladen, hart und intelligent. Crazy, sagt man wohl. New York ist eine verrückte Stadt. Der Taxifahrer reißt einem den Koffer weg, er hat ihn schon auf den Sitz geknallt. Go on, sit down, let's go , shut up – ab geht's, aber nicht lange.

Es war einer dieser schwülwarmen Regentage, die in New York auch Mitte September noch von unerträglicher Hitze sein können. Schwarze Gewitterwolken standen am Himmel, das heißt, sie hingen wie feuchte Waschlappen zwischen den Wolkenkratzern, senkten sich immer tiefer: Waschküchenluft. Es lag Strom in der Luft. Man spürte: Er schrie nach Entladung. Auf der Fifth Avenue staute sich der Verkehr. Auch One-way ist hier keine Lösung. Hunderte von Taxis, gelb und rot – eine wütende Büffelherde stand, die zitterte vor Kraft, die nicht weiterkam. Jeder Fahrer einen Fluch auf den Lippen. Und dann brach es los; es war längst fällig. Ein Prasselregen ging über Manhattan nieder. Es war wie ein Wolkenbruch in den Tropen, ein Wasserorkan. Die Fifth Avenue war in wenigen Minuten ein Dampfbad, russisch-römisch. Sie strömte, sie floß, sie schwitzte und kochte. Es war dunkel geworden. Die Taxis hatten Licht eingeschaltet. Sie versuchten vorzurücken, sie fuhren drei Meter im strömenden Wasser, dann stockte es wieder. Es ging nicht weiter. Nun brach alles zusammen. New York war plötzlich ein Angsttraum der Tiefe, ein Bild manifester Unterwelt. So muß man in den untersten Kesseln der Hölle gekocht werden. Die Stadt erstickt an sich selber und zeigt das noch so dramatisch. Ein schöner Empfang.

Manhattan gleicht heute einer belagerten Stadt. Man sieht die Angst, die überall hockt. Überall vor den Banken und Luxusgeschäften die dicken Bullen in ihren blauen Hemden, den Colt in der Hüfte, eine Art Privatpolizei, die vor den Eingängen, den Schaufenstern hin- und hergeht, auf einen Überfall wartet, der dann nicht kommt. Im Hotel hatten sie mich gewarnt: Sie kommen aus der Provinz? Geben Sie Ihre Papiere, Ihr Geld, Ihr Flugticket in den Safe. Sie sind nicht sicher. Passen Sie auf den Lift auf. Elevator, sagt man hier. Der Lift ist ein bevorzugter Ort des Verbrechens. Wenn plötzlich zwei oder drei junge Burschen zusteigen – nichts wie raus. Sie wissen sonst nicht, was Ihnen geschieht zwischen zwei Stockwerken. Es sind übrigens meist junge Menschen, oft Halbwüchsige noch, die etwas flehend sagen: Sir, wir wollen Sie nicht ermorden, wir wollen kein Blut. Wir brauchen nur Ihr Geld für neuen Stoff. Es sind Süchtige.

Nein, ich habe das alles nicht erlebt. New York war mir gnädig, wie ganz Amerika. Ich vernahm das nur vom Hörensagen, eine Vermutung, eine Angst, die durch die Stadt läuft. Die alten und reichen Damen Manhattans wissen ein Lied davon zu singen, ich nicht. Die Stadt ist wie ein Urwald mit Dschungelgesetzen, und doch: Wie lebendig, wie vibrierend, berstend vor

Kraft und Intelligenz ist sie, gerade jetzt. Für Intellektuelle ist sie immer noch die Weltmetropole. Paris und Rom und London sind dagegen nur Landeshauptstädte. Was geschieht an neuer Entwicklung, was die Kultur voranbringt in ein neues Stadium ihrer Reflexion: die bildende Kunst und das Theater, der Underground-Film, die jüngste Popmusik, die Literaturszene – hier wird sie entschieden. New York ist die progressivste Kulturstadt der Welt, ein Schrei der Erneuerung und Greenwich Village ihr funkelndes, kaltes Gehirn. Das »Dorf« ist immer noch der einzige Ort in den Staaten, wo unsereiner leben könnte – vielleicht. Greenwich Village ist lebendig, gefährlich und schön wie noch nie. Es zuckt, es explodiert dauernd vor Kraft, es ist sehr produktiv. Ich sah keinen Ort auf der Welt, in dem Vitalität und Intelligenz, Aggressivität und Sensibilität so schöpferisch zusammentreten. Freier Geist, der leidet – dabei wird immer etwas geboren, was bleibt, später einmal.

West Side, East Side, letzte Tage in Manhattan, schon Abschiedsgefühle, etwas gemischt. Man ist froh, wieder hierzusein, man ist froh, wieder weg zu können. Amerika ist zuviel, zu groß für uns. Es ist immer noch ein Schock. Man ist zufrieden, zurück zu können nach Kleineuropa. Man wird also freier, lokkerer, leichtfertiger zum Schluß. Ich wurde leichtsinnig. Ich tat nun all das, was man doch nicht tun soll in New York. Ich dachte: Was kann dir denn jetzt noch passieren am Ende? Ich saß auf dem Washington Square bei den Negern. Sie spielten Football, sie spielten Schach, sie lagen in Gruppen im Gras, rauchten, machten Musik. Erst ist man vorsichtig, etwas zurückhaltend. Geh nicht zu nahe ran. Man ist gut vorprogrammiert, aber dann merkt man: Dir wollen sie nichts. Geh aufrecht durch die Stadt. Ich tat also jetzt alles Verbotene: Ich lief noch nach Mitternacht allein über den Broadway: 72. Straße. Ich sah am Central Park auf der oberen Fifth Avenue, der Zone der niedrigen Autonummern, wieder den Reichtum, die Eleganz, den Luxus, der sich hier türmt, zusammengeballt. Vor den Marmoreingängen der Appartementhäuser Wachen, die patrouillieren.

Das East Village ist noch raffinierter geworden im Schrei seiner Dissonanzen. Crazy, verrückt, kann man nur sagen. Trostlose, graue Häuserwände, Feuerleitern, Schornsteine; einiges haben sie so stehenlassen, anderes aber als Pop-art zu neuer Schönheit umfunktioniert: Eine Wand ist pechschwarz, eine hellblau, eine blutrot getüncht. Ein Kult des Häßlichen, der plötzlich umschlägt zu einer höheren Reizstufe bizarrer Schönheit. Uralte Häuser, Betonklötze, Fabriken, Wohnsilos aus der Jahrhundertwende, und in diesen Fassaden schwarzer Trostlosigkeit dann kleine Glanzpunkte: raffinierte Luxusgeschäfte, Schaufenster, die Antiquitäten, die moderne Kunst, die Lederwaren anbieten, sehr exquisit. Und aus diesen Klötzen der Vergangenheit, elende Hausfassaden, treten sie heraus, Manhattans Kinder, Farbige. Ein junges Paar kommt jetzt, ein Neger mit seinem Mädchen. Vor dem Hintergrund dieses Hauses sehen sie wie das Leben aus: kraftvoll, federnd, stolz. Das Mädchen ist ganz in hellbraunen Knautschlack gekleidet, der Junge trägt eine schwarze Kordhose mit weißem Rollkragenpullover. Sie tragen beide die Haare im steilen Afro-Look wie schwarze Heiligenscheine hoch um sich. Sie kommen wie Darsteller ihrer selbst, Schauspieler aus dem Dunkel. Sie sind schön. Sie sind die Jugend, und man spürt: Sie wissen das.

Ja, Manhattan ist eine Theaterszene. Sie spielen hier ihr Stück: Amerika heute, ein Kontinent in der Krise. Sie spielen das Psychodrama der Zeit, ihrer Gesellschaft, zum Zerreißen gespannt. Eine offene Szene: alle Konflikte immer nach außen, alles darstellen, vorzeigen, herausspielen, streng nach Moreno – soziale Psychodramatik. Nur nichts verdrängen – zeigen, Show business. Eine leidende und strahlende Extraversion ist die Stadt. Ist das nun Babylon, spätes Rom, Urwald und Dickicht der Städte? Ich bin nicht so sicher. Die Szene ist mir zu lebendig, zu schöpferisch, zu kraftvoll, um nur Verfall zu sein. Ach, es wäre natürlich schön, so anheimelnd deutsch, wunderbar konformistisch, nun nach Hause zu kommen, in Deutschland zu sagen: Amerika ist doch am Ende. Es ist nur noch Armut und Elend zu sehen drüben. So heißt das doch überall, nicht wahr?

Ich kann das nicht. Ich kann den Stab nicht brechen über diesen Kontinent. Das Land ist mir zu groß, zu vielgestaltig, auch zu fremd geworden, inzwischen. Man weiß zuwenig, hinterher, nach der Reise. Ich habe kein Urteil in dieser Sache. Ich sage nur: Täuscht euch nicht. Seid nicht so schnell fertig mit euren Urteilen. Das Land ist in einer Krise, aber es gibt auch Krisen, die weiterführen. Es ist wie mit der Pubertät. Da geht etwas kaputt, eine Kinderwelt, diese dumme Kaufmannsfröhlichkeit, von der Joyce Greenwood in Los Angeles immer noch sang. Dieser naive Yankee-Optimismus aller Texaner – der geht jetzt entzwei. Der geht kaputt. Aber danach? Ich sage nun nicht: Danach beginnt erst Amerika, zeitgenössisch. Ich sage nur: Das Stück wird gespielt. Die Szene ist offen. Es wird nichts geheimgehalten in diesem Lande, wie anderswo. Darin liegt sehr viel Kraft.

An den Küsten Kaliforniens

Erfahrungen im fernen Westen

Einflugschneisen

Immer wieder dieser Augenblick ganz am Anfang: Augenblick, wenn die Maschine sich senkt, wenn sie kurvt und kreist, weite Schleifen zieht, manchmal schwankt, manchmal etwas zittert, vom Heck her. Augenblick, wenn die Leute, die sich angeschnallt haben, aufrecht und schweigsam dasitzen, erwartungsvoll, auch etwas gespannt, sozusagen mit gut kontrollierter Todesverachtung. Jede Landung ist ja ein Sprung. Immerhin springt man vom Himmel zur Erde herab.

Was bleibt von solchen Augenblicken? Was nimmt man wahr? Was sieht man? Ist schon etwas zu sehen – von Los Angeles? Ich sage: Nein. Es ist dunkel. Es ist beinah Nacht. Es ist gar nichts zu sehen. Es ist zehn Uhr abends hier, obwohl es sieben Uhr morgens ist, in Europa und auf meiner Armbanduhr und in meinem Kopf. In meinem Kopf vor allem. Eine Nacht ging verloren im langgezogenen Licht dieses Nonstopflugs. Sie steckt mir jetzt in den Knochen. Verkatert fühle ich mich, müde, trotzdem überwach. Es ist ein dummes Gefühl im Hinterkopf: Da schläft etwas und ist doch wach.

Jetzt kommt etwas. Wir fliegen tief. Wir schweben ein – über Wäldern, Wiesen, Baumkronen. Mein erster Eindruck: tief dunkelgrün. Es müssen Parkanlagen, Vorstädte, sehr luxuriöse Villenorte sein. Ich sehe hell erleuchtete Straßen. Wie breit die sind. Eigentlich sind es Lichtquadrate. Das Grün ist von neonstrahlendem Gitterwerk unterteilt. Amerikas Schachbrettmuster, from block to block. Jetzt kommt Wasser, pechschwarz. Ich sehe die Küste, das Meer, eine Strandpromenade mit Farbspielen, phantastisch. Ist das ein Lunapark? Ich sehe lauter grüne, rote, gelbe, blaue Lichter, die sich in schönen Girlanden die Uferstraße langziehen. Die Lichter leuchten nicht wie bei uns. Sie strahlen, sie flammen, sie erblühen wie Plastikblüten, die von innen erleuchtet sind. Wie großartig hier alles ist. Schade, jetzt ist es weg. Jetzt kommen wieder Grünflächen, Parks, jetzt Gärten. Schön sieht das aus. In jedem Garten ist in der Mitte ein Swimming-pool, der grün leuchtet, aber das Wasser ist blau, kolossal blau, blauer geht es nicht. Wir schweben durch Reklame- und Plastik-Landschaften. Ich glaube, Wüstenrot macht solche Prospekte bei uns. Strahlende Hausvisionen: dein Eigenheim, bitte. Wir schweben ganz tief über zartgrünen Gärten, in denen weiße Villen stehen. Wie eine Ausstellung: Menschen sind nicht zu sehen. Das sieht schon sehr einladend aus: Kalifornien von oben.

Was bleibt weiter von solchen Anfängen? Erste Eindrücke im Flughafen bei der Paß- und Zollkontrolle. Wie geduldig die Leute sich anstellen in Schlangen. Keiner drängelt, niemand will vor. Die Polizisten: kolossale Standbilder der Staatsmacht in Blau. Sie stehen wie Panzerschränke da, sie platzen vor Kraft, manche vor Fett. Sie sind schwer bewaffnet. Natürlich sind das Bullen. Dagegen sind unsere Grünen blasse Schulbuben. Man spürt wieder den anderen Rhythmus, den schweren Takt, diese Wucht und Gewalt, die Amerika hat. Für mich ist es jedesmal wie ein Schock, ein Faustschlag, der mich trifft. Mit welcher Kraft die hier leben. Sie reißt mich hoch und runter. Es ist aber auch Form, Eleganz, kalter Stil dabei. Brutalität und Sensibilität sind die Elemente, aus denen sich der Kontinent mischt, für mich jedesmal neu, überall anders. Wie diesmal: Kalifornien?

Die alte Dame vor mir in der Zollschlange. Eine US-Lady, wie von American Express herausgeputzt: weißhaarig mit violettem Stich, hochonduliert, zähe Pergamenthaut, unerhört jung aufgefrischt. Auf allgemeinem Hellrosa blüht starkes Wangenrot. Ein kostbarer Nerz über Knochenresten. Sie wird jetzt gefilzt. Sie wird vom Zoll auseinandergenommen wie ein altes Auto. Aber dann die Höflichkeit und Hilfsbereitschaft dieser rabiaten Kontrolleure. Wie der Zöllner der Lady wieder alles zusammenpackt, den Koffer ordnet, schließt, dem Gepäckträger winkt, die Hand an die Mütze legt, beinah salutiert und Thank you, Madam, sagt. Have a nice time here. You are welcome in Los Angeles. Er spricht es wie ein Fernsehstar, wie ein Quizmaster, so elegant und glatt, und hat jetzt schon mich am Bändel, endlich.

Los Angeles begann dann erst draußen vor der Tür. Ich schnupperte, und mein erster Eindruck war: warm, weich, mild. Mein Gott, wie verführerisch die Atmosphäre hier ist. Es war dunkel. Es war eine laue Mainacht, jetzt im November. Man spürte Subtropen. Es glitzerte Licht in der Ferne. Mit dem Taxi dauerte es eine halbe Stunde, bis man das Gefühl hatte: Jetzt kommt etwas wie City. Man erkennt es am Straßensystem, das wächst, immer breiter wird, sich auffaltet wie ein Fächer. Der Highway wird ein Labyrinth. Er steht auf hohen Brückenpfeilern, führt in mächtigen Betonschwingungen langsam nach Downtown hinein. Man schwebt, und jetzt tauchen auch die ersten grünen Hinweisschilder mit Namen auf, die einem vertraut und märchenhaft fremd sind: kalifornische Mythen. Man liest: Hollywood Freeway. Das kennst du, nicht wahr? Man liest: Santa Monica Freeway, San Bernardino Freeway, Golden State Freeway. Jetzt rutscht man also hinein in den Traum vom Goldenen Westen. Was ist Westen? Es war immer die Hoffnung, der Traum, die Sehnsucht. Der Treck ging immer nach Westen: Abenteurer, Landsucher, Goldgräber. Im Westen würde Reichtum sein: Sonne, Licht, Gold, blühende Erde, alle Schätze und Ausschweifungen der Welt. Der Westen war immer ein Synonym für das ganz große Glück in Amerika: Utopia der Kapitalisten.

Und im Biltmore empfing mich tatsächlich ein Vorgeschmack. Es empfing mich die Pracht, der Reichtum, die ausschweifende und ziemlich pompöse Gebärde der alten Zeit. Alles falsch, dafür noch schöner, noch echter. Im Biltmore steigen Kaufleute, Ingenieure, Bankleute und Farmer ab. Man riecht die Zeit, als der Mann noch etwas galt, auf der Bank und im Sattel. Amerika ist ja nicht nur modern, immer das Neueste und letzte präsentierend. Es ist auch erzkonservativ, sehr patriotisch, mit strengen Sitten, die puritanisch sind. Es hält fest. Es hingen die Fahnen der Nation wie stolze Hotelangebinde in der Lobby. Das Vaterland empfiehlt dieses Haus, aber dieses Haus empfiehlt auch das Vaterland. Lauter Plüsch, Brokat und Samt an den Wänden. Ältere Herren im Smoking gingen mit noch älteren Damen im Ballkleid zum Dinner. Ein ständiger Nationalfeiertag für Kaufleute ist das Biltmore. Das soll Spätkapitalismus sein? Ich weiß nicht so recht. Hier blüht das System in Manneskraft. Starke Identität ist zu spüren.

Meine letzte Einflugschneise dann um Mitternacht: An der Bar im Biltmore saß tatsächlich Joyce, immer noch. Ich mußte lachen. Sie saß unverändert wie vor einem Jahr, als ich das erstemal hier war, an ihrem großen Konzertflügel. Joyce ist ein

Pferd, das singt. Sie drehte sich immer noch strahlend und langsam um ihre eigene Achse. Sie sang mit ihrem zu breiten Mund immer noch die alten Kaufmannsschlager: Hallo Dolly und You are my lucky star und natürlich: Margie, my honey bee, my melody! Sie griff eisern in die Tasten. Ihre hochlackierten Fingernägel funkelten. Um sie herum rund im Kreis saßen immer noch dieselben rüden Burschen, smarte Großhändler, tranken Whisky für einen Dollar dreißig, summten manchmal die Melodie etwas verschämt und doch zu laut mit, warfen ihr gelegentlich eine Dollarnote zu. Joyce dankte sehr hoheitsvoll, nur mit dem Hochziehen einer Augenbraue, das Lächeln andeuten sollte, nur mit einem halben Blick, der sah und auch übersah. Sie schien jünger geworden. Sie wirkte straffer. Sie war noch fröhlicher als voriges Jahr. Ob ihr Mann endlich tot ist? dachte ich. Ob sie einen neuen Lover hat, oder ob es ihr neues Makeup ist? Ich setzte mich an die Bar. Ich steckte ihr einen Dollar zu. Joyce nickte. Sie lächelte wieder für eine Sekunde. Du bist da? lächelte sie. Du bist in Los Angeles? You are welcome here.

America-City

Nein, ich werde nicht versuchen, die Stadt zu beschreiben. Es ist unmöglich, eigentlich auch unnötig. Sie ist ohne Eigenart, ohne Lokalkolorit. Ein Gesicht ist nicht zu erkennen. Ob es überhaupt eine Stadt ist? Los Angeles ist mit Sicherheit nur eines: endlos. Es zieht sich endlos hin: ein Meer von Städten, die nie recht beginnen, nie ganz aufhören, darin durchaus dem Ruhrgebiet ähnlich. Fünfzig Vorstädte vergeblich auf der Suche nach einer Stadt. Es gibt keine City, kein urbanes Zentrum, um das das Leben kreist, keine Plätze, wo Menschen sich treffen könnten. Immer nur Hochhäuser, Brücken, Tankstellen, Warenhäuser, Parkplätze, Einfahrten und Ausfahrten von Highways, dann wieder ein paar Hochhäuser, wie zufällig hierhingestellt. Es genügt zu wissen, daß auf einem Stadtgebiet von der halben Größe des Saargebiets siebeneinhalb Millionen Menschen leben und daß die Stadt dauernd wächst: jährlich um eine Viertelmillion. Westküste; also Mexikaner, Chinesen, Japaner und Philippiner fallen auf.

Und doch ist die Stadt faszinierend. Ich meine, man muß sie gesehen haben: ihre Größe, die eben nicht mehr Größe, sondern Monstrosität ist, ihre technische Entwickeltheit, die eben nicht mehr Entwickeltheit ist, sondern industrielle Phantastik, die schön und praktisch ist und dann auch umschlägt in Absurdität. Man muß ihren Reichtum und ihre Verödung gespürt haben, diese ungeheure Langeweile und Einsamkeit, die mitten aus ihren dröhnenden Vergnügungszentren aufbrechen kann. Enjoy yourself, heißt die Parole.

Los Angeles ist nicht irgendwas. Es ist typisch, es ist haargenau die Stadt, die den Staat repräsentiert – unbewußt. Überall in den großen Städten des Landes muß man skeptische Abstriche machen, das berühmte Jaja, aber. Boston? Ja, schon, aber doch auch wieder zu fein, zu neuenglisch für Amerika, nicht? St. Louis, Chicago, Denver, Oklahoma, New Orleans und Washington – ja, schon Amerika, aber doch nicht nur typisch, doch sehr eigenartig, nicht wahr? Jedermann weiß, daß New York und San Francisco ganz unamerikanische Städte sind, extreme Randprodukte. Wenn du Amerika direkt und in Reinkultur sehen willst, sozusagen in schamloser Nacktheit, hinreißend und zerschmetternd, mußt du nach Los Angeles gehen. Es ist nicht eigenartig. Es ist die amerikanischste Stadt. Mehr noch: Es ist Amerika selber. Ihr Name ist falsch. Mit Engeln hat sie schon gar nichts zu tun. Sie müßte Amerika heißen, ganz einfach: America-City. Das ist der amerikanische Traum in Stein, leicht versteinert. Der Traum wird übrigens LA genannt am Ort.

Man kann sagen: Behauptungen, Erklärungen, Spruchweisheiten. Wo weißt du das eigentlich her? Hast du das tatsächlich gesehen in der Stadt? Ich sage: Nein, natürlich nicht, aber das ist es ja eben; das ist das Problem von Los Angeles – zu sehen gibt es da wenig. Die Stadt ist zu groß, zu auseinandergerissen, zu planlos. Man kann ja auch nichts mehr zu Fuß machen. Es gibt kaum Fußgängerwege, mit Recht. Die Stadt war von Anfang an nur für Autos gedacht und gebaut, Privatautos, meine ich, denn städtische Verkehrsmittel sind hier dünn gesät, eher kümmerlich. Also das kann ich sagen: Ich sah eine Stadt, traumhaft für Autofahrer. Wie es fließt und strömt, gleitet und immer nur fährt – ein unübersehbarer Massenverkehr, der nicht stockt, der sich nicht staut, obwohl das natürlich Umweltprobleme erzeugt. Die Stadt hat die größte Smogdichte der Welt. Man sieht immer nur Privatautos über Brücken, über Highways und durch Tunnels fliegen und wie dieser Individualismus dann langsam umschlägt ins Kollektive, was komisch, auch etwas beängstigend wirkt. Stell dir das vor: eine Siebenmillionenstadt dauernd auf Rädern. Sie ziehen wie endlose Schlangen die Freeways entlang, Millionen sitzen in diesen bequemen, sehr schönen Schlitten, die nicht zu verachten sind, haben die gleiche Zigarette oder den gleichen Kaugummi im Mund, hören den gleichen Disc-Jockey aus einem Radio, das vierzehn Programme anbietet, aber im Grunde ist es immer dasselbe: immer Folk, Pop, Jazz und dann die forsche, unerhört fröhliche Männerstimme, die zu neuem Verbrauch animiert. Sie hören dasselbe, sie sehen dasselbe, sie denken dasselbe. Sie streben alle zum gleichen Eigenheim und zum selben Eisschrank und werden wohl auch, wie ich meine, mit derselben Frau schließlich ins Bett gehen: sie hochgeschminkt, er eher gelangweilt, werden dieselben Träume haben, lonely in the crowd. Mit Kapitalismus, meine ich, hat das zunächst wenig zu tun. Das sind die typischen Endresultate durchorganisierter Massengesellschaften. Egalité: Die Welt ist nun wirklich gleich. Amerika liegt hier nur vorne, und Los Angeles ist sein stählerner Traum. Ja, sprich es nur aus, obwohl es banal ist: ein Alptraum für uns Europäer. Die Zukunft, wenn sie so weitergeht, wird eine Paradies-Hölle sein. Wir werden alles haben, nichts mehr sein.

Natürlich sind auch das wieder Behauptungen, Erklärungen, Spruchweisheiten. Es gibt andere Punkte in Los Angeles. Es gibt so viele Städte in dieser Stadt, die dann doch entzücken. Wie schön, sagt man. Pasadena etwa oder Glendale, Beverly Hills oder Hollywood, der Distrikt von Long Beach oder Anaheim, wo Disneyland liegt – keine Mickymaus-Stadt, vielmehr eine großartige Ausstellung und Selbstdemonstration der amerikanischen Idee: ihrer Vergangenheit, ihrer Gegenwart, ihrer Zukunft. Die Geschichte dieses Kontinents ist hier nachgebaut und wie sie einmal weitergehen soll, von Computern und Satelliten gesteuert. Disneyland ist keine Kinderstadt, es sei denn, man sieht diese Idee radikaler Machbarkeit der Welt durch technischen Fortschritt als den Traum sehr großer Kinder an. Einiges spricht dafür, und in sehr vielem, was hier zu sehen ist, sind sich die Amerikaner mit den Sowjets auch einig. US und SU sind nicht so weit entfernt, wie wir immer glauben in Kleineuropa, Zwergenland. Hochindustrialisierte Massengesellschaften werden sich langsam ähnlicher, leider.

Ich will etwas über Hollywood sagen. Zunächst: So passé, so uninteressant und nur gestorben, wie man bei uns sagt, ist Hollywood nicht; vielleicht der Sunset-Strip, der ist tatsächlich passé, aber in der Filmstadt wird immer noch produziert. Immerhin wurden Welterfolge wie die Hitchcock-Filme oder »Der Pate« hier gedreht. Hollywood ist wieder im Kommen. Es dreht jetzt Horrorfilme. Die Aufträge fürs Fernsehen wachsen dauernd. Auch die echte, harte Pornoindustrie, die mindestens die westliche Welt subkutan konsumiert, ist in Los Angeles zu Hause. Seine strahlende Zeit, die Zeit der zwanziger und dreißiger Jahre, als von diesem Ort aus die ganze Welt beherrscht wurde im Flimmer- und Showgeschäft, ist dahin. Das ist wahr. Es ist mit Hollywood wie überhaupt mit dem Kapitalismus: Der Glanz, der Mythos ist weg. Geschäftlich aber ist man sehr tüchtig. Man weiß sich anzupassen. Man wird immer totgesagt und überlebt dann doch – auf etwas unheimliche Weise.

Das Schönste an Hollywood schien mir die Landschaft. Ich möchte sie nordisch-mediterran nennen. Es liegt ein Licht, eine Sonne, südliche Anmut über dieser Stadt sanfter Hügel, daß man sagen könnte: Toskana. Und doch fehlt das Liebliche, Süßliche, diese Postkarten-Idyllik, die Italien fast zu schön macht: weiblich. In Hollywood spürt man Männlichkeit, also Kraft, eine Größe, Endlosigkeit des Raums, auch Einsamkeit, Kühle und kollektiven Wohlstand, der an Schweden erinnert. Man fährt mit dem Bus hoch in die Berge, Richtung Norden. Man steigt in ein kleines, buntes Kinderbähnchen um und kurvt dann zwei Stunden lang durch ein Studiogelände. The Universal City Studio Tour heißt das. Sie ist ziemlich teuer: sieben Dollar, glaube ich. Die großen Filmgesellschaften vermieten halbtägig ihre Gelände an Touristenbus-Gesellschaften. Der Zuschauer muß noch immer den Jahrmarkt bezahlen.

Trotzdem, es ist lustig, auch lehrreich. Es ist ein Lehrstück in amerikanischem Rentabilitätsdenken. Die Welt ist nämlich auf einem sanften, zartgrünen Hügelgelände noch einmal nachgebaut – für Filmzwecke. Hollywood ist die Welt als Kulisse. Man fährt durch Wälder, durch stille Täler, durch schroffe Gebirgsmassive. Man besucht Dörfer, Kleinstädte, Großstadttekken. Man sitzt in dem Bähnchen, lutscht an seinem Eis, kaut an seinem Gummi, leise Musik tropft vom Waggondach herunter, und plötzlich fährt man in Frankreich ein: Normandie. Ile de France, eine Ecke in Paris: Bistros, Cafés, Zeitungskioske, eine Präfektur, alles von hinten mit klobigen Holzbalken gestützt. Rückwärts haben sie sich keine Mühe gegeben, aber von vorne: täuschend ähnlich. Man riecht Pernod und Rotwein. Natürlich ist England sehr wichtig, gut vertreten, der Kriminalfilme wegen. Der Bahnführer hat eine elektronische Schaltung neben sich und kann alles in Bewegung setzen. Bei der Einfahrt in London begann über einer Brücke sofort der typische Londoner Nebel zu ziehen. Wir kamen an einem irischen Schloß vorbei: Es brannte lichterloh. Hellgelbe Flammen schlugen aus den Fenstern, die schon sehr geschwärzt waren von all dem Gaslicht. Wir kamen an Hitchcocks berühmtem Giebelhaus aus dem Film »*Psycho*« vorbei. Es steht immer noch unheimlich drohend da auf einer Anhöhe, nur sehr viel einsamer. Wir erreichten einen breiten Fluß. Im gelb aufgewühlten Wasser schwammen Krokodile, und Haie öffneten schnappend ihr Maul. Dann empfing uns Enge und Stille. Kirchenglocken läuteten. Wir waren in Nürnberg oder Bamberg. Plötzlich war die Welt Bayern, Franken. Wahrscheinlich für all die Nazifilme, dachte ich, die im amerikanischen Fernsehen immer noch populär sind. Der böse Held ist immer ein deutscher Offizier, am besten ein SS-Mann. Hinterher wird eben immer alles Theater. Zum Schluß ist Geschichte ein Kinostoff.

Kalifornien heißt Perfektion; noch perfekter geht es nicht. So war auch das Regencafé am Ende der Hollywood-Tour ein unüberbietbarer Höhepunkt. Ich mußte wieder lachen. Kalifornien ist das Land des Lichts, der Sonne. Es hat mit ernsten Wasserversorgungsproblemen zu kämpfen. Es ist zu trocken. Also ist Regen eine Sensation. Wir saßen draußen im Sonnenschein in einem Waldcafé, und dann regnete es alle zehn Minuten für präzis zwei Minuten, sozusagen als Getränke-Einlage. Es goß und troff, es regnete kolossal und lief gut ab an den Dächern. Dampfer fuhren auf dem See, der direkt vor unserem Tischchen begann. Kriegsschiffe kreuzten auf. Zum Abschluß der Regenphase gab es mehrere Böllerschüsse aus dem Kreuzer, eine Art Seeschlacht im kleinen für fünfzehn Sekunden bei Kaffee oder Kuchen oder Coca-Cola. Man nimmt das sehr amüsiert mit. Fabelhaft, dachte ich wieder, Hollywood ist die Schöpfung noch einmal, der Kosmos in Pappe.

Und ich erzähle dies nicht nur zum Spaß. Ich erzähle es, um wieder ein Element von Los Angeles, also Amerika deutlich zu machen. Die Stadt ist ein Kunstprodukt, unglaublich artifiziell und gemacht. Nicht daß wir Europäer aus reiner Natur, aus sumpfigen Waldmythen kämen. Natürlich ist auch Europa ein Kunstprodukt, aber wie ehrwürdig und von langer Hand vorbereitet. Wie lange hat die Künstlerhand an Paris gearbeitet, nicht wahr? In Los Angeles ist die Künstlichkeit auf letzter

Produktionsstufe angesiedelt, vorwiegend auf Nylon und Dralonfaser und Plastiksubstraten. Die Welt als Chemiefaser, ein Supermarkt zum Träumen, dann zum Wegwerfen.

Nein, ich will damit die Stadt nicht heruntermachen. Mir ist nichts widerwärtiger als die üblichen Reaktionen, diese Ressentiments deutscher Kleinbürger, die, nach Kalifornien verschlagen, nur die Nase rümpfen und sagen: Also bei uns in Dresden und Zwickau war die Welt doch gemütlicher. Man müßte das eigentlich sächsisch sagen, um die Ressentiments der Provinz hörbar zu machen. Man müßte hinzufügen: Bei Gott, und natürlich, ihr habt schon recht. Nur hier an der Westküste Nordamerikas geht es um Gesellschaftsprobleme – im Weltmaßstab. Es wurde das kühnste Experiment unserer Geschichte in Gang gebracht: Eine verschwenderische Natur wurde mit den ungeheuren Produktivkräften einer freien Gesellschaft den Massen nutzbar gemacht. Das bleibt imponierend: Prometheus im kybernetischen Zeitalter und für sehr viele.

Es gibt hier Slums, es gibt sehr viel Arbeitslosigkeit in diesem Traumland, in dem sich ja jeder ansiedeln kann mit amerikanischem Paß. Die Bevölkerungsdichte ist viel zu hoch. Aber selbst die Armut spielt hier auf anderem Level. Auch ein Farbiger, der arbeitslos ist, hat noch seine Wohnung mit Air-condition und mit seinem alten Ford vor der Tür. Das gehört dazu wie bei uns Schuhsohlen. Es wurde ein Experiment gemacht. Das Experiment hieß: die totale Auswertung der Erde durch totale Privatwirtschaft. Wenn man Los Angeles heute so sieht, möchte man sagen: Das Experiment ist nicht gelungen. Ganz so hemmungslos frei geht es nicht. Etwas stimmt hier nicht. Aber um zu dieser Erkenntnis zu kommen, mußte das Experiment angesetzt werden. Los Angeles ist ein Labor, in dem die Problematik der fortgeschrittensten Industriegesellschaften abgefragt wird. Das kommt auf uns alle zu. Das werden unsere Probleme auch sein, übermorgen. Es ist gut zu wissen, was geht und was nicht geht für die Menschheit. Also trägt die Stadt doch nicht den falschen Namen? Engel und Dämonen sind doch verwandt?

Die Tage von Palm Springs

Jetzt wird alles kleiner, persönlicher, beinah menschlich. Eigentlich handelt es sich jetzt nur noch um ein Auto, um den

Führersitz eines schlanken Zweisitzers. Überschaubare Verhältnisse. Ich sitze, ich schwitze und versuche, etwas verzweifelt, mich zurechtzufinden in diesem strahlenden Ding, das schön und starr, verlockend und eiskalt ist wie alle Dinger in Los Angeles. Etwas verrückt, dieses Vorhaben: sich beim erstbesten Büro einen amerikanischen Wagen mieten, sich mitten im City-verkehr von Los Angeles reinsetzen, keine Ahnung haben von all diesen raffinierten Extras eines Plymouth Duster: die Air-condition, die Automatik, die Lenkhilfe, die vielen Sicherheits-gurte und all die Signale, die sofort aufleuchten oder bösartig brummen, wenn man etwas falsch gemacht hat – was brummt denn jetzt schon wieder, ist die Tür nicht fest zu? –, und dann sagen: Jetzt fahren wir los. Was meinst du? Nichts wie weg. LA ist unerträglich. Was hältst du von Palm Springs? Der Name klingt schön. Es soll in der Wüste liegen. Ob wir es damit versuchen, zunächst einmal?

Aufregend und etwas verrückt und ziemlich strapaziös ist das am Anfang, aber wirklich nur am Anfang. Man sitzt wie eine Heuschrecke, so starr und etwas verschreckt, hinter seinem Lenkrad, hat unzählige Knöpfe und Tasten vor sich, die man nicht versteht. Wie ist das zum Beispiel mit der Automatik, wenn man sie nicht kennt? Wie kommt man bitte in den Leer-lauf vor Rotampeln, wenn es keine Kupplung mehr gibt? Und wie viele Rotampeln gibt es in Los Angeles, nicht wahr? Ich schaltete zunächst immer auf Parken, was barer Unsinn ist, wenn man dann wieder anfahren muß. Hinterher ist man ja immer klüger. Ich wollte das Radio probieren; es war aber die Air-condition. Statt Musik blies mir eisige Kälte ins Gesicht. Einmal blieb auch der Motor stehen, weil ich meinen Sicher-heitsgurt leichtfertig gelöst hatte. Man ist also wieder Fahrschü-ler, lernt kalifornische Sitten. Hoffentlich schaffst du es, dachte ich. Hoffentlich kommt bloß kein Regen. Wo ist denn der Knopf für den Scheibenwischer? Hoffentlich wird es nicht dun-kel. Von dem Lichtschalter habe ich auch keine Ahnung. Man kann ja nicht anhalten auf den Freeways, um alles gemütlich auszuprobieren. Wer hält oder gar zu Fuß geht hierzulande, ist immer verdächtig. Stillstand ist kriminell. Man wird von der Polizei aufgegriffen. Also fahr weiter, dachte ich, du wirst es schon lernen.

Lernen muß man vor allem die amerikanische Fahrweise. Sie ist viel angenehmer und menschlicher als unsere. Wir sind ja heute gewohnt, die Amerikaner als unglaublich brutal und aggressiv einzustufen, dies mindestens seit Vietnam; aber man muß auch sagen: Wenigstens untereinander und miteinander sind sie das zivilisierteste und höflichste Volk, das ich kenne. Es kommt noch vor den Schweden, und immerhin will das etwas heißen. Ich möchte es Ensemblegeist nennen, was man lernt. Sie spielen wie eine riesige, anonyme Schauspielertruppe, fahrend, unerhört sicher und kombinationsreich miteinander, geben sich Zeichen, Stichworte, treten zurück, lassen den anderen jetzt an die Rampe. Ich bin kein Soziologe. Gesellschaftswissenschaftliche Aussagen stehen mir nicht zu; aber wenigstens das amerikanische Fahrverhalten möchte ich als klassenlos bezeichnen. Es gibt keine Armen und Reichen, keine Großen und Kleinen hinter dem Steuer. Alle fahren die gleichen viel zu großen Modelle auf leeren Autobahnen, die nach unseren Vorstellungen viel zu breit sind, und dann höchstens achtzig oder neunzig Kilometer pro Stunde, also viel zu langsam. Wer ist hier eigentlich der Brutale und Aggressive, wenn man an unsere Autobahnen denkt?

Blick auf die Landschaft: kahle Kegelberge, braun, gelb, grau; viel Geröll und Felsbrocken. Manchmal Kakteen und Palmen am Rand. Man zieht sanfte Steigungen hoch. Salzseen, Laken kommen, die langsam versanden in einer Hochebene, die wie eine Steppe wirkt. Es ist nur noch Sand und Geröll zu sehen, Grasbüschel, ausgedörrtes Sträucherwerk. Es beginnt das, was man The Desert nennt. Die Großartigkeit der richtigen Wüste etwa in Nevada hat sie hier nicht. Es versickert und versteppt nur, und dann ist plötzlich das grüne Ausfahrtschild da: »Palm Springs«, steht geschrieben. Mitten in diesem ausgedörrten, steinernen Hochland liegt ein Kurort, ein Badeparadies, das verblüfft. Nun sieh bloß, sagt man, einfahrend, ist das elegant, ist das schön hier und alles schneeweiß, die Häuser. Das sieht viel luxuriöser als Deauville oder Montreux aus, auch moderner. Ich hatte das gar nicht erwartet in Amerika: Badekultur. Das ist eine Oase, wirklich. Hier bleiben wir – ja?

Was soll ich nun sagen? Wie soll ich's erzählen? Wie sag ich's denn meinem Kind, zu Hause, daß sie schön waren, sehr schön – die Tage von Palm Springs? Es ist befriedigend für unsereinen, zu denken: Es ist November. Es ist eigentlich dunkel und regennaß. Die Leute husten und frösteln jetzt in Deutschland. Recht so. Und hier? Hier hat die Saison eben begonnen. Von Oktober bis April ist Sommersaison – im Winter. Jetzt ist die Wüste erträglich. Man bleibt dann, sucht sich sein Motel, geht durch den Ort. Es gehen einem dabei zum erstenmal ganz die Augen auf, wie einer jungen Katze. Man sieht und hört und riecht und schmeckt und begreift so langsam, worauf man sich eigentlich einließ, an die Westküste Amerikas fliegend. Es ist kolossal. Kalifornien – erst hier, in den kleineren, überschaubaren Maßen eines Badeortes, wird es faßbar – ist eine kolossale Übertreibung. Es ist unsere Welt, in den Superlativ hochgeputscht. Es ist maßlos übertrieben – alles. Nun sieh bloß den Himmel, sagt man, der ist doch nicht blau. Er ist superblau. So ein Blau kennen wir nicht in Europa. Das Grün der Pflanzen ist grüner; weiße Wolken sind schneeweiß, weißer geht es nicht. Rote Dahlien blühen märchenhaft rot, und wenn sich ein Zierstrauch zu Gelb entschieden hat, ist es ein so entschiedenes Gelb, daß man wieder sagt: So ein Gelb gibt es doch gar nicht. Das habe ich noch nie gesehen. Es herrscht die Maßlosigkeit, die Perfektheit, auch die Gelecktheit von Hollywood-Produktionen überall. Schon die Natur ist ein Superstar, ein Breitwandfilm in Technicolor. Kalifornien – das ist Superwelt.

Palm Springs war wie eine Theaterinszenierung für mich: die Welt, noch schöner, noch intensiver, noch glücklicher ausgeleuchtet. Ich war sprachlos, sagte nur manchmal: Das kann doch nicht sein. Auch so ein Slogan für Supermärkte. Jeder Sonnenuntergang war hier ein Stück, von Metro-Goldwyn-Mayer bestellt: wie der gelbe Ball langsam absackte und dann den blauen Himmel einfärbte, erst in Hellblau, dann fast in Weiß, das langsam in Rötlich, Rot, Blutrot und schließlich in ein prangendes Knallrot überging, für das ich nur das Wort »kalifornisch« gebrauchen kann, weil unbeschreiblich. Da muß die amerikanische Farbenindustrie hinterstecken, sagte ich mißtrauisch. So viele Farben gibt es doch nicht – in Wirklichkeit. Was ist Wirklichkeit? Und später der Mond: wieder diese Operetten-Schönheit, eine Kitschpostkarte. Der Mond von Palm Springs war ein Reklamemond, so groß, so feuergelb und nah, beinah zum Anfassen. Jetzt verstehe ich die Amerikaner mit ihren Mondflügen, sagte ich spöttisch. Der ist ja hier tatsächlich ganz nah, ein Katzensprung. Und was dann später entsteht, wenn die Nacht einbricht – man kann es nicht nur Hollywood in die Schuhe schieben. Es muß mit der Wüste zusammenhängen. Der Nachthimmel von Palm Springs ist unerhört intensiv. Das Schwarz ist viel schwärzer, und die Sterne leuchten nicht wie in unseren Filmproduktionen. Sie funkeln und strahlen und glitzern wie mächtige Diamantenbrocken. Das Firmament brennt. Und manchmal fällt ein Diamantsplitter herunter direkt in den Swimming-pool, der seinerseits leuchtet in starkem Türkis. Es war eine Sternschnuppe, die sich im Wasser spiegelte. Es war schon märchenhaft hier, will ich sagen. Palm Springs war eine Glücksmaschine, perfekt. Wir lagen im Liegestuhl draußen bis spät in die Nacht, sahen zum Himmel auf, gingen manchmal schwimmen, noch um Mitternacht. Man fühlt sich wie ein Delphin, man sitzt unter Lotos- und Kaktusblüten. Der Fernseher gab eben Nachrichten durch. Ach, laß das, sagte ich. Was geht uns das an? Weißt du, wenn ich jetzt hier so liege, so luxuriös und schön, und daran denke, daß zwei Drittel der Welt noch hungern und nichts zu beißen haben: Amerika mutet mich an wie die Antike. Das ist doch nicht Wirklichkeit, das ist Mythos hier. So stelle ich mir das Imperium Romanum vor. Ich meine, so ausschweifend, so luxuriös bei so viel Welt-Elend. Palm Springs – das ist spätes Rom, durch Hollywood dividiert. Das ist Hadrian und die Glücksmaschine.

Pazifische Küste

Jetzt kommen lauter Ich-möchte-gern-Geschichten. Ich möchte jetzt gern ans Meer, an die Küste, den Pazifik sehen. Ich möchte hier weg. Merkwürdig, wie zuviel Schönheit, Zauber und Zuckerguß bald umschlägt in Unruhe, Gereiztheit, Langeweile und schon eine Spur von Verödung. Ich möchte weg, bloß woandershin. Immer unterwegs sein, fahren, fahren, fahren, immer weiterfahren: allways on the road. Immer hübsch dynamisch. Wenn das Leben Bewegung ist, und einiges spricht dafür, dann ist Amerika sehr lebendig. Es ist dauernd unterwegs und auf Rädern. Wohin eigentlich? In welche Richtung geht der Prozeß? Wohin will denn Amerika mit seiner rasenden Kraft?

Also, ich möchte ans Meer. Man muß dazu noch einmal durch Los Angeles, quer durch America-City, ein Alptraum für mich. Aber wenigstens diese erste Ich-möchte-gern-Geschichte ist mir gelungen. Man muß sich die Namen und Nummern der Freeways gut einbleuen. Man muß dann ganz stur auf seiner Route und möglichst auch auf seiner Lane bleiben, muß vor sich hin beten: San Bernardino Freeway, Hollywood Freeway, dann Santa Monica Freeway. Blick nicht auf die vielen Straßen, die außerdem noch auf dich zukommen, wieder abzweigen, diese

Hunderte von Ausfahrten, die auch möglich wären. Es ist ein gigantisches Betonlabyrinth, durch das man fährt. Am besten, man schließt die Augen, macht alle Schotten dicht. Nur manchmal vorsichtig blinzeln: Steht da schon Santa Monica Freeway in frohem Hellgrün? Also jetzt sind wir richtig. Man atmet auf, sackt etwas zusammen – relaxing. Nun laß doch den Schlitten laufen, der findet selber hin.

Es ist so: Ich möchte eigentlich gern nach Santa Monica in den Ort. Ich habe mir zu Hause Namen und Adressen aufgeschrieben, die wichtig sind. Santa Monica ist ja nicht irgendein Badeort zwischen Hollywood und dem Meer. Es war der Ort der deutschen Emigration in den dreißiger und vierziger Jahren. Deutsche Schriftsteller lebten hier, vor Hitler geflüchtet. Sie kamen nach Santa Monica, weil sie auf Hollywood hofften – als Arbeitgeber. Es war der einzige Ort in Amerika, wo Schriftsteller einen Job finden konnten, als Drehbuchautoren, Verfasser von Treatments und ähnlichem. Es ist oft dann anders gekommen. Immerhin, ich möchte gern Brechts Haus sehen. Ich habe mir alles zusammengefragt, schön ordentlich zusammengestellt nach meiner Art und bin wohl ausgestattet: Brecht, Bertolt, 1036, 26th Street, Santa Monica, Telefon Santa Monica 54943. Ob ich da anrufe? Ich möchte gern. Ob er sich hier seine Tui-Geschichte ausgedacht hat? Ich möchte gern Thomas Mann sehen oder wenigstens das, was von ihm hier blieb: 1150 San Remo Drive, Pacific Palisades, Telefon Santa Monica 54403. Also nur fünfhundert Nummern auseinander, die beiden Intimfeinde. Merkwürdigerweise fehlt mir die Adresse von Heinrich Mann. Ich möchte Adornos Haus sehen: 316 Kenter Avenue, Brentwood Hights. Wie mag der fragile Mann sich gefühlt haben in dieser Welt der Riesen? Hat er hier seine Studie über die autoritäre Persönlichkeit verfaßt? Und von Brecht wurde er doch auch bekämpft, als Tui, nicht wahr? Ob er oft mit Schönberg telefoniert hat? Der wohnte 116 North Rackingham Avenue, Brentwood, West Los Angeles. Alles präzis notiert, nicht wahr? Das Merkwürdige ist, daß Schönbergs Telefonnummer schon die Vorwahl von Arizona benötigt. Adorno mußte also wählen: Arizona 35077. Ja, auch Kortners Haus wäre zu besichtigen und schließlich die Wohnung von Feuchtwanger: 520 Paseo del Miramar, Pacific Palisades. Wie schön sich das spricht. Alles spanisch, also mexikanisch.

Du kannst übrigens wirklich zu Feuchtwangers, hatten die Freunde zu Hause gesagt, Feuchtwangers Frau, Frau Martha, lebt immer noch dort. Ach, diese Witwen. Man kennt das: nicht totzukriegen. Wie gesagt: Ich möchte das alles gern, aber ich tue es nicht. Ich hatte mir das zu Hause leicht vorgestellt: die Stätten der Emigration im Vorübergehen. Das kannst du mitnehmen. Santa Monica kling heimisch, richtig katholisch, aber wie es jetzt vor mir liegt, vor meinen Augen, ist es wieder mein Kalifornien-Erlebnis, das beängstigt: der endlose Raum. Das ist ja riesig. Kein Badeort – ein weißes Meer von Bungalows und Villen, eine Großstadt am Meer, lang hingestreckt, allerdings ohne Hochhäuser. Wo soll man anfangen? Man fühlt sich wieder verloren in Steinwüsten, sagt resignierend: Komm, lassen wir das. Das hat keinen Sinn. Daß man das niemals zulernt in Deutschland, wie riesig die Ausmaße hier sind. Vielleicht später einmal. Ich möchte gern, aber ich tue es nicht. Da drüben ist übrigens das Meer.

Man sollte sich den Pazifik, aus dem Autofenster gesehen, nicht anders vorstellen als das Mittelmeer. Meer ist immer Meer – mehr ist zunächst nicht zu sehen. Man kann nicht nach China rübersehen. Man sieht auch hier nur am Horizont eine Linie, die flimmert, zittert, die Welt abschließt mit einem betonten Strich. Es ist nur alles größer, weiter, wilder. Kalifornische Kraft: Das Meer wirft seine Wogen mit elementarer Wucht an den Strand. Wie das rauscht und strömt, gischtet und brandet, hin und her reißt, gewaltigen Ohrfeigen gleich. Man kann sich ihnen nicht aussetzen. Kein Mensch badet hier. Es ist wohl auch mit Haien und anderen Raubfischen zu rechnen. Man fährt an der Küste entlang. Man hört die Brandung strömen und rauschen, schwer einatmen, schwer ausstoßen, donnernd, linker Hand, und rechts sieht man die Villen und Gärten, wo Kakteen und Palmen stehen, den Swimming-pool formschön umrandend. Das ist die Reklame-Landschaft, die Wüstenrot-Welt, die ich zuvor beschrieb. Ich meine: So, wie uns zu Hause die Welt auf Prospekten dargestellt wird, so ist sie konkret in Kalifornien. Ein Reklametraum ist hier Wirklichkeit, gewiß nicht für alle, aber doch für Millionen.

Santa Monica, Ventura, Santa Barbara – wer sich etwas auskennt in Welt und Geschichte, weiß, daß dies nicht irgendeine Straße ist. Es ist die berühmte One, später auch One-O-One, auch Camino Real genannt, der Königsweg, der tief aus Mexiko bis hinauf nach Alaska führt. Ein mythischer Pfad, den Stillen Ozean entlang. Es soll die schönste Straße der Welt sein. Man müßte sie wohl mit Samt beziehen, mit Purpur auslegen. Von

Mexiko aus wurde einmal dieses Land entdeckt, missioniert, also erobert. Kalifornien ist ja ein spanisches Wort. Es heißt »caliente fornilla« und meint: heißes Ofenloch – bei Gott. The famous Mission Street, sagen die Yankees, oder auch King's Highway. Das klingt fast wie eine Whiskymarke aus Kentucky, Jim Beam genannt, ist aber spanisch-katholisch zu verstehen. Jesuiten und Franziskaner hatten ihre fromme Hand im Spiel. Die katholische Kirche war damals auch groß im Nehmen. Die Nordamerikaner haben sich dann in der Mitte des 19. Jahrhunderts das Land unter den Nagel gerissen. Damals war so etwas noch leicht. Wenn man daran denkt, wie mühselig sich Israel heute sein kleines Land erkämpfen und zusammenhalten muß. Damals, es war am 9. Juli 1846, fuhr Captain J. B. Montgomery vor der Bucht von San Francisco vor, gab von seinem Schiff aus drei Schüsse ab. Auf dem Fort wurde das Sternenbanner gehißt. Von Stund' an gehörte Kalifornien zu Amerika. Es wurde 1850 als einunddreißigster Staat in die Union aufgenommen. US-Imperialismus und SU-Imperialismus – heute ist das doch viel schwerer geworden. Gibt es so etwas wie ein Weltgewissen? Es gibt auf jeden Fall die UNO heute, die solche Aktionen doch deutlich mißbilligen würde. Hat die UNO eigentlich den Einmarsch der Russen in Prag mißbilligt? Gibt es Fortschritt in der Geschichte?

Jetzt will ich nur noch das Fahrvergnügen erwähnen – ein privater Reise- und Touristeneindruck, das ist zuzugeben, immerhin. Es ist schön und besänftigend, hier am Ozean amerikanisch zu fahren, langsam, auf fast leeren Straßen und in einer perfekten Zivilisation. Man findet auf den Highways alles – bis auf Tankstellen und Raststätten. Merkwürdigerweise muß man zum Tanken und Essen immer rausfahren. Dafür nimmt kein amerikanischer Tankwart Trinkgeld entgegen. Er gibt einem noch den letzten Penny zurück und sieht einen etwas fassungslos an, wenn man ihm dann einen Quarter in die Hand drücken möchte. No, Sir, thank you, nothing for me. Auf so kleine Beträge lassen sie sich nicht ein. Man steigt etwas beschämt ein, fädelt sich wieder in die Nordbahn ein. Man fährt ja nicht hier, man gleitet, man schwebt den Pazifik entlang wie eine Taube. Die One-O-One fährt sich tatsächlich wie mit Samt ausgelegt. Man sieht den ganzen Tag über das Meer und wie es glitzert. Man hat einen endlosen Himmel vor sich und die Sonne, die zu heiß ist. Man hat vor sich die Kühlerhaube, die zittert, manchmal sich hebt, manchmal sich etwas senkt. Man stellt die Air-condition ein – jetzt klappt das. Frische Kühle kommt einem entgegen im November-Hochsommer. Weißt du, sagt man, es wird uns ja niemand glauben hinterher in Deutschland, weil wir doch zu Hause so fabelhaft klare Negativ-Klischees von Amerika haben. Camino Real, wir sind mittendrin in Kalifornien, auch »caliente fornilla« genannt, das heiße Ofenloch. Ich fühle mich wohl hier, ach – beinah glücklich. Ich spüre Zärtlichkeit in der Luft.

Der Geist Henry Millers

Ja, wenn man das macht, wenn man zwei bis drei Tage lang im Auto so weiterfährt, mal tief in die kahle, gelbbraune Bergkegellandschaft versinkt, die wie Jugoslawien oder Griechenland wirkt, mal an korsischen Felshängen beängstigende Gebirgsstraßen hochzieht, dann wieder runter ans zischende, glitzernde Meer stürzt, dann wieder langsam sich anhebt, schließlich sogar San Simeon und Hearst-Castle hinter sich hat, und das will was heißen, das ist eine Pracht, wie Schloß Versailles, nur pompöser – dann kommt man tatsächlich nach Big Sur, dem Ort des Schweigens. Es ist der stillste Punkt in Amerika, ein Heiligtum für Eingeweihte. Wenn man hier Big Sur sagt, ist es, als wenn man in Frankfurt Paestum sagt. Die Götter sind nahe. Ein Ort zum Andächtig- und Frommwerden. Das ist doch wirklich unglaublich mit dir, Tizian, sage ich etwas scheinheilig entrüstet zu dem Jungen, dem Fünfzehnjährigen aus Hamburg, den wir für ein paar Tage hinten auf dem Notsitz im Auto zu Gast haben. Wir fahren nach Big Sur, und du liest den *Spiegel* da hinten. Merkst du denn gar nicht, was jetzt kommt, Tizian?

Tatsächlich ist nicht viel zu merken, zunächst. Es ist nur Ruhe zu spüren, wachsende Einsamkeit, eine Natur, die erhabener, in ihrer Einfachheit immer großartiger wird. Es geht höher auf der Felsenstraße und führt dann ganz oben in endlose, stille Wälder, die an tiefen Schwarzwald erinnern. Man sagt: Das ist ja die Bühler Höhe, wie die Schwarzwaldhochstraße, aber spürt auch die Gewaltigkeit Kaliforniens. Man müßte das Wort »majestätisch« gebrauchen, wenn es nicht verbraucht wäre. Tannenwälder, tiefe Schluchten, schwarze Urwald-Einsamkeit, in der noch Wölfe und Klapperschlangen hausen sollen. Tief unten manchmal der Ozean, der rauscht und schlägt und weißglänzend gischtet. Licht und Dunkelheit sind hier noch heller, noch dunkler. Die Luft ist trocken und frisch, ganz rein. Das Wort ist indianisch: Big Sur. Man müßte das Wort »paradiesisch« benutzen, wenn es nicht auch verbraucht wäre. Darf ich sagen: Big Sur ist wieder sehr kalifornisch – ein Super-Paradies für Naturanbeter und einsame Waldläufer?

Henry Miller kam im Mai 1944 zum erstenmal hierher und blieb dann eine Weile. Es trieb ihn die Frage aller Sensiblen, aller Künstler und schöpferischen Geister in Amerika: Wie werde ich heil in einer kaputten Welt? Wie macht man es denn in diesem gigantischen Standard-Oil- und Coca-Cola-Imperium, ein natürlicher, ursprünglicher Mensch zu bleiben? Er wollte sich nicht verheizen lassen und brachte eine ungeheure Wut auf den Utilitarismus, das Profit- und Erfolgsdenken dieser höchsten Zivilisation der Menschheit mit, der er zugehörte, die er haßte, von der er nicht freikam. Sehr gut, dieser Recreation-Impuls der Künstler, will mir scheinen. Wie natürlich und berechtigt. Aber schwingt für uns Späte nicht auch immer ein Hauch von Faschismus mit in soviel Naturvergottung, Antiintellektualismus und Zivilisationsfeindlichkeit? Kann man, in die Moral und die Genüsse der modernen Industriegesellschaft einmal eingeweiht, wirklich zurück in die erste Unschuld der Erde? Der Dichter versuchte es, übrigens genau zu der Zeit, als die Macht der Amerikaner und der Russen in Deutschland den Faschismus austrat. Miller zog sich von 1944 bis 1947 mit einigen Freunden in dieses Paradies zurück. Sein Rousseau-Erlebnis, das große Zurück zur Natur, zur Urmutter Erde, zu ihren heilenden Kräften, und der Haß auf den Vater, den Staat. Man kann das alles in seinem Buch »Big Sur und die Orangen des Hieronymus Bosch« nachlesen. Der Meister kam, der Meister ging. Etwas von Legende, also Gerücht, ist geblieben, ein Hauch von Erhebung. Lauter Eremiten hausen jetzt hier. Die Gemeinde der Hinterbliebenen, die Nachlaßverwalter der Millerschen Sex-Religion, die damals in Armut und Anmut zelebriert wurde.

Big Sur ist kein Ort. Es ist eine Weltanschauung. Es ist eine Straße purer Waldeinsamkeit. Manchmal ein Schild, das einlädt: das Nepenthe House, das Rast, Besinnung und schöne Jugend vereint in Restaurants, Bars und Terrassen. Dann lange nichts als Wälder. Dann das Big Sur Lodge, ein Motel im Forsthaus-Stil, wo eine hagere, ältere Frau, die mich an Mathilde Ludendorff erinnert, bescheidene Fremdenzimmer anbietet. Dann wieder nichts als Kurven, Tannendunkel, jähe Ausblicke. Es riecht würzig und rein. Ich rieche es beim Aussteigen aus dem Auto. Ein Zaun, ein Garten, ein Holzhaus. Es wirkt alles vergessen, verwahrlost, versunken. Wir klingeln am Gartenzaun, und dann kommt er tatsächlich heraus, der für mich auch ein Kunstprodukt, eine Literatur-Legende, ein Gerücht aus Lesestunden ist. Nein, nicht Henry Miller, der ist längst auf und davon. Emil Weiss – »mein Freund Emil White!«. Ich hatte den Namen unzähligemal in »Big Sur« gelesen.

Übrigens kein sehr bedeutendes Buch. Nur die ersten zwanzig Seiten lassen noch die lapidare Kraft des »Wendekreis«-Dichters erkennen. Die restlichen vierhundert Seiten ergehen sich in Episoden, Impressionen, Erinnerungen, die merkwürdig obenhin bis geschwätzig wirken. An die Stelle von Geschlechtskraft ist die Redseligkeit alter Männer getreten. Immerhin, Emil Weiss hat die Heimkehr des Dichters zur Mutter Erde in erster Stunde in den vierziger Jahren getreulich mitgemacht. Es ging um die existentielle Identität des amerikanischen Geistes in den Köpfen einiger Verrückter, in denen aber vielleicht doch der moralische Anspruch der Nation lebte. Jetzt steht er vor mir, der Sancho Pansa des Don Quichotte. Emil Weiss ist ein Berliner, ein jüdischer Maler der zwanziger Jahre, der auch emigrierte vor Hitler wie die von Santa Monica. Hier fand er seine Ordnung, seinen Freund, seinen Frieden. Er muß wohl schon Anfang Siebzig sein. Er ist klein, ein stilles, etwas verschrumpeltes Männchen, das deutlich verstört ist von soviel Weltandrang: uns. Leere, etwas ratlose Augen. Das beredte Schweigen aller Introvertierten. Wie ein Traum um seine Stirn, oder fiel ihm nur nichts mehr ein? Das Geniale und das Läppische sind schwer zu unterscheiden.

Und drinnen dann die Erstarrungen, Pedanterien und Absonderlichkeiten aller Epigonen, die volle, die leere Welt aller Jünger. Miller wohnt längst wieder bei Los Angeles, aber hier ist aufbewahrt, was der Meister damals meinte, schrieb, malte und auf vielen Zetteln hinterließ. Nicht gerade ein komplettes Henry-Miller-Museum, wohl aber ein Atelier, das zur Gedenkstätte wurde. Emil Weiss schlägt Bücher auf, die ihm der Meister widmete. Er holt Briefe hervor, die in jüngster Zeit kamen, er führt uns an Aquarellen vorbei, die Miller hier malte. In den Bücherregalen die Schriften des Dichters in sehr vielen Sprachen. Mir fällt ein Radioapparat auf, der mit einem mächtigen

Kurzwellenteil bestückt ist. Hörte der Eremit manchmal die Deutsche Welle? dachte ich. Braucht man das doch?

Was geschieht? Was macht ihr jetzt? Ich meine: Nach der Liebe und Naturandacht – was dann? Aus dem Kult der Einsamkeit ist längst eine strenge Schule der Zweisamkeit geworden. Sensitivity-Training heißt das Schlüsselwort. Ach, diese Amerikaner, wie praktisch und organisationstüchtig, wie erschreckend anstrengend selbst ihre Wendungen zur Entspannung noch sind. Es gibt tief in den Wäldern verstreut jetzt Institute, Sanatorien, Hochschulen, die die Leute auf Sensibilität trimmen. Emil Weiss zeigt den Lehrplan des Esalen-Instituts, wo er offenbar auch mitmischt, der Schlingel. Der Wochenplan des Instituts ist groß und festlich gedruckt wie ein Staatsvertrag oder die Speisekarte des Waldorf-Astoria. Mächtig viel hat ein Gast zu tun. Den ganzen Tag wird trainiert. In meiner sachlichen Sprache gesagt, handelt es sich um eine kompakte Gruppentherapie polyglottester Art. Der von den Puritanern unterdrückte, auf Leistung getrimmte, mißhandelte Körper soll entspannt, gelockert und zu seiner eigenen Ausdruckskraft geführt werden. Man fällt in die Hände von Pädagogen, Psychoanalytikern, Theologen, Ärzten, Turnlehrern, Tanzmeistern und anderen Seelenfreunden. Mein Fall ist das nicht. Es ist zu perfekt, zu amerikanisch. Etwas Freud, etwas Joga, etwas Henry Miller und etwas Rudolf Steiner, ein Hauch von Anthroposophie, ein Rüchlein von Marxismus sogar, und das alles in Bewegung umgesetzt: immer schwingen, bitte, tanzen, sich fallen, bitte, sich treiben lassen, sich berühren mit den Händen, den Füßen; also Körpergefühle der Kommunikation für Kontaktlose. Es geht um das Selbstgefühl durch Körperkontakt mit Gruppendynamik. Es soll die Sprache des Leibes zurückgewonnen werden. Das Ziel heißt Gestaltbewußtsein. Wir Deutsche haben auch unser Scherflein beigetragen. »Gestalt awareness«, steht als Heilswort auf der Speisekarte geschrieben.

Wir gingen. Man geht nicht ganz unverändert aus solchen Weihestätten hervor. Der Geist von Big Sur macht stiller, nachdenklicher, eben sensibler. Ich weiß nicht, sagte ich schließlich, wieder im Auto sitzend – glaubst du wirklich, daß Mister White nur vom Malen, Tanzen und Lieben lebt? Ich traue dem Frieden nicht ganz. Ich sah so viele Papiere auf seinem Schreibtisch: Geschäftspapiere. Am Klingelknopf unter seinem Namensschild steht doch auch dieses widerwärtige Wort: Real Estate, das man so oft hier in Kalifornien findet. Ob er mit Immobilien handelt? Ob er Wohnungen vermittelt? Ich weiß es natürlich nicht, aber mir bleibt das Gefühl: Wenn ich mich in Big Sur einmal ansiedeln werde, und ich werde das einmal, mit Siebzig, es ist ein Glanzpunkt am Ende – bei ihm bin ich richtig, in Grundstücksfragen.

Erhebung in Carmel

Carmel, das ganz unten liegt am Meer, war dann der Höhepunkt. So kommt Hochmut doch vor dem Fall. Ich fiel. Ich fiel immer tiefer. Der Ort hat mich berührt, getroffen, hat mich stumm gemacht, beinah fertig. Ich weiß auch nicht, wie. Carmel übt einen tiefen, etwas unheimlichen Zauber aus. Es reißt Schichten im Menschen auf, die vielleicht besser verschlossen blieben. Es ist, als wenn der Kosmos sich offenbaren wollte. Alles ist elementar, ursprünglich, gewaltig und rein. Es ist, als wenn die Erde sprechen könnte. Sie sagt: Ich bin groß, ich bin endlos, ich bin tief. Ich singe das Lied von der Erde. Ich weiß, das klingt etwas nach Nietzsche, nach Hamsun und Mahler, also zweiter Hand. Tatsächlich liegen uns solche Erfahrungen nicht, und doch war ich getroffen, wie ein Wild, das nun endlich erlegt war. Ich war am Ziel meiner Reise. Ich spürte: Weiter geht es nicht. Ich spreche übrigens nicht vom Ort, nicht von Carmel Village und Carmel Valley. Darüber wird noch zu reden sein. Ich meine die Küste. Sie sah ich zuerst. Sie hielt mich dann.

Ich bin also jeden Tag in Carmel ans Meer gegangen, übrigens allein. Vielleicht gehört die Einsamkeit zu solchen Erfahrungen. Erst sie macht uns reif, nach unten. Man geht auch hier nicht ans Meer, um zu baden. Dazu ist die Natur zu gewaltig. Man schlürft nur am Rande, man macht Wassertreten, läuft ziellos an der Küste entlang, die gefährlich und sanft, die heroisch und trotzdem zärtlich ist und die einen immer weiterführt, herauslockt zu endlosen Wanderungen. Den ganzen Tag kann man so, in strahlender Einsamkeit verloren, den weichen, weißen Sand von Carmel mit den Füßen tasten. Es ist sonnig, aber nicht heiß. Man hat die Kleider abgelegt, trägt eine Sporthose, trägt seine Sachen in der einen Hand, leichtgeschürzt, schwerelos. Es ist, wie wenn man flöge. Der Wind weht. Er streichelt einem kalt über die Schultern, den Rücken, den Leib entlang. Es prickelt und sprüht alles von Sonne, von Elektrizität, von Salz und Sand natürlich, den einem der Wind manchmal ins Gesicht bläst. Man spürt den Pazifik unter den Fußsohlen: kalt. Manchmal sieht man fern in den Dünen in Sandmulden einsame Rauchfahnen hochgehen. Das sind wohl die Hippie-Kommunen, die hier hausen, mit Kochen, mit Sonnenanbetung, mit Haschisch und Liebe befaßt. Man geht nicht hin. Man geht weiter. Man ist tief versunken und schwebt doch. Ist das also das Glück? Das Höchste, das wir erreichen können, für Augenblicke wenigstens: vollkommen eins zu sein mit der Erde?

Man kann natürlich sagen: Meereswanderungen mit Körpergefühl, mein Gott, das gibt es auch anderswo. Wohl wahr, aber hier kommt dieses Anderswo unserer ganzen Erde zusammen. Alle Schönheit ist versammelt zum Weltkongreß und ist zugleich ins Heroische hochgetrieben. Komisch ist das für einen Europäer, der die Welt nur getrennt und in Teilen kennt. Man denkt: Die Luft ist eigentlich so herb und elektrisch wie auf Sylt; nordisches Reizklima. Aber die Pflanzen und Blüten: reines Capri. Uralte Zypressen stehen vom Wind zerzaust wie versteinert am Strand, neigen sich mit ihren Kronen tief bis zur Erde. Der Duft von Thymian und Fenchel dazu. Man sagt also: Reine Provence. Die Vegetation ist wie in Les Baux oder Saint-Raphaël, nur großartiger. Das ist doch Südfrankreich. Aber die Wolken, der Himmel, so weit – das hast du doch nur in Lappland einmal gesehen, nicht weit von Kiruna. Da war der Himmel auch ein endloser Raum, der blau niederfiel. Und Seelöwen hocken hier in ihren dunkelbraunen Pelzen auf Felsbrocken. Man sieht riesige Vogelscharen, die dichtgedrängt auf den Klippen hocken. Sie hocken und lauern zu Tausenden. Das sind übrigens die Vögel von Hitchcock. Hier filmte er sie damals, denn hier hausen sie tatsächlich: so massenhaft, drohend mit ihren Schnäbeln. Und schließlich das Exotischste: der Schmetterlingskult. Auch etwas, das man nicht in Amerika erwarten würde. Es handelt sich um eine besondere Art, das versteht sich: Königsschmetterlinge. Also noch größer, noch bunter, noch prächtiger. Sie kommen Ende Oktober aus Kanada angeflogen, nisten hier in ungeheuren Schwärmen auf Bäumen, die eigens für sie reserviert sind. Carmel bietet Heimatrecht. Ich las das Schild, das die Gemeindeverwaltung vor den Bäumen angebracht hatte: »Butterflies must not be molested – Schmetterlinge dürfen nicht gestört werden!« Bitte, das ist der Geist vor Ort.

Erhebung in Carmel – ja, ja, ich war etwas berauscht und außer mir, ich weiß es wohl. Ganz Kalifornien ist eigentlich kein Land, sondern ein Zustand, in den man gerät: Euphorie. Es muß ja wohl seine Ursache haben, warum sich alle Blumenkinder und Hypersensiblen, so viele Künstler und andere Verrückte hier unten ansiedeln und warum selbst der Genuß von Haschisch hier weniger strafwürdig ist als anderswo. Das Land ist ein Rausch. Ich hatte ein Gefühl des Schwebens und Gleitens, selbst im Auto. Ich fuhr nachmittags immer die Orte ab. Carmel Village und Carmel Valley sind nicht Kurorte in unserem Sinn. Es handelt sich um ein riesiges Idyllen-Territorium, durch das man mit dem Auto zwei Stunden fahren kann. Wieder dieses Super-Gefühl: Carmel Valley könnte man mit dem Schwarzwald, etwa dem Glottertal, vergleichen, nur eben größer, weiter, einsamer. Ich hatte wieder das Gefühl, nicht auf Asphalt, sondern auf Samt zu fahren. Wie weich, geschmeidig und zärtlich dieses brutale Amerika sein kann.

Carmel Village ist ein pittoreskes Landhaus-Idyll, das an Frankreich, die Normandie erinnert. Diese verfluchten Europa-Erinnerungen immer, nicht wahr? Immer sagt man: Fast so wie. Amerika auf Europas Krücken. Es ist so, man braucht diese Krücken, aber es ist dann eben doch wieder anders: nur es selbst. Carmel Village ist ganz still und verschwiegen. Hier ist alles verboten, was stören könnte; selbst Postboten sind nicht erlaubt. Die kleinen Villen sind bunt gestrichen, verspielt, pittoresk. Verwilderte Gärten, windschiefe Zäune, aber doch sehr gekonnt und gepflegt die Verkommenheit. Man geht wie berauscht durch den Ort, denkt: Alles nachgemacht, nein, alles echt. Das hat schon Stil. Carmel ist auch eine Weltanschauung. Sie heißt Schönheit. Sie heißt Butterfly. Wir stellen nur die Schönheit der Erde dar, wie Schmetterlinge.

Ja, ich war getroffen und ziemlich entfremdet. Das muß ich einräumen: Carmel hatte es geschafft. Ich war so fertig, daß ich zum Schluß auch dieses Bild schön fand. Nein, nicht schön, aber doch wahr, stimmig, glaubwürdig. Eine komische Sache war das zum Schluß. Ich saß wieder am Strand. Man wird ja ohnehin hier ein Sandhocker, ein Wassertier. Der Abend zog auf. Die Dämmerung fiel ein. Es war übrigens kein schönes Wetter die letzten Tage gewesen. Dicke Wolken standen am Himmel. Von Monterey her kündigten sich Nebelschwaden an. Es gibt dann unglaubliche Himmelsverzerrungen. Abendröte, mit Nebel verrastert. Die Natur sah drohend aus. Man spürte ihre Kraft, aufzuwühlen, umzupflügen. Irgendwie lag Zerstörung in der Luft. War ein Unwetter, vielleicht ein Hurrikan im Anzug?

Eine ältere Frau kam die Ocean Street herunter. Sie stapfte durch die Dünen zum Meer, das aufgeregt schlug und brandete, manchmal tobte wie eine zürnende Gottheit. Das Meer war ein Orkan, der sich noch zusammennahm, nur zischte, die Zähne fletschte. Die Frau hatte einen alten Trainungsanzug an, sie blieb vor der Brandung stehen. Sie blieb still stehen. Es war, als wenn sie das Kommen und Gehen der Wellen besänftigen wollte. Nein, nicht besänftigen. Sie meditierte, sie nahm an und hin und betete vielleicht an. Man weiß nicht. Jedenfalls kniete sie später nieder und hob die Arme, hielt beide Arme halbschräg von sich gestreckt, als wenn sie den ganzen Kosmos umarmen, verehren wollte. Unter ihrem Kopftuch wehten weiße Haare wirr heraus.

Ich meine: Es war ein Bild, das wir aus Vegetariergazetten, von Sonnenblumenölbüchsen und Pflanzenmargarine kennen, Deli-Reform, glaube ich, also reines Reformhaus-Kunstgewerbe. Und doch stimmte es – hier. Ich konnte es hinnehmen. Ich mußte nicht lachen. Ich mußte an Franziskus denken, die Schöpfung beschwörend. Ich sah die komische Alte am Meer ihren Jogakult treiben und spürte: Sie hat recht. Carmel ist ein Ort zum Niederknien. Es begann dann leicht zu nieseln.

Auch ich war in Arkadien

Wachtraum San Francisco

Das Licht

Es war plötzlich da. Es tauchte auf. Es war ein Lichtschock zunächst. Die Stadt lag als ein weißes, strahlendes Häusermeer uns zu Füßen. Sie blendete. Tausende von kleinen weißen Villen tanzten vor unseren Augen wie Wellenkronen, die schäumen. Siehst du San Francisco? rief ich. Mein Gott. Das sieht wie eine Märchenstadt aus, ein Zauberteppich glitzernder Zuckerwürfel! Die Sonne stand hoch über dem Pazifik. Es war mittags um zwei. Ein frischer, kühler Wind wehte. Fahrwind, ja, aber auch Meereswind. Man spürte es auf der Zunge: salzig.

Freeway 1: Man fährt ja nicht hierzulande, man gleitet, man schwebt, ganz langsam den Pazifik entlang. Diese sanfte Automatik im Plymouth Duster; es geht alles von selbst und auf Schienen. Und plötzlich heißen die grünen Ausfahrtschilder schon Daily City, Sunset, Richmond. Man rutscht so langsam in die südlichen Vorstädte am Ocean-Beach: sechs saubere, fast leere Bahnen auf jeder Fahrseite, die sich jetzt langsam aufgabeln, auseinanderweichen, also noch mehr werden. Wohin geht es hier in die City? Ach, es ist so verwirrend, in eine wirklich perfekte Zivilisation zu geraten. Man kommt sich am Steuer wie ein Bauer vor – aus Frankfurt.

Die Autobahn, die in die Stadt führt, steht auf riesigen Brückenpfeilern. Die Bahnen heben und senken sich, ziehen sanfte Schleifen, kurven weit aus, überschneiden sich manchmal in Luftbrücken, die schwindlig machen. Endlose Betonschlangen winden sich kunstvoll in die Stadt. Ein Taumelgefühl ist die Einfahrt, ein schöner Vorgeschmack. Man sinkt mit dem Freeway nieder, meint, nun dazusein, jetzt die Ausfahrt zu haben; aber dann geht es in einer großen rechten Schleife wieder sanft empor. Man steigt und steigt mit seinem Wagen noch einmal in schwindelnde Höhen und hat plötzlich Downtown vor Augen. Mein Gott, ist das schön! Nun sieh bloß! Das ist ja eine gigantische Stadt, da hinten! Es liegen einem plötzlich die Wolkenkratzer San Franciscos zu Füßen und dahinter die Bay, die die weiße Stadt einfaßt in Meeresblau. San Francisco ist eigentlich eine Halbinsel, eine breite Landzunge, die links vom Pazifik und rechts von der Bay begrenzt wird. Man sieht das alles mit einem Blick: die flimmernden Vorstädte, die man schon beinah hinter sich hat, und vor sich Downtown, diese schmale, hohe Versammlung von Wolkenkratzern, die sich vor der Bucht drängen, lauter stolze Streichhölzer, die gleichermaßen kühn und verspielt wirken.

In solchen Sekunden überfällt mich Schwellenangst. Ist das Fernstenliebe? Nicht eindringen, draußen bleiben. Man möchte auf die Bremse treten, auf den Parkstreifen rollen, anhalten. Man möchte sagen: Laß uns nicht weiterfahren. Laß uns hier bleiben, bitte. Du, es ist lächerlich zu sagen, aber ich sag' es dir: Mir schlägt das Herz etwas höher. Was ist bloß? So etwas Schönes sah ich noch nie.

Die Nacht

Union Square, Downtown, als Zentrum. Wenn man aus dem Hotel tritt, ist Musik zu hören. Nicht eigentlich Musik – es liegen Schwingungen in der Luft, helle Töne und dunkle Rhythmen kommen von irgendwo her. Es stampft trommeltief, und zugleich liegt hoher Klarinettenklang quer darüber. San Francisco spielt auf. Ist das afrikanisch, indisch, asiatisch? Es wirkt exotisch. Zwei Farbige stehen in wilden Kostümen mitten im Straßenverkehr und musizieren. Etwas Tänzerisches liegt in der Luft, besänftigend und aufwiegelnd zugleich. Die Nacht fällt ein. In diesen subtropischen Zonen wird es schnell dunkel. Im Nu ist pechschwarze Nacht. Tausend Lichter funkeln. Sie glitzern, sie flimmern, verführen dahin und dorthin. Es perlt immer Licht von den Wänden; Musik ist von ferne zu hören.

Diese Stadt, das spürt man beim ersten Spaziergang des Abends, ist anders. Sie ist von Leichtigkeit, von Rhythmus, von einer Fröhlichkeit und schwebenden Heiterkeit erfüllt, die es anderswo nicht gibt in den Vereinigten Staaten. Asiens Hauch ist zu spüren. Weihrauch und Haschischsüße dringen aus vielen kleinen Geschäften, wo junge Menschen, langhaarig und tief versunken, vor psychedelischen Postern stehen, psychedelischer Musik zuhören. Sie sind wie in Trance. Sind das Jungen oder Mädchen? Die Stadt, obwohl sehr männlich in ihrer Kraft, wirkt merkwürdig androgyn, also engelhaft. Zen-Buddhismus, Jogakultur, mystische Zeichen an den Wänden, exotische Ketten im Basar und Blumenkult an allen Ecken, eine Orgie in Orientalistik. Ist es nicht eine exotische Spielstadt für sehr große Kinder? Es ist auf jeden Fall, als wenn man in eine Gewürztüte hineinröche: das starke Aroma der Fremde.

Man sieht wieder die Cable Cars, dieses verrückte, skurrile Verkehrs-Spielzeug der Leute hier: grüne, gelbe, hellbraune Straßenbahnwagen noch aus der Zeit vor der Jahrhundertwende, die, bimmelnd und laut ratternd, total überfüllt, die Straßen hochziehen. Es hängen schwere Menschentrauben daran. Die Menschen sind heiter, beflügelt, sie lächeln. Sie sind selber Spielsachen. Sie jubeln bei jeder Biegung, die wie ein dröhnendes Abenteuer anmutet in diesen uralten Eisenkästen. An der Endstation Powell Street – Market Street fährt die Bahn auf eine runde Scheibe, Turntable genannt. Die Drehscheibe setzt sich in Bewegung, sie dreht sich langsam um ihre Achse, nimmt die Bahn mit, und schon steht dieses kuriose Spielzeug wieder in neuer Startrichtung. Menschen stehen herum, bestaunen das altmodische Schauspiel, lachen, stürzen sich erneut in die eisernen Kästen, die vorne halb offen sind, können wie Kinder nicht genug bekommen vom Eisenbahnspiel.

Was also? Man ist kaum ein Paar Stunden da und spürt: Die Stadt nimmt dich in den Griff. Merkst du es nicht? Sie verändert dich, zieht dich herunter in ihren bunten, fremdartigen Kindergarten. Sie schmeichelt dir dauernd mit lauter Genüssen, die nichts kosten: Gerüche, Klänge, Formen und Farben. Sie ist unglaublich verführerisch. Noch hast du keinen Dollar ausgegeben und bist doch schon etwas verzaubert. Oder? Ist die Stadt eine Droge? Paß auf. Aber es geht den anderen nicht anders. Wildfremde Menschen, Touristen bleiben auf der Straße stehen, reden eine Weile miteinander, tauschen Ratschläge aus, verabschieden sich freundlich wie gute alte Bekannte. Ältere Herren mit strengen Senatorengebärden werden noch einmal zu Hippies. Blickt man einem Passanten direkt ins Gesicht, etwa vor einer Rotampel, einem Haltepunkt, so beginnt er zu lächeln, freundlich herüberzunicken, und es ist nicht das kalte, steifgefrorene Lächeln des amerikanischen Keep-smiling. Kinderfreundlichkeit, Güte, Unschuld lächeln da mit. Ich frage wieder: Ist das schon Ferner Osten?

Erste Orientierungsversuche: Geh durch das strahlende, zukkende Herz San Franciscos, laß dich treiben durch dieses flimmernde Quadratlabyrinth von Downtown, from block to block, schlendern, losziehen, ziellos, irgendwelchen Verlockungen folgen – Schmetterlingskünste. San Francisco ist jetzt eine Bühne, ein tiefes Theater, ein Ballett der Nationen. Es tanzt und sucht. Was eigentlich? Alle Rassen und Völker sind versammelt, kreuzweise gemischt: Chinesen, Japaner, Koreaner, Vietnamesen, die kleinen und zierlichen Philippiner mit ihren halblangen Haaren. Der hohe und stolze Gang der Neger fällt auf. Sie gehen wie abgesetzte Könige durch die Straße. Man müßte ihnen eigentlich huldigen. Ein bunter Boulevard der Völker flaniert. Und es schmeichelt dem Ohr, dem Auge, daß hier so vieles – Missions- und Besiedlungsgeschichte Kaliforniens – südamerikanische, also spanische Namen trägt. Wie schön sich das ausspricht: Embarcadero, Sacramento, Valencia, Palo Alto, Presidio – na, und so weiter. Ist San Francisco eigentlich Amerika? Es ist die Welt noch einmal, der Erdball im kleinen. Es ist die kosmopolitischste Stadt, die ich je sah.

Verrückt und etwas bizarr sind vor allem die großen Hotels, diese Mammutpaläste kollektiver Gastlichkeit, monströse Kästen. Ich war wieder hingerissen. Bankkonzerne, Versicherungsgesellschaften, Berufskammern mieten sie en bloc. Sie halten hier ihre Kongresse, Jahrestagungen, Mitgliederversammlungen ab. San Francisco ist einladend. Es ist also die ideale Kongreßstadt für Kapitalisten. Hier läßt es sich leichter einig werden. Diesmal waren es die Zahnärzte, die die Stadt beherrschten. Siebzehntausend Zahnärzte trafen sich in der Stadt zum Jahreskongreß. Sie standen in der Lobby des Fairmonte, redenten, diskutierten, schienen sich gegenseitig auf den Zahn zu fühlen: Was machen Sie denn heute nacht, Herr Kollege? Die Stadt ist verrückt und verspielt. Sie bietet jedem das Seine.

Das Fairmonte hat sieben Prachtrestaurants. Wir entschieden uns für das Tonga. Hawaii- und Südseeambiente wurde in Aussicht gestellt. Dieser komische Spieltrieb Amerikas, die Welt nachzubauen, täuschend ähnlich. Tatsächlich empfing uns gleich hinter der Kasse (ein Dollar Eintritt) dunkle, schwüle, zärtliche Südseenacht. Der Saal war ein Tropentraum. Ein dunkelblauer See in der Mitte, Wasserrosen darauf. Palmen und

Kakteen blühten am Rande. Auf dem See ein Floß, auf dem eine Band, beinah nackt, zärtliche Südseeweisen zupfte. Die verstehen schon ihr Geschäft, dachte ich, wie in Las Vegas. Es gab blutige Steaks, Salat mit French Dressing, eine kolossale Kartoffel – Idaho-Potato – und kalifornischen Rosé dazu. Sehr schmackhaft. Und alle zwanzig Minuten wurde wieder ein Gewitter eingelegt, sozusagen als Haupt- und Staatsaktion. Man hörte ferne Donner vom Tonband rollen. Es grollte im Saal. Man sah rotes Wetterleuchten am Papphorizont hochziehen. Dann zuckten jähe Blitze auf und warfen über die zu Nacht speisenden Gäste grelle Lichtdolche. Die Zahnärzte erschraken. Und dann entlud sich das Ganze beinah erotisch in einem mächtigen Platzregen, der tatsächlich tropisch troff, goß und rauschte und präzis in den See zielte. Kein Tröpfchen ging daneben. Wunderschön, dachte ich. Das hast du doch auch einmal als Kind gesehen in Berlin: der Rhein in Flammen.

Ich will sagen: Man wird so milde, so nachsichtig, richtig tolerant hier. Sie könnten einem den verrücktesten Hollywoodzauber vormachen – man frißt es ihnen, dankbar und lachend, aus der Hand. San Francisco ist ein Zaubertrunk, ein schöner Hexensalat, ein Märchenland. Man wird unkritisch. Ich weiß das. Als es zum viertenmal gewittert, gerauscht und gegossen hatte, sagte ich: Laß uns jetzt in den Tower gehen. Ich wußte, was ich sagte. Die Fahrstühle in den großen Wolkenkratzern sind hier oft außen montiert. Das gehört wohl mit zur Spielfreudigkeit. Sie krabbeln wie kleine Leuchtkäfer an den Außenfassaden langsam hoch. Es sieht aus, als wenn lauter Marienkäferchen in die Höhe ziehen. Die Fahrstühle sind von innen zart rot. Jeder, dem es Spaß macht, kann einsteigen. Und wenn so ein Lift wie im Fairmonte in den Turm fährt, sind das natürlich die schönsten und billigsten Aussichtspunkte, steile Euphorien bei Nacht.

Ja, das war schön. Wir stiegen immer höher. Die Stadt war ein Lichtermeer, das unter uns versank, langsam im Dunkel der Nacht versackte. Es ging noch höher; ein riesiger Fernblick entstand. Die Bay tauchte auf als Panorama. Man sah Schiffe im schwarzen Wellenspiel. Man sah die beiden Brücken der Stadt: Golden Gate und die Bay Bridge auf einmal. Sie lagen wie zwei weiße Lichtstreifen im Dunkel, und dahinter funkelte und flimmerte es manchmal, ganz fern. Das muß doch Oakland und Berkeley sein, nicht? fragte ich etwas unsicher. Es war wieder dieser Totalblick der Einfahrt, nur sehr viel näher. Ich wollte wieder sagen: Laß uns hierbleiben, für immer. So etwas kann man doch nicht einfach mitnehmen, im Fahrstuhl. Mein Gott, wie schön San Francisco ist – bei Nacht.

Der Tag

Jetzt nüchterner. Es ist Morgen. Ich versuche zu verstehen, der Sache auf den Grund zu gehen. Ist San Francisco nicht ein Klimaproblem? Es hat das beständigste, maßvollste und freundlichste Wetter, das sich der Mensch wünschen kann. Es kennt keine Jahreszeiten, keine Saison – es hat immer Frühling. Im Dezember und im Januar kann es regnen manchmal. Aber sonst? Sonst herrscht hier eine ziemlich gleichmäßige Anfang-Mai-Temperatur: sechzehn Grad im Schatten, in der Sonne sechsundzwanzig. Ein leichter Wind weht. Ein leichter Mantel ist abends zu raten. Tagsüber ist meistens mit Sonne zu rechnen, wenn nicht manchmal der Nebel einzieht. Unsere Air-condition, sagen die Leute hier nicht ganz ohne Stolz, unser kosmischer Wischlappen. Die jähen, ganz unberechenbaren Nebeleinfälle für wenige Stunden sind unbezahlbare Himmelsputzer. Schon deswegen kennt San Francisco keine Smog-Probleme, keine Luftverschmutzung: Der kurze Nebel nimmt alles mit.

Also, man tritt morgens heraus auf die Straße, und ob das nun Oktober oder November ist und anderswo dunkel: Hier ist Frühling, hier ist Helligkeit; ein sauberes, weißes Licht liegt über der Stadt. Die Luft ist trocken und kühl. Man fühlt sich ausgeruht, frisch, kraftvoll trotz kurzer Nacht. Man geht wieder los. San Francisco ist eine der ganz wenigen Städte Amerikas, die den Fremden zum Bummeln einladen. Man muß hier spazierengehen. Ein Auto ist zwecklos zur Stadtbesichtigung. Man betrachtet die Häuser rund um den Union Square, man geht durch die Geary zur Jones, dann die Post hoch, dann zur Polk rüber; man lernt erste Straßennamen und denkt: Komisch, warum eigentlich immer dieses Entzücken? Man betrachtet Einzelheiten: eine Hausfassade, ein Portal, eine Straßenecke; architektonisch großartig ist das nicht. Angelsächsische Zweckbauten, vernünftig und praktisch, schön eigentlich nicht. Ganz nahe betrachtet, ist kein großer Reiz zu entdecken; das meiste sehr konservativ. Es gibt viel schönere Städte: Rom oder Paris zum Beispiel sind städtebaulich viel großartiger; ehrwürdige Kunstmumien. Es gibt keine Kunstwerke, keine Sehenswürdigkeiten in San Francisco, die man »machen« müßte. Die Stadt als Ganzes ist schön. Wie das?

Ist es ein geographisches Phänomen? Hängt das mit Geologie, Bodenbeschaffenheit, also Erdkunde zusammen? Erst jetzt sieht man es ganz im Sonnenlicht; man spürt es unter den Füßen: Die Stadt ist wie ein Meer, zu schönem Stein und Asphalt erstarrt. Die Straßen, schnurgerade wie mit dem Lineal gezogen, verlaufen in Wellenbewegungen. Sie heben sich, sie senken sich, sie steigen an, fallen wieder ab in unglaublichen Schwüngen, die in ihrer abrupten Heftigkeit etwas Belustigendes, auch etwas Beängstigendes haben. Als Autofahrer fühlt man sich an steile Kinderfreuden, an Berg-und-Talbahn-Fahrten erinnert. Oben muß man immer eine Vollbremsung machen, um dann langsam, unendlich vorsichtig in die Tiefe zu gleiten; unten muß man mächtig Vollgas geben, sonst kommt man die schräge Asphaltwand nicht hoch. Beim Parken sind die Räder rechts einzuschlagen, gut mit dem Bordstein zu verkanten, damit nichts abrollen kann. Es ist sonst mit Strafzetteln zu rechnen. Mit einem Wort: Sinken und steigen, Kindergelüste. Natürlich muß so etwas fröhlich machen.

Ob das nicht noch tiefer geht, noch dunkler zurückreicht in die Erde? San Francisco, man weiß das, ist immer von Erdbeben gefährdet. 1906 fand die große Katastrophe statt. In wenigen Sekunden brach die Erde auf. Sie schwankte, riß tiefe Schluchten auf. Die Stadt fiel in sich zusammen wie Kartenhäuser und Kinderspiele und verbrannte danach. Seither ist neben der Heiterkeit und Helligkeit immer auch diese dunkle Vermutung geblieben. Presse und Fernsehen bringen regelmäßig Reportagen zum Thema. Wann und wo und wie wird das nächste Beben hier stattfinden, und wie, bitte, rettet man sich am günstigsten, rechtzeitig? Schulen und Universitäten sollen aus besonders bedrohten Linien, verdächtigen Erdfalten, ausgelagert werden. Akademien der Wissenschaft brüten über dem Problem, das in der Lokalpresse alljährlich so regelmäßig auftaucht wie bei uns das Ungeheuer von Loch Ness. In drei Jahren, in fünf Jahren, wann ist es wieder soweit?

Dieser etwas unheimliche vulkanische Untergrund gehört mit zur Stadt. Es gibt ihrem Reiz erst die Tiefe. Natürlich kann so Kostbares wieder in der Tiefe versinken, wie auch ein schöner Traum absackt. Schönheit ist immer gefährdet. So etwas

Rauschhaftes ist nicht geschaffen, um alt, uralt und schließlich greisenhaft gebrechlich zu werden. Die Stadt schoß einmal hoch im Goldrausch vor gut hundert Jahren. Ihr Leben war immer von Fiebern, Verschwendung, von den Euphorien der Goldsucher erfüllt. Sie strahlte immer im Glanz süchtiger Jugend, pubertärer Triumphe. So etwas kann schon zusammenbrechen. Schönheit war immer dem Tod verwandt. Es fallen mir auch die Verse des Grafen Platen ein: Wer die Schönheit angeschaut mit Augen, ist dem Tode schon anheimgegeben.

Jetzt aber Schluß und zum Meer. Fisherman's Wharf heißt das. Wir biegen links ab. Wir gleiten am Wasser vorbei: Schiffe, Bootsstege, Lagerschuppen. Menschen, die sich vor einladenden Restaurants, vor bunt-exotischen Geschäften drängen. Maritime Versammlung der Kuriositäten. Das Wachskabinett; »The wonderful world of wax«, steht geschrieben – auch so eine amerikanische Marotte. Von Papst Johannes bis Jack the Ripper ist alles leibhaftig zu sehen. Dann weiter: Parks, Grünanlagen, Strände; Menschen liegen im Sand, auf dem Gras, rekeln sich in der Sonne, lunchen lustvoll liegend. Dann taucht der rotbraune Klinkerbau des Ghirardelli auf. Wieder ein Bauwerk, das als Detail genommen ganz witzlos ist. Eine frühere Schokoladenfabrik, jetzt ein raffinierter, hochartistischer Basar sublimer Konsumentenfreuden. Musik dringt auf die Straße, ein Band musiziert im Garten. Bei Park Presidio rechts ab, dann ist man nach wenigen Minuten plötzlich da: Man ist an der Brücke, die eigentlich keine Brücke mehr ist, ein Wunder und Wahrzeichen, ein Mythos des amerikanischen Westens. Strahlend und schlank spannt sich die Golden Gate Bridge rotbraun durch den Äther ins ferne Countyland. Das Ding muß unheimlich schwer sein, aber es wirkt leicht, schwebend. Zwei hohe Masten tragen zwei Stahlbänder, die nach unten rund sind. An diesen beiden Bändern hängen unzählige Stahlbänder senkrecht herab, die ihrerseits die Straße tragen. Eine Konstruktion von genialer Einfachheit: vollkommen schön. Zärtliche Kommunikationseinladung: Komm rüber mit mir, ich lade dich ein, immer nur fluten und fahren. Es ist hier alles in Blau gehüllt: der Ozean, die Bay, der Himmel und darin diese schlanke, rote Gebärde der Weltergreifung.

Wichtiger für die Stadt ist die Bay Bridge. Sie ist größer, viel länger: etwas über zwölf Kilometer; sie bewältigt einen enormen Verkehr. Architektonisch ist sie ohne Interesse. Eine Künstlerhand war hier nicht am Werk. Sie ist ein Gebrauchsgegenstand, der hinüber nach Treasure Island, dann weiter nach Oakland und Berkeley führt. So etwas kann man nicht mehr zu Fuß machen. Man rollt also und rollt immer und ist nach einer Viertelstunde immer noch auf der Brücke, ein komisches Gefühl. Und wenn man dann abends zurückfährt, rollt man plötzlich einen Stock höher. Man sagt wieder: Wie komisch! So vernünftig und praktisch sind die Verkehrsplaner Kaliforniens. Als sich vor Jahren der Verkehr auch hier zu füllen und zu stauen begann, hing man einfach noch zehn Fahrbahnen darunter. Der Gegenverkehr wurde einen Stock höher gelegt. Ich frage: Wer hätte bei uns den Mut dazu? Etwa bei den Elbbrücken in Hamburg?

Im Appartementhaus

Man kann natürlich sagen: Also das sind deine Träume, das deine Paradiese. Wie merkwürdig; auch etwas verräterisch. Eine Großstadt mit Highways, Wolkenkratzern, Brücken. Du wirst uns doch nicht auch noch die Großgaragen von San Francisco preisen. Hatte Gott das gemeint mit dem Garten Eden? Liegt das Paradies nicht doch etwas tiefer? Suchen wir nicht Ursprungslandschaft: die Abgeschiedenheit, Stille, Natureinsamkeit, weiße Dünung und Meeresrauschen? Muß das Paradies nicht in der Südsee liegen?

Ich sage: Möglich, vielleicht, ich weiß es nicht. Es ist möglich für andere, aber nicht für mich. Für mich bitte nicht. Für mich ist diese Bananenvision blanker Quatsch. Datteln und Feigen in den Mund hängen – bah. Schon am vierten Tag beginnt so etwas zu langweilen. Man wird unruhig, nervös, man beginnt nach etwas zu suchen. Man dreht am Radio herum, man möchte Stimmen hören, die Menschen sehen. Man würde so gern die *Zeit* oder den *Spiegel* lesen. Es ist doch nicht wahr, daß uns Zeitgenossen der Technik diese süße Dummheit von Ananas-Republiken noch wirklich einholen könnte. Solche Zucker-Idylle können verflucht langweilig werden, bleibt man zu lange. Mein Traum ist nicht die Natur, die man auch haben kann am schönen, wilden Rand San Franciscos. Mein Traum ist, was der Mensch aus ihr machte durch seine Kraft, also Zivilisation. Ich bin immer nach der perfekten Zivilisation auf der Suche. Wo ist denn der Ort, wo wir alle, also Millionen, leben könnten unter den Bedingungen der modernen Industriegesellschaft? Anders geht es doch nicht mehr, heutzutage. Ich frage immer: Wo ist denn die Stadtlandschaft, die uns heiter stimmt? Wo ist denn das Alptraumartige unserer unterentwickelten Industrielandschaften heute schon weggeblasen? Nachdem ich mich etwas umgesehen habe in der Welt, zehn Jahre lang, würde ich sagen: In Kalifornien zum Beispiel. Eigentlich nur dort. Und San Francisco ist seine zärtlichste Blüte.

Doktor P. Er ist Ohrenarzt drüben in Oakland. Er stellte sich zunächst als Libanese vor. Alle Leute in San Francisco geben gern fremde Herkünfte an: alte Familiengeschichten. Natürlich war er Amerikaner. Ich hatte ihn in einer Bar am Vorabend kennengelernt. Es gehört zur kalifornischen Mentalität, daß man schnell, mühelos, ganz ungezwungen Kontakt findet. Jeder ist hier für jeden offen. »You are welcome here«, steht immer dort, wo bei uns »Eintritt verboten« steht. Die amerikanische Höflichkeit: Mir gefällt sie in all ihrer Ritualisierung. Natürlich ist sie ein Reflex sozialer Dressur, aber wie entlastend und mühelos funktioniert damit die Praxis des Sichfindens, Sichtrennens. Kalifornisch daran scheint mir hier die zusätzliche Technik des Sichbefingerns und -betätschelns. Man versichert sich seiner gegenseitigen Sympathie durch Schulterklopfen, kräftiges Händeschütteln, halbes, etwas scheues Umarmen: puritanische Liebeserklärungen.

Doktor P. hatte mich eingeladen für den nächsten Tag. Eleven fifteen, hatte er gesagt, ich hole Sie elf Uhr fünfzehn von Ihrem Hotel ab, und wenn Amerikaner so etwas sagen, kann man sich wie bei den Preußen felsenfest darauf verlassen. Ich dachte: Sieh dir das an. Der Mann ist ungefähr aus deinem sozialen Niveau, mittlerer Akademikerstand, er hat ungefähr deine Bildung, dein Alter, ein Spiegelbild deiner selbst auf der anderen Hälfte der Erdkugel. Wie würdest du leben hier?

Schlag elf Uhr fünfzehn fuhr ein riesiger Schlitten vor. Schwer wie ein Panzer von außen, von innen weich und zärtlich wie ein Kinderwagen, und pickte mich mit nobler Grandezza auf. Der Doktor trug jetzt einen hellgrauen Seidenanzug und sah wie ein Fernsehstar aus – mit Sonnenbrille. Oder war es Al Capone? Wieder diese Riten der Begrüßung, die beinah ohne Lippenbewegungen und mit der Zigarette im Mund absolviert werden: You are better now? You had a good time in your residence? May I help you, please? Wer solchen Standardfragen individuelle Antworten zuliefert, ist selber schuld. Man muß mitspielen in diesen Gebärden der Höflichkeit, die nichts und doch etwas besagen: nämlich die Herrschaft eines gesellschaftlichen Zeremoniells, eine Kunst, die früher an Höfen geübt wurde. Könige gingen so miteinander um, so formvollendet und leer. Amerika hat ja überhaupt trotz seines Demokratismus einen ausschweifenden Hang zum Royalismus – privat. Schlösser, Königsbetten, Fürstensuiten warten. Man wohnt nicht – man hat eine Residenz. Selbst auf Campingplätzen muß man im Office noch mit Kandelabern rechnen, die den Hohenzollern genügt hätten. Eine leere Prächtigkeit, die entlastet.

Und ich will nun nicht gerade sagen, daß die Wohnung des Doktors mein Traum war. Sie war es, was Größe und Ausblick anlangte. Das Appartementhaus lag auf einem der schönsten Hügel der Stadt. Die Wohnung hatte etwa zweihundert Quadratmeter, drei Zimmer, die so großzügig geschnitten waren, daß man meinen konnte, bei einem abgedankten Herzog privat zu sein. Die Fenster, die bis zum Boden reichten, zeigten San Francisco als Bild. Vom neunzehnten Stock auf den Nob Hills sieht die Stadt wieder wie ein exotisches Märchen aus. Ihr weißes Häusermeer schien sich wie ein glitzernder Haufen von Zuckerstücken sanft in die blaue Bucht zu ergießen, sich dort aufzulösen. Die Oakland Bridge. Und über allem dieses Licht vom Pazifik, das heller, stärker als Sonnenlicht sonst ist. Der Himmel wird in seinem Schein höher, gewaltiger. Jeder Gegenstand tritt in seiner Kontur schärfer heraus. Brennt die Sonne hier mit mehr Kilowatt?

Die Privatwohnungen hierzulande: Darüber ist noch ein Wort zu sagen. Für uns Europäer sind sie meistens zum Schaudern schön: eben feudal. Immer das Erlesenste, wenn auch oft nur aus Pappe. Stilgeschichtlich sind die Amerikaner wirklich polyglott. Sie picken sich aus den Weltkulturen einfach die köstlichen Resultate heraus und stellen sie zu Hause rücksichtslos zusammen, prächtig und schamlos zugleich – alles Talmi. Der Living-room des Doktors schien eine Mischung aus Louisquatorze und Miami-Beach-Komfort. Popfarbene Plastikmöbel standen vor schweren Gobelins aus dem 18. Jahrhundert. Ein knallroter Flauschteppich dazu, auf dem ein Barocksekretär stand. Eine chinesische Lampe, ein russischer Samowar, Zinnbecher aus Germany an der Wand. Original Nuremberg, sagte mein Gastgeber vertraulich. Das Schlafzimmer war in kastilischem Stil gehalten. Er ging ins Maurische und Afrikanische über. Man sah es an den geschnitzten Totemfiguren und einigen

Trommeln. Das Eßzimmer hingegen glich einem japanischen Teehaus. Und alles steht immer unbenutzt da wie in Schaufenstern. Das ist die Kehrseite des Kosmopolitismus: Ein polyglotter Exhibitionismus herrscht hier.

Wir nahmen einen Drink, wir hatten einen Small-talk, dann ging man zum Fernsehen über. So sicher, wie uns am Sonntagmittag Werner Höfer blüht, so sicher ist den Amerikanern zur gleichen Zeit ihr Football im Fernsehen. Eine nationale Leidenschaft, die ich nicht verstehe. Man sieht immer nur diese komische Versammlung junger Kämpfer, die sich alle zusammen bunt und wild ganz tief vorbeugen, wie verhext auf irgendeinen Punkt starren, den man nicht ausmachen kann. Man sieht immer nur ihre Rückpartien, die geschnürt und kolossal gepanzert sind, als spielten sie mit Menschenfressern. Mein Gastgeber sah wie gebannt auf das Fernsehbild, ich mehr zum Fenster hinaus. Ich war hingerissen von der Pracht, der falschen hier drinnen, der echten draußen.

Und schließlich stellte ich dann auch die Gretchenfrage. In Amerika kann man das. Es wird geradezu erwartet, daß man zu allem, was man besitzt, auch den Preis sagen darf. Je stolzer, desto besser. Ich fragte nach der Miete. Bei uns wäre so etwas unerschwinglich, sagte ich – für mich. Das wäre eine Millionärswohnung in München. Der Mietpreis betrug monatlich zweihundertneunzig Dollar. Ich dachte: Siehst du, das ist genau das, was du in Frankfurt jetzt auch für deine Wohnung zahlst – etwas unter neunhundert Mark. Und wie ist sie? In San Francisco würde man sie vielleicht als Pförtnerwohnung feilbieten. Die leben hier alle auf einem anderen Level.

Exkursionen

Ja, und dann die Ausflüge, die sich ergaben, manchmal nur für wenige Stunden, mühelos. San Francisco ist ja nicht groß, nicht größer als Frankfurt am Main, obwohl der Vergleich im übrigen etwas obszön wirkt. Man ist jedenfalls im Nu draußen, und draußen beginnt sofort diese Zauberlandschaft, die einen sicher und konfus zugleich macht. Man sagt immer, zum Autofenster hinausblickend: Das ist ja genau wie der Schwarzwald, das sieht ja jetzt aus wie Sizilien, nein, eher wie Jugoslawien. Siehst du nicht all diese kahlen, gelbbraunen Kegelberge? Reiner Balkan.

Dann wird es plötzlich tirolisch. So könnte doch Bozen oder Meran sein, sagt man. Und nach zehn Minuten ist man in Spanien, so verkarstet und hart sieht jetzt das Gebirge aus. Das ganze Mittelmeerbecken ist hier versammelt und spielt auf engstem Raum Schach miteinander. Aber dann ist es doch wieder anders, im Ganzen. Es kommt kühler Wind vom Meer, eine frische Brise. Man sieht schwarze Felsenbrocken im Wasser, Seelöwen hocken darauf. Weiße Wanderdünen, blühendes Schilf im Sand. Und man sagt: Eigentlich nordisch, nicht wahr? So kühl und herb und hell. So stelle ich mir Norwegen vor – im Hochsommer. Mit einem Wort: Wir haben ganz falsche Vorstellungen von Amerika. Amerika ist zuerst und zutiefst eine gewaltige Naturerscheinung und Kalifornien ihr Garten Eden. Ein Sonnenstaat: Zitronen, Apfelsinen, Datteln, Reben überall. Also bitte: Auch Bananenfreunde kommen auf ihre Kosten.

Sausalito: Der Ausflug ist billig und sehr bequem, für Anfänger gerade das Richtige. Für fünfzig Cent nimmt man am Hafen die Ferry und schwimmt mit einem der neuen, stolzen Fährschiffe eine halbe Stunde lang zum anderen Ufer hinüber. Wieder dieses verrückte Licht, diese hellgleißende Sonne, die den Himmel groß, so weit, so glitzernd macht. Feriensstimmung mit Bordgefühlen hinter Sonnenbrillen. Menschen an der Reling. Sie lachen, zeigen, fotografieren, und dann ist man plötzlich da und sagt, selber lachend: Positano! Das sieht ja haargenau wie Positano aus, nur reicher natürlich. Herrliche Villen an Steilhängen, Zypressen, Oleander, Kakteen, Eukalyptusbäume, eine subtropische Vegetation, die wild bis ans Meer hängt. Ein Jachthafen, in dem Tausende von Privatschiffen liegen, schaukeln, manchmal an den Masten etwas klingeln. In Kalifornien ist das jetzt Mode, ein schwankendes Statussymbol. Wie bei uns jeder seinen Opel oder Ford haben muß, so hier jeder seine Privatjacht. Am Wochenende flimmert die Bay von tausend weißen Booten.

Schön war es auch im Weinland. Nördlich der Stadt zieht sich das hoch in den Counties: Sonoma, Napa, Santa Rosa und so. Weißweine, Rosés und schwere Burgunder reifen an sanften Hängen. Seit über hundert Jahren wird hier eine sehr ausgedehnte Weinkultur betrieben. Es ist ja die alte Missionsstraße aus Mexiko, und wo immer Mönche hinkamen, man weiß das, war dann auf die Dauer, neben dem Christentum und der Syphilis, auch die Kultur der Reben nicht zu verhindern. Seit einigen Jahren versuchen mächtige Monopole, dieser Nation notorischer Whiskey- und Biertrinker die feineren Sitten des Weintrinkens beizubringen. Ein mühsamer Lernprozeß. Ich bin etwas skeptisch.

Wir fuhren vor ehrwürdigen Burgen vor, Römerkastellen. Es gibt etwa sechzig Weinkeltereien hier, die die Schule des Schmeckens sehr ernsthaft betreiben. Die Amerikaner sind ja allem Neuen sehr aufgeschlossen. Sie sind lerneifrig wie die Russen. Es standen Hunderte von Autos vor den Weinschulen. Man muß die Fässer, die Keltervorgänge, die Abfüllmaschinen sehr gründlich besichtigen und bekommt dann zum Schluß in kleinen Rittersälen die Proben vorgeführt. Ältere Herren, mit den behutsamen und doch strengen Gebärden von Professoren, schenken die köstlichen Resultate ihrer Forschung in kleinsten Likörgläschen aus. Die lernfreudigen Menschen lecken, schlukken, schmecken, machen ein unendlich beglücktes Gesicht dazu und kaufen dann brav ein paar Flaschen, auf denen dann »Rheinwein«, »Moselwein« oder »Rheinhessen« steht. Es handelt sich nämlich um unsere deutschen Stauden, erfuhr ich. Aber sie zählen noch nicht einmal die Jahrgänge – ein böses Versagen, eine Barbarei, meine ich.

Ja, und dann müssen die Redwoods erwähnt werden, wieder ein Nachmittagsausflug, den man im Auto über die Golden Gate Bridge bequem in drei Stunden machen kann, hin und zurück. Ich war zunächst uninteressiert, eher störrisch. Ich hatte es überall in der Stadt gelesen. Alle Touristenbusse fahren nachmittags immer in die Redwoods zum Kaffeetrinken. Ich dachte, aufmuckend: Diese ewige Wälderbeweihräucherung in Amerika – lächerlich. Als Deutscher kannst du dir das schenken. In Wäldern sind wir doch unübertroffen, nicht wahr? Es war ein Irrtum. Die Redwoods sind ein Naturphänomen, das es anderswo so nicht gibt auf der Welt. Phantastisch, sagte ich wieder. Nicht daß die Bäume hier unten im Tal des Marin County rot sind, ist das Besondere. Es ist ein Urwald riesiger Trophäen, wie wir sie botanisch nicht kennen: Patriarchen der Pflanzengesellschaft, Reste einer Dinosaurierwelt, die einmal war. Jeder Baum ein Mammuttier: etwa fünfzehn bis zwanzig Meter im Umfang, achtzig bis hundert Meter hoch, weit über tausend Jahre alt. Man ist ein Zwerg darunter. Einige Bäume sollen aus Christi Zeit stammen, also fast zweitausend Jahre alt sein, der Gedanke ist bestürzend.

Die Amerikaner sind auch hier sehr verläßlich und lerneifrig. Man wird für den einen Dollar Eintritt im Wald nicht geneppt.

Sie haben als Exempel und schönen Beweis einige Bäume gefällt und zeigen an den getöteten Riesen, sauber unter Glas gelegt und gut beschriftet, den Querschnitt des Stamms. Man kann die Jahresringe selbst nachprüfen. Man zählt also und zählt. Es ist, als wenn man in ein Geschichtsbuch geraten wäre. Jetzt bin ich schon bei der Französischen Revolution, sagt man triumphierend. Das ist noch gar nichts im Urwald. Man kann sich bis zu Luther und Franziskus zurückzählen. Dann gibt man es auf. Es ist jetzt wieder San-Francisco-Fröhlichkeit, das Spiel sehr großer Kinder. Ach, es wird schon stimmen, was hier geschrieben steht, sagt man. Man ist in dieser Stadt immer geneigt, ihr auch das Verrückteste zu glauben. Ich zähle nicht weiter, ich gebe auf. Es ist etwas für Träumer und Poeten, zu denken, daß diese roten Ungetüme, die unten am Fuß wie Indianerzelte wirken, so rot und aufgerissen, schon die Zeitgenossen Karls des Großen waren. Wie doch Natur und Geschichte schließlich zusammenfließen.

Hilton Airport

Ich mußte zurück, zurück nach Germany. Ich fuhr mit dem Taxi zum Flughafen. Ich war melancholisch. Es war Trauer, mit Freude gemischt. Ich war satt und doch hungrig, erfüllt und doch begierig. Ich war ein bißchen verliebt in die Stadt, natürlich. Ich sah sie mit den glänzenden und zärtlichen Augen des Liebhabers. Ich streichelte sie – visuell. Ich streichelte noch einmal die Highways, ihre kühnen und sanften Schwingungen, ihr flutendes Auf und Ab. Ich sah noch einmal die steilen Türme der Bürokratie. Bist du auch in der Bank of America ganz oben gewesen im zweiundfünfzigsten Stock? Hast du die Pyramide an der Columbus Avenue besichtigt? Bitte, wie unterscheidet sich die Stockton Avenue von der Van Ness Avenue? Zähl all die Straßennamen auf, die du Abend für Abend abtratest. Sage sie nacheinander auf wie das Ave Maria, obwohl sie ja sündig sind: Kearny, Grant, Powell, Mason, Jones, Leavenworth, Hyde, Larkin, Polk. So, und jetzt bitte die Querstraßen dazu: die Bush, die Sutter, die Post, die Geary, O'Farrell, Ellis, Eddy, die Turk. Es wird immer verrufener zur Market Street hin. Also danke, das geht so. Du hast die Lektion bestanden: Heimatkunde. Kennst du das Cliff House, Fox

Plaza, das Civic Center? Und was ist mit all den Völkern? Über Chinatown hast du kein Wort verloren, über das Japan Center auch nicht. Und wie war das mit den Russen? Erinnerst du dich, wie du an einem Sonntagmorgen auf sie stießest? Es war ganz draußen in der Geary Street. Du sahst plötzlich eine Kathedrale, wie sie goldiger, bauchiger, eben russischer auch nicht in Kiew oder Smolensk stehen kann. Doch, über die Russen mußt du noch etwas sagen. Erinnere dich bitte!

Du warst in die Kirche eingetreten. Der Pope, bärtig und schwarz etwas vor sich her murmelnd, las den Russen von San Francisco gerade die Leviten. Die dauerten dir einfach zu lange. Der Ritus der Orthodoxen ist endlos: Es zieht sich lang wie Kaugummi und ist wohl nur an Sonntagen mit dem American Way of Life zu vereinbaren. Du sahst die Gläubigen, die demütig zuhörten. Links die Frauen, Mütter mit Kopftüchern und breiten Röcken. Einige hatten sich auf die Erde geworfen. Rechts die Männer in braven Jackettanzügen, Massenware. Die Gesichter der Männer: die vorspringenden Backenknochen, die weiß-rötliche Haut, das strohige Haar, das widerspenstig wirkt – waschechte Russen, dachtest du, typische Ukrainer, slawische Rasse. Die assimilieren sich überhaupt nicht. Das sind doch alles verkleidete Sowjets. Die werden niemals Amerikaner, oder?

Und dann dachtest du an Fort Ross, diese kuriose Erinnerung an die Russen in Kalifornien, nur siebzig Meilen nördlich von San Francisco. Vor zweihundert Jahren hatte Rußland tatsächlich einmal den Arm nach Kalifornien ausgestreckt. Der Zar wollte die Hand darauf legen. Alaska ist ja so weit nicht entfernt. Was wäre aus diesem Sonnenstaat geworden, wenn die Russen damals Fuß gefaßt hätten? Wie doch Geschichte manchmal von winzigen Zufällen abhängt. Also? Ein fataler Gedanke, ein Ratespiel, eine richtige Quizfrage für schlaflose Nächte: Kalifornien russisch? Nicht daß ich den Sowjets heute nicht auch noch Kalifornien gönnen würde. Warum nicht? Riesige Weltreiche müssen ja immer noch größer werden. Das verstehe ich mindestens seit 45. Aber wie sähe es aus? Was stünde dort von all den Herrlichkeiten, die du sahst? Ich fürchte, ein Haus der Freundschaft, ein mächtiges Parteihochhaus, ein Haus des Lehrers, ein Kulturpark mit Springbrunnen und Lenindenkmal, zu dessen Füßen man Sonntag nachmittags brav spazierenginge, etwas gelangweilt. Privatautos wären wenig zu sehen. Also, offen gesagt: Mir ist Kalifornien amerikanisch doch lieber.

Den letzten Abend verbrachte ich mit solchen Gedanken im Hilton Airport. Ein stolzes Wort: Hilton Airport. Es ist aber nichts weiter als ein eleganteres Motel am Flughafenrand, das für die, die am nächsten Morgen sehr früh abfliegen müssen, praktisch liegt. Das Zimmer war wieder eine royale Fürstensuite mit Königsbett. Sechs mächtige Stehlampen verbreiteten Palastgefühle. Die schweren Gardinen, die die Vorderfront ausfüllten, öffneten sich elektrisch, was mich entzückte. Die amerikanische Gastronomie ist verführerisch. Das wäre ein eigenes Kapitel. Das Zimmer kostete zwanzig Dollar die Nacht, ein Rekord. Aber ist das im Frankfurter Hof, im Königshof in München oder im Interhotel in Dresden vielleicht billiger? Nur unsere Leistungen sind kümmerlicher. Im Preis haben wir Amerika längst erreicht. Nur im Service kommen unsere Hotels nie so recht aus Braunschweig oder Hildesheim heraus.

Der letzte Abend: Ich stand an der Fensterfront, die halb geöffnet war, elektrisch. Es war Dämmerung, der Himmel noch immer hell, ein kräftiges Blau, das sich langsam rot zu verfärben begann von unten. Jetzt muß wieder der blutrote Sonnenuntergang über dem Ozean am Cliff House sein, dachte ich. Du siehst die Reste. Die Luft war manchmal vom Brummen der Maschinen erfüllt, die landeten und starteten. Autos zogen an mir auf der Straße vorbei. Tatsächlich lag diese berühmte, die wichtigste Straße Kaliforniens, die ich so oft gesucht und befahren hatte, direkt vor meinem Fenster: Freeway 101. Ich sah das grüne Schild über der Straße, ein letztes Geschenk. Die One-O-One, wie die praktischen Amerikaner sagen, diese endlose Straße der Abenteurer und Träumer.

Und ob das nun dieses sterbende Licht über San Francisco war, all diese Abschiedsgefühle in mir, unausgegoren, all diese Kommunikationsströme um mich herum: die Flugzeuge, die Autos, die Scheinwerfer von der Straße und die vom Flughafen, oder ob es nur der Fernseher hinter mir war, der eben Griechisches ausspuckte, Athener Bilder dieser Tage – ich hatte in dieser letzten Stunde eine antike Vision. Ach, meine deutsche Tiefe. Ich bin doch wie Hölderlin. Ich hörte das Rauschen und Fluten, die leise Musik der Maschinen. Ein Flughafen ist darin sehr ergiebig. Ich hörte die leise Melodie einer wirklich perfekten Zivilisation, die einfach nur fließt. Ganz San Francisco war jetzt in eine gläserne und glänzende Klarheit eingetaucht: mediterran die Berge, die Häuser fast sizilianisch. Die Stadt hatte jetzt den klaren Zauber perfekter Chromkulturen. Ich dachte:

Das ist doch gar nicht Amerika, das vor dir liegt. Das ist Antike, die einmal kommen wird. Das ist Hellas und Rom für die noch Ungeborenen. Das ist eine mythologische Landschaft. Du bist in den griechischen Mythos geraten, mein Lieber, in die Erinnerung an die kommende Weltzivilisation.

Und später ging es mir durch den Kopf: Mein Gott, du bist ja fast wie Iphigenie geworden. Du stehst am Fenster, blickst hinaus, das Land der Griechen mit der Seele suchend. Du sagst den Schulvers auf: Auch ich war in Arkadien!

Die ›neue reihe‹ für die neue Literatur

H. C. Artmann:
Die Jagd nach Dr. U.
oder
Ein einsamer Spiegel,
in dem sich der
Tag reflektiert

dtv
neue reihe

Barbara Frischmuth:
Das Verschwinden
des Schattens in der
Sonne
Roman

dtv
neue reihe

Günter Kunert:
Ein englisches
Tagebuch

dtv
neue reihe

Botho Strauß:
Die Widmung
Eine Erzählung
dtv 6300

Christa Reinig:
Die Prüfung des Lächlers
Gesammelte Gedichte
dtv 6301

Barbara Frischmuth:
Das Verschwinden des
Schattens in der Sonne
Roman
dtv 6302

Helga Schütz:
Mädchenrätsel
Roman
dtv 6303

Jutta Schutting:
Sistiana
Erzählungen
dtv 6304

Udo Steinke:
Ich kannte Talmann
Erzählungen
dtv 6305

H. C. Artmann:
Die Jagd nach Dr. U.
oder Ein einsamer
Spiegel, in dem sich der
Tag reflektiert
dtv 6306

Gabriele Wohmann:
Ich weiß das auch nicht
besser
Gedichte
dtv 6307

Paul Kersten:
Der alltägliche Tod
meines Vaters
Erzählung
dtv 6308

Botho Strauß:
Trilogie
des Wiedersehens
Theaterstück
Groß und klein · Szenen
dtv 6309 (August)

Günter Kunert:
Ein englisches Tagebuch
dtv 6310 (September)

Frauenleben: Tagebücher, Berichte, Autobiographien

Elisabeth Castonier:
Stürmisch bis heiter
Memoiren
einer Außenseiterin
dtv 401

Katherine Mansfield:
Tagebuch. 1904–1922
dtv 1401

Anne Morrow
Lindbergh:
Muscheln
in meiner Hand
dtv 64

Die Tagebücher der
Anaïs Nin. 1
(1931–1934)
dtv 759

Die Tagebücher der
Anaïs Nin. 2
(1934–1939)
dtv 858

Die Tagebücher der
Anaïs Nin. 3
(1939–1944)
dtv 981